J. K. Collins ist Journalistin. Sie arbeitete lange Zeit für *For Women*, das erste britische Erotikmagazin für Frauen. J. K. Collins lebt in London.

Deutsche Erstausgabe Januar 1998

Titel der Originalausgabe: »The Sex We Want«

Originalverlag: Pandora/HarperCollins, London
Umschlaggestaltung: Angela Dobrick, Hamburg
Umschlagfoto: © Clark Park/The Special Photographers Library, London
Satz: Ventura Publisher im Verlag
Druck und Bindung: Clausen & Bosse, Leck
Printed in Germany
ISBN 3-426-65133-5

5 4 3 2 1

J.K.Collins

SEX, WIE WIR IHN WOLLEN

Frauen sagen, was Sache ist

Aus dem Englischen
von Annemarie Pumpernig
und Anna Schmidt

Knaur

INHALT

DANKSAGUNG

Ich möchte den Leserinnen von *For Women* danken, daß sie mich auf die Idee gebracht haben, dieses Buch zu schreiben. Ich danke Jonathan Richards von Northern & Shell für die Erlaubnis zum Abdrucken der ursprünglich in *For Women* erschienenen Briefe und für die Zeit, die er sich genommen hat, um mit mir über die Geschichte der Zeitschrift zu sprechen. Danken möchte ich auch Ruth Corbett, der ich den Job bei *For Women* verdanke und mit der die Zusammenarbeit so angenehm war.

Mein Dank gilt auch allen Mitarbeitern von Pandora – besonders Sara Dunn und Belinda Budge –, die von meinem Plan von Anfang an begeistert waren und die mir zutrauten, mit einem Text im Ausmaß von siebzigtausend Wörtern zurechtzukommen, wo ich doch sonst höchstens siebenhundert schrieb! Ich danke auch Barbara Vesey, die mir beim Ausarbeiten meiner Argumente half, und Hattie Madden, die die Leute überredet, dieses Buch zu kaufen! Alle bei Pandora waren großartig.

Ich stehe auch in der Schuld all der Leute, mit denen ich im Lauf der Jahre bei verschiedenen Zeitschriften und Zeitungen zusammengearbeitet habe, und jener Freunde und Kollegen, die mir beim Formulieren meiner Gedanken behilflich waren (bzw., die mir so geduldig beim Schwadronieren zuhörten). Ich bin auch meinen Lehrern an der Universität zu Dank verpflichtet, die mir halfen, meine Gedanken in einen gewissen theoretischen Rahmen einzubetten, als ich in den achtziger Jahren studierte.

Besonders danken möchte ich Sheila Henderson, die die einzelnen Kapitel mit mir besprach, hilfreiche, konstruktive Kritik leistete und mich während dieser ganzen Zeit mit so manch üppigem Abendessen verwöhnte. Danke sage ich auch Rod Henderson für die frische Luft und die Hausmannskost, die er mir in der Wildnis von Suffolk bot.
Mein herzlichster Dank gilt jedoch Trevor Wadlow dafür, daß er die »Durststrecke« während der Arbeit an diesem Buch gemeinsam mit mir durchstand. Er las jedes Kapitel (manche mehrmals) und unterstützte mich durch Fragen wie, warum ich so viel über Sex schreibe, wenn ich kaum welchen habe, warum immer er den Mist raustragen muß, wo ich doch so sehr für Gleichberechtigung kämpfe, und was ich zum Tee möchte. Ohne ihn wäre es viel schwieriger gewesen, dieses Buch zu schreiben.

EINLEITUNG: BEKENNTNISSE EINER SEX-KUMMERKASTENTANTE

Die Frauen in diesem Buch wollen Sex mit Männern – das steht außer Frage. Es sind heterosexuelle Frauen der neunziger Jahre, Frauen der postfeministischen Ära, von denen man annehmen sollte, daß sie den Sex bekommen, den sie wollen, oder daß sie zumindest recht gut wissen, wie man dazu kommt. Die Frage ist nur die: Warum stimmt das nicht, und was steht dem im Weg?

In unserer Gesellschaft, die sich im Lauf der letzten dreißig Jahre so dramatisch verändert hat, in unserem von der Wirtschaftskrise geplagten Land, in unserem Land, an dem der Feminismus nicht spurlos vorübergegangen ist und in dem wir mit Informationen über Sex überschüttet werden, scheint die Sexualität tatsächlich langsam etwas »frauenfreundlicher« zu werden – allerdings sind wir dabei noch immer nicht über das Vorspiel hinausgekommen.

Dieses Buch, in dem freizügig beschriebene und nichtzensierte Details aus dem Geschlechtsleben real existierender Frauen verwendet werden, analysiert die Gründe für die Enttäuschungen, die wir beim »postfeministischen Sex« oft erleben, und untersucht, wie Frauen zu der Art von Sex kommen könnten, die *sie* wollen.

Wer sind die Heldinnen dieses Buches? Das sind die Frauen, die in der Zeit von Mitte 1994 bis Anfang 1996 an mich schrieben, als ich Kummerkastentante bei *For Women* war, der einzigen »harten« britischen Sexzeitschrift für Frauen: Frauen, die offensichtlich an Sex interessiert waren, denn sonst hätten sie wohl kaum ein an sie gerichtetes Sexmagazin (das eine sehr junge und einzigartige Entwicklung darstellt!) gekauft oder gar an dieses geschrieben. Es waren jene Frauen, die mich auf die Idee brachten, dieses Buch zu schreiben, die nicht wenige meiner voreingenommenen Ansichten über Frauen und Sex über den Haufen warfen und die mich veranlaßten, lang und intensiv über die diesbezüglichen Probleme der Frauen nachzudenken. Warum glauben viele Frauen zum Beispiel, abnormal, pervers oder abstoßend zu sein? Und warum verfehlen die verfügbaren Beratungs- und Therapieeinrichtungen so oft ihr Ziel? Bringen sie den Frauen vielleicht mehr Probleme als Lösungen?

Im Lauf der letzten Jahrzehnte ist unsere Bereitschaft zur Kritik an Spezialisten jeglicher Fachrichtung beträchtlich gewachsen. Die Medien berichten über ärztliche Kunstfehler oder Fehldiagnosen, Justizirrtümer, Sexskandale in klerikalen Kreisen usw. und führen uns vor Augen, daß die sogenannten Experten keineswegs unfehlbar sind. Während früher die Meinung des Arztes, des Anwaltes, des Priesters bedingungslos akzeptiert wurde, stellen wir nun unpassende Fragen und lassen uns von ihrer Stellung nicht länger blenden. Ich selbst stand als Kummerkastentante den üblichen Ratschlägen der (meist männlichen) Sex-Experten, die einen Fall schnell zwischen Tür und Angel behandeln, recht skeptisch gegenüber.

Als ich im Zuge von Studien für einen Verlag mit jungen Frauen über Sex und Beziehungen sprach, erfuhr ich, daß auch sie den Begriff »Sex-Experte« wenig antörnend fanden. »Sind die denn besser im Bett?« fragten sie mit einem Blick, der ausdrückte: »Wer, glauben Sie, daß Sie sind?« Meiner Meinung nach ist es absolut richtig, daß wir mehr über jemanden wissen wollen, der als befugt gilt, den Leuten Ratschläge zu erteilen – sei es nun bezüglich Sex und

Beziehungen oder irgend etwas anderes. Fragen wir uns doch einmal aufrichtig, wozu Sex-Experten/Kummerkastentanten eigentlich gut sind. Es ist klar, daß man sie nicht so notwendig braucht wie einen Arzt. Es ist unwahrscheinlich, daß eine Kummerkastentante außerhalb der Dienstzeit durch einen Notruf: »Hilfe! Ich habe eine ausgeleierte Vagina. Ist eine Kummerkastentante im Haus?« gestört wird. Nein, unsere Arbeit besteht darin, über Zeitschriften, Rundfunk oder Fernsehen Ratschläge zu erteilen. Wir (das sind meist JournalistInnen – wie ich) sind in der Beruhigungs- und Beratungsbranche tätig. Wir sind darin geschult, ein mitfühlendes und einfühlsames Ohr zu haben, zu recherchieren, innerhalb kürzester Zeit die wichtigsten Fakten zu sammeln und Spezialeinrichtungen aufzuspüren, die gezielter helfen können. Das sind Fähigkeiten, nach denen heutzutage große Nachfrage zu herrschen scheint: Zeige mir eine Zeitschrift oder eine Zeitung, und ich zeige dir eine »Problemseite« – womit wir vor der Frage stehen: Wer ist diese Kummerkastentante (bzw. dieser -onkel)?
Wenn man genauer hinsieht, merkt man, daß es die unterschiedlichsten Arten von Kummerkastentanten oder »Sex-Experten« gibt: den kuscheligen Mamityp von der Sorte »ich hatte selbst ein schweres Leben«, den bodenständigen Typ mit Hausverstand, den Typ »Beratung löst jedes Problem«, den Typ »lerne, Sex zu genießen, und das Leben steht dir offen«, den Typ »schon dagewesen, schon gesehen, schon gehört«, den Typ »ich habe ein gutes Sexualleben, und ich werde dir zeigen, wie's geht« und den jüngeren, etwas eigenwilligeren »alternativen« Typ. Welcher davon war ich? Ich hatte von allen etwas, war aber doch eindeutig anders als andere. Doch Identität und Stil einer Kummerkastentante werden schließlich zu einem großen Teil von der Zeitschrift geprägt, für die sie arbeitet. Und ich arbeitete für

For Women. Ich konnte es mir leisten, ein wenig gewagter, ein wenig frecher, ein wenig kontroverser zu sein.
Keine Kummerkastentante und kein Sex-Experte ist jemals unparteiisch – wir geben vielleicht wohlüberlegte, faire Ratschläge, die wir aus den verschiedenen bekannten Stilen und Denkrichtungen auswählen, doch wir schreiben stets von unserem eigenen Standpunkt aus. Wenn meine Stimme als eher alternativ galt, so deshalb, weil ich vielen gebräuchlichen Ratschlägen bei sexuellen Problemen kritisch gegenüberstehe. Der Grund dafür ist einfach der, daß diese Ratschläge meiner Meinung nach für die Frauen nicht besonders hilfreich waren, wie ich in diesem Buch erklären werde. Erst als ich versuchte, einige recht intime und offen formulierte Fragen der Leserinnen zu beantworten, merkte ich, wie ungemein beschränkt das Repertoire an Ratschlägen eigentlich ist.
Aber wodurch war ich für die Arbeit als Kummerkastentante in einer Sexzeitschrift für Frauen qualifiziert? Durch eine Kombination verschiedener Fakten: nämlich das geringe Honorar, das ich verlangte, durch meine Verfügbarkeit und durch mein Interesse an der Beschäftigung mit sexuellen Problemen von Frauen. Ich bin Journalistin. Während der letzten sieben Jahre habe ich für verschiedene Frauen- und Männerzeitschriften und Zeitungen gearbeitet, und ich tue das noch immer. In dieser Zeit habe ich eine Menge über Frauen und Sex und über Frauen und Beziehungen geschrieben. Ich war auch für eine Kummerseite in einer Frauen-Wochenzeitschrift verantwortlich. Zufällig arbeitete ich dabei mit einer anderen Journalistin zusammen, die die Herausgeberin von *For Women* werden sollte. Sie rief mich einmal an und fragte mich, ob ich die Kummerkastentante der Zeitschrift werden wollte. (Ich denke, nein, ich *weiß*, daß ich billiger war als die letzte, die sie hatten!) Ich nahm mit Ver-

gnügen an. Nach wenigen Monaten wurde ich bereits vom Radio, vom Fernsehen und von der Presse für »Beratungen« kontaktiert. Vom Schreibtisch einer bescheidenen kleinen Journalistin wurde ich plötzlich ins Rampenlicht des sexuellen Interesses und vor ein Radiomikrofon gestoßen – wo man mich fragte, wie man Abhilfe bei einer schlaffen Scheide schaffen könnte!
Meine erste Reaktion auf das Angebot, die Rolle einer »Sex-Expertin« zu spielen, war das Gefühl, eine Schwindlerin zu sein. Ich bin eine Journalistin, die über Sex schreibt. Im Lauf der vergangenen sieben Jahre sprach ich mit vielen Männern und Frauen (und vielen Sex-Experten) über Sex. Ich bin keine ausgebildete Sexualtherapeutin, Psychologin oder Sexualberaterin; ich habe auch nicht für eine einschlägige Sendung gearbeitet. Aber, was soll's? Bin ich deshalb weniger geeignet, zu helfen? Eine Menge Leute nennen sich »Sex-Experte«, »Sexualtherapeut« oder »Sexualwissenschaftler«, wobei deren Hauptqualifikation zu sein scheint, daß sie Sex hatten. Manchen Angehörigen des ärztlichen Berufsstandes wurde der Rang eines »Sex-Experten« nur deshalb verliehen, weil sie praktischerweise einen Doktortitel vorweisen konnten. Diese Leute treten häufig in den Medien auf und erklären das sexuelle Verhalten des Mannes und der Frau anhand irgendeines seltsamen Beispiels aus dem Tierreich (»die männliche Fruchtfliege ist immer zum Sex bereit, die weibliche Fruchtfliege ist ständig empfänglich für Sex«). Sie reduzieren das Ganze auf eine simple biologische Funktion oder nehmen ein recht unausgegorenes, evolutionstheoretisches Argument zu Hilfe (»Wenn man seinen Körper dazu trainieren kann, einen Orgasmus zu haben, ist alles möglich … Unsere Geschlechterrollen gehen zurück auf den ›jagenden Mann‹ und die ›Frau, die zu Hause auf ihn wartet‹.«).

Ich verlor all die Sex-»Experten« aus den Augen, mit denen ich auf Geheiß meiner Herausgeber sprach, um einem Bericht ein gewisses »fachliches Gewicht« zu verleihen. Eine dieser Kapazitäten erklärte mir doch tatsächlich vor einigen Jahren, daß die Frau von Natur aus sexuell passiv sei – man müsse nur die Katze beobachten! (Dieser Mann bekam Geld für so etwas – zufälligerweise habe ich eine Katze und zwei Kater, wobei das weibliche Tier das am wenigsten passive ist.) Meiner Meinung nach sind das ideologisch gefärbte Argumente, die unter dem Deckmäntelchen »Beratung« verkauft werden. Doch erstaunlicherweise werden die Experten von den Medien heiß geliebt und mit Ehrfurcht behandelt. Ich fühlte, daß ich den Frauen weit mehr zu bieten hatte als einige nachgeplapperte, ausgesprochen altmodische, ideologische Argumente, die wohl nie eine Veränderung im Sexualverhalten von Männern und Frauen bewirken werden. Ich glaube, in meiner Eigenschaft als *For-Women*-Kummerkastentante »Jay Kay« habe ich eine alternative Art der Sexual- und Beziehungsberatung gegeben und hoffentlich den Frauen praktische Hilfe bei ihren Problemen geboten (wenn ich das nicht konnte, brachte ich sie mit jemand anderem in Kontakt, der bei ihrem speziellen Problem besser Bescheid wußte). Ich nahm alle Briefe sehr ernst (wenn ich manchmal humorvoll antwortete, so wollte ich damit die oft lächerliche Art herausstreichen, in der den Frauen weisgemacht wird, *sie* wären diejenigen in unserer Gesellschaft, die Probleme haben). Diese Frauen hatten sich die Mühe gemacht, mir zu schreiben, deshalb gab ich mir auch viel Mühe bei der Antwort.

Also kamen tatsächlich Briefe von Frauen herein? Aber ja! Die Briefe stammen nicht alle von mir selbst? Nein-nein-nein! Zugegeben, den einen oder anderen habe ich selbst geschrieben, doch nicht, um irgendein perverses Gelüst in mir zu befriedigen, sondern deshalb, weil die Probleme, von denen die Frauen berichteten, alle sehr ähnlich waren. Es kamen immer und immer wieder die gleichen Fragen, und ich wollte nicht immer wieder die gleiche Antwort geben. Der Herausgeber verlangt eine gewisse Ausgewogenheit der Fragen auf der Beratungsseite; es war mein Job, auf unterhaltsame Weise zu informieren. Die Fragen, die ich selber schrieb, habe ich mir nicht aus dem Finger gesogen. Mein Spezialgebiet ist sozusagen Oralsexgeschichte (oder wie würden Sie es sonst nennen, wenn jemand mündlich erzählte Geschichten vom Sexualleben der Frauen sammelt?). Ich hörte zu, was die Frauen mir über ihr Geschlechtsleben erzählten, und verwendete diese Informationen zum Zusammenstellen von Fragen für meine Problemseite. Alle in diesem Buch veröffentlichten Briefe sind hundertprozentig authentisch und genauso abgedruckt, wie sie an mich geschrieben wurden. In den meisten Fällen sind sie gekürzt (denn manche sind mehr als drei Seiten lang), doch sonst wurden sie in keiner Weise zurechtfrisiert. Diese Frauen äußern sich unzensiert.

Und wie wußte ich, daß die Briefe echt waren? Die meisten Kummerkastentanten werden zustimmen, wenn ich behaupte, daß man einen sechsten Sinn dafür entwickelt, welche Briefe eine Ente sind und welche nicht. Ich denke, es werden wenige vorgetäuschte Briefe an Kummerkastentanten geschrieben, einfach aus dem Grund, weil es Zeit, Mühe und Geld kostet, sich hinzusetzen, einen Brief zu schreiben und ihn abzuschicken. Es gibt in diesen Fällen gewisse Hinweise – wie in dem Brief von einer Miss Broadthise (ja, geben Sie's nur zu!), der mir verdächtig erschien. Dann gab es einen Brief von einem Mann, der schrieb, daß immer, wenn er das Tankstellencafé um die Ecke aufsuchte, eine Frau käme – jedesmal eine andere –, und ihn bitten würde, im nahegelegenen Wäldchen über ihren Brüsten zu masturbieren. Dann würden sie das Ejakulat einreiben und sagen, das sei gut für die Haut. Seine Frage lautete, was er angesichts dieses »Problems« tun sollte – nun, vielleicht den Frauen vorschlagen, sich einen Topf Feuchtigkeitscreme zu kaufen, oder in ein anderes Café gehen.

Doch wer waren die anderen Briefschreiberinnen? Es war ein generationenüberspannender Querschnitt der weiblichen Bevölkerung (es kamen Briefe von 15jährigen und 76jährigen). Sie schrieben aus ganz Großbritannien (obwohl mir scheint, daß mehr Briefe aus dem Norden kamen), und gelegentlich aus anderen Ländern in der ganzen Welt (ich erhielt Briefe aus Australien, den Vereinigten Staaten, Singapur und Afrika). In den Briefen aus dem Ausland wurden die gleichen Fragen gestellt wie in denen aus Großbritannien. Ich war stets verblüfft, wie verschieden die Frauen waren, die mir schrieben. Man ist versucht, zu denken (wie auch ich das tat, als ich den Job annahm), daß es mehrheitlich junge Frauen sein würden, die mit der Sexualität experimentieren oder es das erste Mal probieren. Weit gefehlt! Ich bekam einen Brief einer über Siebzigjährigen, die zum ersten Mal in ihrem Leben Geschlechtsverkehr hatte und Ratschläge brauchte. Es kamen verschiedene Briefe von Mädchen im Teenageralter, die fragten, ob es etwas Schlechtes sei, wenn sie mit ihren Brüdern sexuell experimentierten. Die Leute, von denen man glaubt, daß sie höchstwahrscheinlich eine Sexzeitschrift für Frauen lesen, sind nicht unbedingt diejenigen, die das wirklich tun. Doch es ist eine gute Erfahrung, wenn man eines Besseren belehrt wird. Ich traf eine recht gouvernantenhafte Vierzigjährige, die mir sagte, sie fahre auf die nackten Männer im Heft ab. Ich traf ein phantastisch aussehendes Model, das es wegen der sexy Geschichten kaufte. Ich traf eine gut fünfzigjährige Sekretärin, die das

Heft kaufte, um die Poster mit den nackten Männern neben die Pin-up-Girls ihrer männlichen Kollegen zu hängen. Nicht alle Frauen hatten sexuelle Probleme, doch es war ihnen allen eines gemeinsam: Sie wollten mehr über die sexuellen Erfahrungen anderer Frauen wissen und/oder ihre eigenen verbessern.

Ich hoffe, daß ihnen dieses Buch dabei von Nutzen ist. In unserer Zeit, in der die Frauen herauszufinden versuchen, was sie von ihrem Sexleben wollen, ist es ungemein wichtig, etwas über die Lustgefühle, Wünsche, Phantasien, Ängste, Komplexe oder Probleme anderer Frauen zu wissen, um die Unsicherheit bezüglich unserer eigenen abzubauen. (Und niemand kann mir vorwerfen, bloß Phrasen zu dreschen, denn mein Sexleben wurde detailliert in diversen Zeitungen und Zeitschriften des Landes abgehandelt!)

Dieses Buch wäre nicht möglich gewesen ohne die Leserinnen von *For Women* – die beim Schreiben der Briefe der Meinung gewesen waren, ihr Problem sei einzigartig und sie selbst seien »unnormal«, »verrückt«, »pervers«, »abstoßend« usw. Ich hoffe, mit Hilfe dieses Buches können sie erkennen, daß sie das keineswegs sind.

Unterscheiden sich die an *For Women* geschriebenen Briefe von jenen, die man auf den Problemseiten anderer Zeitschriften zu lesen bekommt, wo ja auch jede Menge sexueller Probleme abgehandelt werden? Ich denke, ja. Das einzigartige an *For Women* ist, daß es von der Voraussetzung ausgeht, daß seine Leserinnen an Sex interessiert sind. Als es 1992 auf den Markt kam, war es das erste freizügige Sexmagazin für heterosexuelle Frauen in Großbritannien. *For Women* bot daher den Frauen eine Plattform, über Dinge zu sprechen, die sie vielleicht in einem anderen Frauenmagazin nicht gerne erörtert hätten. Die Leserinnen fühlten sich in der Lage, den einen entscheidenden Schritt weiterzugehen:

Sie schrieben über ihre intimsten Wünsche und Phantasien, über Analverkehr, Fesselung oder die Probleme, einen netten Callboy zu finden. Es waren etwas anders geartete Probleme als zum Beispiel in einer Wochenzeitschrift für Frauen. Doch schließlich befinden wir uns im »postfeministischen« Großbritannien, und die Frauen haben allmählich die Gleichberechtigung erreicht, für die sie so lange gekämpft haben; sie haben die Jobs, den Sex und die Beziehungen, die sie wollen. Fraglos kann ein Magazin wie *For Women* nur in einem solchen »postfeministischen« Klima existieren: Die Männer hatten die längste Zeit ein Monopol auf »schmutzige Heftchen«, warum sollten die Frauen nicht auch eines haben? (Daß es nur ein einziges ist, während Männer anscheinend unter neuntausendundeinem die Wahl haben, ist ein anderes Kapitel – doch davon später mehr.). Die Männer hatten lange Zeit die Macht, zu definieren, was sexy ist und welche Art von Sex sie wollen. Jetzt sind wir an der Reihe. Bereits jetzt leuchten uns in den gängigen Frauenzeitschriften sexy und herausfordernde Titel entgegen wie »Wie Sie im Bett bekommen, was Sie wollen«, »Wie Sie den besten Sex bekommen, den Sie je hatten«, oder: »Gesucht: Der beste Sex«.

Halten wir hier kurz inne. Will ich damit sagen, durch meine Erfahrungen als Kummerkastentante und Sexjournalistin würde ich verstehen, welche Art von Sex Frauen wollen? Nein; doch ich glaube, dadurch habe ich ein Gefühl dafür bekommen, warum sich Frauen mit gewissen Aspekten der Sexualität nicht wohl fühlen. Ich habe das Buch *»The Sex we want«* (»Sex, wie wir ihn wollen«) genannt, doch es könnte ebensogut heißen »Die Art von Sex, die manche Frauen möchten, andere aber nicht« – doch dann wäre wohl kein Platz für meinen Namen auf dem Umschlag gewesen! Frauen müssen das Angebot ausprobieren, um zu sehen, was ihnen behagt – es gibt keine unumstößlichen Verhaltensregeln. Wir wissen im allgemeinen, welcher Art von weiblichem Verhalten die Männer den Vorzug geben, doch dieses deckt sich oft nicht mit unseren Vorstellungen. Erschwerend kommt noch hinzu, daß wir nicht immer *wissen*, was wir wollen, doch es wird Zeit, daß wir die Möglichkeiten und die Mittel bekommen, es herauszufinden.

Manche mögen nun einwenden, ich würde von vornherein kein gutes Haar an den Vorgängen in den Schlafzimmern des Landes lassen, weil ich stets nur die diesbezüglichen Probleme der Frauen studiert habe. Doch das stimmt nicht. Ich weiß, es gibt eine Menge Frauen mit einem glücklichen und normalen Geschlechtsleben – viele erwähnen das in ihren Briefen an *For Women*. Oder es gibt Frauen, die zu neunzig Prozent mit ihrem Geschlechtsleben zufrieden sind und vielleicht nur einen kleinen Rat bezüglich des einen, Ärger bereitenden Zehntels brauchen. Bei manchen Frauen taucht vielleicht mit einer neuen Beziehung oder mit dem Älterwerden ein Problem auf. Unser Geschlechtsleben ist nicht statisch. Die Briefe, die ich erhielt, verschafften mir auch einen einzigartigen Einblick in die Verwirrung, in die die Frauen im Großbritannien der neunziger Jahre durch die Sexualität gestürzt werden. Und solche Briefe, wie ich sie bekam, sind ja kein isoliertes Phänomen; diese Dokumente sind im Zusammenhang mit anderen Informationen über Sex zu lesen – angefangen von den Klagen der Frauen in der Kneipe bis zu Umfragen, Statistiken, Berichten, dem sexualwissenschaftlichen Gedankengut der Gegenwart (und der Vergangenheit) – und im Zusammenhang mit dem, was rund um uns vor sich geht: Postfeminismus, AIDS, Massenarbeitslosigkeit, Veränderung des traditionellen Männlichkeitsbildes, Momente moralischer Panik, Prozesse über sexuelle Gewalt und sexuelle Diskriminierung, positive Diskriminierung, die Tatsache, daß Großbritannien die höchste Scheidungsrate Europas hat usw.

Es scheint, daß das »postfeministische« Großbritannien eine ganze Anzahl neuer Verwirrungen und Widersprüche für Frauen (und im Zusammenhang damit oft auch für Männer) bereithält. Nicht alle davon sind unbedingt brandneu oder schlecht, doch festzustellen ist: Frauen haben mittlerweile zwar viele der Rechte, für die sie gekämpft haben, doch das heißt noch lange nicht, daß sie auch den Sex haben, den sie zu deren Aufputz wollen. »Sex, wie wir ihn wollen« ist kein Rezept, wie man diesen bekommt – denn jede Frau will etwas anderes –, doch ich hoffe, das Buch bringt uns dem Sex etwas näher.

Für den Fall, daß der Titel dieses Buches manchen etwas anmaßend erscheint, möchte ich sagen, daß ich mich weder von diesen Problemen distanziere noch sie als die Probleme anderer Frauen (und nicht als meine) betrachte. Ganz im Gegenteil. Ich habe ein Riesenproblem mit Sex. Oder, um genauer zu sein, mit Sex-Experten. Mit männlichen besonders.

NICHT ALLE SEX-EXPERTEN SIND GLEICH ...

Worin besteht mein Problem mit männlichen Sex-Experten? Vor allem glaube ich, daß viele von ihnen – besonders die »Sexualwissenschaftler« (die die Sexualität angeblich »wissenschaftlich untersuchen«) – für manche der allerreaktionärsten Ansichten über die weibliche Sexualität verantwortlich sind. Woher stammt mein Unbehagen? Zu einem großen Teil vom Feminismus. Wie viele Frauen meiner Generation – geboren in den sechziger, Schülerin in den siebziger und Studentin in den achtziger Jahren – wuchs ich mit dem Feminismus auf: dem Kampf für Gleichberechtigung und für das Recht der Frau, ihre Sexualität so auszudrücken, wie es ihr beliebt. Ich schrieb meine Antworten für die Kummerseite von einer profeministischen Position aus. Doch der Feminismus litt von jeher an einem bedauerlichen Vermarktungsproblem. Wenig hilfreich dabei war auch die Tatsache, daß er für alle Frauen die alleinseligmachende Weltanschauung sein wollte. Das ist natürlich nicht möglich. Die Feministinnen galten darüber hinaus auch als lust- und sogar sexfeindlich (war doch die ultimative Beleidigung von männlicher Seite stets: »Oh, diesen Feministinnen müßte es nur einmal richtig besorgt werden«), und doch waren sie es, die sich mit Themen rund um Sexualität und Lust beschäftigten.

Nun wird man durch die bloße Tatsache, eine Frau zu sein, nicht automatisch zu einer Feministin. Ich erinnere mich daran, wie sich Anfang der achtziger Jahre Frauen der Generation meiner Mutter (sie sind jetzt Anfang Fünfzig) über die »dummen Feministinnen« unterhielten. Diese Frauen konnten, aus welchem Grund auch immer, nicht viel mit dem Feminismus anfangen (sicherlich waren Feministinnen für viele zu aggressiv), doch sie genossen sehr wohl die Vorteile, die der Feminismus gebracht hatte oder für die er kämpfte: Empfängnisverhütung, gleicher Lohn, gleiche Rechte. Nun befindet sich eine Generation »postfeministischer« junger Frauen auf dem Schauplatz, die dem Feminismus nüchtern oder im besten Fall zwiespältig gegenüberstehen. Im September 1995 erschien in *You*, der Beilage von *Mail on Sunday*, ein Bericht über die »Töchter des Feminismus«. Die Ankündigung lautete: »Die heutigen Mädchen im Teenager-Alter ... sind konzentriert, nicht kokett, unabhängig, nicht ungebildet.« Der Artikel selbst enthielt Interviews mit einer Reihe junger Frauen zwischen sechzehn und achtzehn Jahren. Interessanterweise sagten einige, sie seien im Alter von elf oder zwölf Feministinnen »gewesen«, jetzt aber nicht mehr. Das hatten sie schon längst hinter sich gelassen! Eine von ihnen meinte: »Ich bin keine Feministin, denn ich denke, der Feminismus ist zu weit gegangen. Ich glaube an die Gleichberechtigung, doch wenn Frauen sich für einen Job bewerben und ihn nicht bekommen, führen sie das auf die Tatsache zurück, daß sie Frauen sind. Das ist nur eine Ausrede.« Eine achtzehnjährige Schulabgängerin sagte: »Der Feminismus hat gut begonnen, doch er ist zu weit gegangen. Er riecht nach politischer Korrektheit und behandelt Frauen herablassend.« Eine andere erklärte: »Der Feminismus scheint einen toten Punkt erreicht zu haben – in den neunziger Jahren gibt es noch immer sexuelle Belästigung, und Frauen werden schlechter bezahlt als Männer. Es ist fast so, als ob wir erschöpft wären.« Viele waren der Meinung, Frauen seien auf dem Arbeitsmarkt absolut gleichberechtigt (nicht wenige glaubten, es sei heutzutage für Männer vielleicht sogar schwieriger, und hatten Mitleid mit ihnen), obwohl auch sie zugaben, von Männern schon sexuell belästigt worden zu sein. Sie waren auch nicht allzu optimistisch, daß ein Rollentausch klappen würde: »Ich möchte keinen Hausmann – er würde wahrscheinlich den ganzen Tag vor dem Fernsehgerät sitzen. Wenn ich sicher sein könnte, daß er sich ordentlich um die Kinder kümmert, daß er die Wohnung sauberhält und daß das Abendessen auf dem Tisch steht, wenn ich von der Arbeit komme, dann vielleicht.« So jung und schon so weise!

Vom Standpunkt unserer postfeministischen Generation aus gesehen, litten die frühen Feministinnen unter »Opfermentalität«. Für viele junge Frauen der heutigen Zeit *ist* die Schlacht gewonnen. Oder zumindest ein großer Teil davon. Das ist unbestreitbar. Doch was ist mit der rätselhaften Welt

der Sexualität und der Beziehungen? Barbara Toner, die Autorin des Artikels in *You*, schreibt: »Dadurch, daß wir uns von den altmodischen Begriffen von Männlichkeit und Weiblichkeit befreit haben, bleibt ihnen [den jungen Frauen der postfeministischen Zeit] nur eine Art Zwischengeschlecht ohne erkennbare Rolle.« Wie recht sie hat!
Wir befinden uns in einer Art Amöbenreich – ein paar von uns schwimmen in die eine Richtung davon, die anderen wissen nicht genau, wo sie hinwollen. Meiner Meinung nach liegt das größte Marketingproblem des Feminismus darin, daß sich viele Frauen niemals dazugehörig gefühlt haben; viele fühlten sich eindeutig befremdet von einem Haufen Frauen, meist der oberen Mittelschicht angehörend, die mit schriller Stimme ihre Rechte predigten. Für viele heutige junge (und auch ältere) Frauen ist positive Diskriminierung herablassendes Gönnertum: Frauen wollen keine speziell für sie aufgrund ihres Geschlechts geschaffenen Stellen. Diesen Problemen sehen viele Feministinnen nur ungern ins Auge, doch das ändert nichts daran, daß sie existieren. Und ohne die revolutionären Veränderungen der letzten dreißig Jahre (die das gemeinsame Ergebnis wirtschaftlicher Veränderungen und der Frauenbewegung sind) herunterspielen zu wollen, möchte ich doch sagen, daß sich das feministische Denken wenig mit den zahlreichen eklatanten Widersprüchen beschäftigt hat, die es selbst aufgeworfen hat – besonders auf dem Schauplatz von Sex und Sexualität.
Mit einem Mann zu schlafen bedeutete ja in manchen feministischen Kreisen, mit dem patriarchalischen Feind gemeinsame Sache zu machen. Doch das deckte sich nicht unbedingt mit den Erfahrungen zahlloser Frauen, die lustvollen Sex mit Männern hatten, sich nicht als sexuelles Opfer fühlten und für die weder lesbische Liebe noch Masturbation als politisch korrekte Alternativen in Frage kamen.

Manche Frauen verlangen noch immer von einem Mann, daß er »energisch« ist; es ist ihnen peinlich, sexuell die Initiative zu ergreifen; der Mann soll die Führung übernehmen, sie hingegen wollen »aktiv« passiv sein. Frauen können auch die harschesten Kritikerinnen des Sexualverhaltens anderer Frauen sein. Und obwohl manche Feministinnen die Sexualwissenschaft als ihre Verbündete betrachtet haben (in mancherlei Hinsicht war sie auch wirklich nützlich), so muß der Feminismus doch einige traditionelle sexualwissenschaftliche Ansichten erst ordentlich zurechtbiegen.

Wenn ich einige feministische Positionen in diesem Buch kritisiere, heißt das nicht, daß ich sie über den Haufen werfen will – es wird schließlich auch manche Leute geben, die nicht unbedingt Anhänger meines kulturellen Feminismus sind. Die Frauenbewegung begann als politische, eine aktiv auf Veränderung drängende Bewegung – und wie bei jeder politischen Bewegung gab es in ihr mehrere Flügel. Obwohl alle auf ungefähr das gleiche Ziel hinarbeiten – nämlich auf ein größeres Stück vom Kuchen für die Frauen –, gehen wir die Sache von verschiedenen Seiten an. Doch das heißt noch lange nicht, daß der Feminismus versagt hat.

Nicht alle Heterosexuellen sind gleich ...

Ein anderes großes Problem bei herkömmlicher Sexualberatung ist für mich, daß bei jeder Diskussion über Heterosexualität davon ausgegangen wird, daß Frauen in etwa das gleiche wollen wie Männer. Eben darum, weil wir in dieser Ansicht über heterosexuelle Sexualität erzogen wurden, erhielt ich wohl so viele Briefe, die mit den Worten endeten: »Bin ich normal ... pervers ... abstoßend?« Immer und immer wieder schrieb ich in meinen Antworten: Was ist »normal«, wenn Frauen so wenig zur Verfügung haben, das einen Maßstab für ihre angebliche »Abnormalität« bilden könnte? Wir hören, worauf Männer stehen – bis zum Überdruß. Sie stehen auf Frauen in Strapsen, Reizwäsche, Babydolls; sie stehen auf große Brüste, kleine Brüste, unschuldige Jungfrauen, ältere Frauen, Frauen, die nicht zu energisch sind, Frauen, die sexuell die Initiative übernehmen; sie stehen auf verbotenen Sex, wollen aber auch eine Partnerin zu Hause; sie stehen auf sexy Videos und flotte Dreier, sie sehen gerne Frauenkörper, Frauen, die als Baby gekleidet sind, Frauen, die hochhackige Schuhe lecken, Frauen, die mit dem Gürtel ihres Bademantels geschlagen werden – und all das ist anscheinend normal und normales heterosexuelles männliches Verhalten! Sie leben mit einer recht großen Sicherheit darüber, was für sie normal ist, in dieser Welt. Sie werden in eine Welt geboren, in der Männer mehr wirtschaftliche Macht und mehr Macht im allgemeinen haben als Frauen, und auch wir werden in diese Welt geboren.

Die Dinge verändern sich langsam; viele Frauen haben nun mehr wirtschaftliche Macht auf persönlicher Ebene (während viele Männer weniger haben, da sie »wegrationalisiert« werden oder ihr Job nicht mehr auf Lebenszeit garantiert ist) und geben deutlich zu verstehen, was sie auf sexuellem Gebiet wollen. Doch es ist noch immer schwierig, zu wissen, was wir wollen und wie lautstark wir das fordern sollen. Wie verhalten wir uns, wenn wir Sex mit Männern wollen, aber nicht unbedingt auf die Art, die traditionellerweise für uns vorgesehen ist? Viele Frauen wollen eine »neue, überarbeitete« Version von heterosexuellem Sex. Nicht, daß die bisherige Art von Grund auf schlecht war. Sie könnte aber besser sein. Oft haben die Frauen erst dann den Mut, auf Veränderungen zu drängen, wenn sie andere Frauen die gleiche

Unzufriedenheit äußern hörten. Sie fühlen sich dann nicht mehr so »abnormal«. Und es gibt geschichtliche Perioden, die günstiger für Veränderungen sind, wie zum Beispiel unsere Zeit, in der die herkömmlichen Geschlechterrollen aus wirtschaftlichen Gründen aufgebrochen werden müssen. Solche Zeiten des Übergangs bringen zwar Probleme mit sich, sie können es aber auch leichter machen, die Dinge in die von uns gewünschte Richtung zu bewegen. Die Schwierigkeit dabei ist natürlich, daß unsere Bemühungen, etwas zu verändern, nicht unbedingt mit den Vorgängen in unseren Köpfen Schritt halten.

Das am häufigsten in den Briefen angesprochene Problem während meiner Zeit bei *For Women* lautete: »Helfen Sie mir, ich komme mit meinem Partner nicht zum Orgasmus.« Der übliche Rat in solchen Fällen lautet meist ungefähr so: »Masturbieren Sie oder benützen Sie einen Vibrator. Wenn Sie prinzipiell orgasmusfähig sind, können Sie auch mit Ihrem Partner zum Orgasmus kommen.« Oder so: »Verwöhnen Sie Ihren Partner mit einer sinnlichen Massage oder ziehen Sie sich als Kammerzofe an. Das wird Ihnen beiden helfen, Ihr Sexleben mehr zu genießen.« Mag sein. Aber alle sinnlichen Massagen und Kammerzofenverkleidungen der Welt können die größeren sozialen, politischen und wirtschaftlichen Zusammenhänge nicht beseitigen. Wenn wir zum Beispiel den ganzen Tag gearbeitet und/oder den ganzen Abend hinter dem Partner hergeräumt haben, dann brauchen wir wahrscheinlich eher einen kleinen Hausdiener, der sich ein wenig um *uns* kümmert. Und auch wenn eine Frau das Geld, die Macht und das sexuelle Selbstvertrauen besitzt, über das man in Büchern liest, so kann es ihr sehr leicht passieren (wie mein Posteingang bei *For Women* beweist), daß sie von einem Mann sexuell kurzgehalten wird, der nicht auf eine Frau scharf ist, die ihm sagt, wo es sexuell langgeht – obwohl viele von ihnen das als ihre Dauerphantasie bezeichnen. Und man kann mit Genuß masturbieren und sich mit dem Vibrator vergnügen, aber wenn der Körper auf eine bestimmte Weise auf einen Gegenstand oder die eigene Hand reagiert, heißt das noch lange nicht, daß er beim Geschlechtsverkehr mit einem Mann genauso reagiert.

Es ist nicht meine Absicht, Weltuntergangsstimmung zu verbreiten – ich versuche nur, klarzumachen, was die Briefe bedeuten, die ich erhielt. Viele Dinge tragen zu unserer Unsicherheit und unseren Problemen mit der Sexualität bei, doch ich wage zu behaupten, ein nicht unbeträchtlicher Teil davon geht auf das Konto der Sexualwissenschaft.

Im folgenden Kapitel werde ich mich auf einen »Quickie« mit der Geschichte der Sozialwissenschaft einlassen, um zu erklären, was ich mit der Behauptung meine, viele unserer zwiespältigen Gefühle bezüglich der Sexualität hätten ihren Ursprung in der Art, wie sie herkömmlicherweise für uns definiert wird.

1 SEXUALWISSENSCHAFT: DAS WAR'S BIS JETZT

»Mein Problem ist, daß ich immer die volle Aufmerksamkeit bekommen muß, wenn ich mit meinem Freund im Bett bin ...«
»Ich kriege nicht genug Sex ...«
»Die Männer sagen, ich sei eine sehr egoistische Frau, weil ich so oft kommen möchte wie sie ...«
»Ich habe einen viel stärkeren Geschlechtstrieb als er ...«
»Ich habe ständig Tagträume und Phantasien von schwulen Männern. Bin ich krank oder abnormal, weil ich solche Gedanken habe?«

Die Sexualwissenschaft – die Disziplin, die sich »wissenschaftlich« mit der Sexualität beschäftigt – hat eine relativ kurze Geschichte. Sie durfte sich eben erst zum hundertsten Geburtstag gratulieren lassen. Doch so jung sie ist, so prägend sind ihre Ergebnisse und so lebendig und aktiv sind die vorherrschenden sexualwissenschaftlichen Denkmodelle.
Wenn wir also zurückblickten und eine Geburtstagsfestschrift mit dem Titel »Sexualwissenschaft: Das war's bis jetzt« verfaßten, was würde in dem Pamphlet zu lesen sein?

Die frühen Jahre

Klappe: Der sogenannte »Vater der Sexologie«, Havelock Ellis – geschmückt mit dem Titel Doktor. Ellis, der seine Arbeiten im späten neunzehnten und frühen zwanzigsten Jahrhundert schrieb (zu einer Zeit, als man an sein Studienobjekt ein »-ologie« dranhängen mußte, um ihm wissenschaftlichen Status zu verleihen und ernst genommen zu werden), verursachte nicht wenig Aufruhr, als er 1913 den ersten Band seiner gewichtigen siebenteiligen *Studies in the Psychology of Sex* (dt.: *Sexualpsychologische Studien*, Leipzig 1922) veröffentlichte. Es wurde ihm sogar eine Klage wegen Obszönität und Unzucht angedroht. Was stand in dem Buch des alten Knaben? Unter anderem viel über sexuelle »Perversionen«, aber Ellis schrieb auch, daß Frauen sexuelle Gefühle hätten und wie wichtig die sexuelle Befriedigung der Frau sei. Bravo, Havelock! Heute würde so etwas zwar kaum die Zensurbehörde auf den Plan rufen, doch zu einer Zeit, als gemäß der vorherrschenden Ideologie Männer Wesen mit einem gefährlich »unkontrollierbaren« Geschlechtstrieb und Frauen kaum mehr als Fortpflanzungssysteme auf Beinen waren (jene, die sexuelle Gefühle hatten, galten laut den Worten des viktorianischen Arztes William Acton als »unnatürlich«), waren Ellis' Thesen äußerst gewagt. Doch wer nun versucht ist, in Ellis so etwas wie einen frühen Frauenrechtler zu sehen, sollte bedenken, daß die sexuellen Gefühle, die er Frauen zugestand, kaum über das passive Vergnügen hinausgingen, zuerst auf den Märchenprinzen zu warten und dann an England zu denken, während die männliche Sexualität eine knüppelschwingende, draufgängerische war. Laut Ellis war ein gewisses Maß an männlicher Aggression auch notwendig, um der »normalen weiblichen Zurückhaltung« zu Leibe rücken zu können.

Das Vermächtnis von Ellis ist umstritten – viele sehen in ihm einen radikalen Kämpfer, der den Weg für unsere heutige Auffassung von Sexualität bereitete, indem er anerkannte, daß es so etwas wie weibliche Sexualität überhaupt gibt, und den Gedanken aussprach, Männer und Frauen hätten beide das Recht auf sexuelle Befriedigung. Soweit gibt es kein Problem. Doch wie sie zu dieser »Befriedigung« kommen, da liegt der Hund begraben: Seine Kritiker werfen Ellis vor, sexuelle Gewalt seitens des Mannes zu rechtfertigen und zu behaupten, Frauen seien nur imstande, Lust zu empfinden, wenn sie von einem Mann beherrscht würden. Ellis war zweifellos ein großer Verfechter der Theorie der »weiblichen Zurückhaltung«, die er für notwendig erachtete, um die Leidenschaft des Mannes zu erwecken:

Der Frau, der es an dieser Art von Scheu fehlt, fehlt es auch an sexueller Attraktivität für den normalen, durchschnittlichen Mann.
(Studies in the Psychology of Sex [Band 1, 1913])

Er begründet dieses passiv-weibliche/aggressiv-männliche Verhalten auch, indem er aufzeigt, wie es im Tierreich funktioniert – als Beispiel führt er eine läufige Hündin an, die den männlichen Hund zum Narren hält, indem sie ihm zuerst nachläuft, dann aber anscheinend kehrtmacht und ihm Sex verweigert. Damit will er natürlich sagen, daß Frauen oft den Eindruck sexuellen Desinteresses wecken, während sie in Wirklichkeit ganz scharf darauf sind und nur einen kleinen Anstoß brauchen. Laut Ellis ist Gewalt ein notwendiger Teil des Balzrituals: »Stärke ist die Basis der Männlichkeit ... im Kampf ums Überleben ist Gewalt die wichtigste Tugend ... Und genau aus diesem Grund mißt die Frau der Gewalt Wert bei, wenn sie zwischen Rivalen um ihre Gunst wählt« (Band 3). Doch um ihm nicht Unrecht zu tun, muß man hinzufügen, daß er auch Egoismus und grobes Verhalten des Mannes während des Geschlechtsverkehrs kritisiert. Ellis war also ein recht widersprüchlicher alter Knabe: keine kämpferische Suffragette, sondern ein respektabler viktorianischer Arzt, der über die Bedeutung der sexuellen Befriedigung der Frau schrieb und Frauen zum Masturbieren ermunterte. Allzuweit ging das Ganze jedoch nicht: Lust empfand die Frau nur durch heterosexuelle Penetration, die innerhalb der Ehe stattfand, und die Frau liebte ihren Mann dafür, daß er ein »Mann« war. Der Endzweck der Sexualität war Fortpflanzung (»die wichtigste Funktion der Frau«, »das Gehirn der Frau … ist gewissermaßen in ihrem Uterus«). Zwar betrachtete er Masturbation als gutes Mittel zur Lösung von sexueller Spannung, doch er warnte die Frauen davor, es zu heftig zu treiben, damit sie sich nicht angewöhnten, »auf einen Reiz zu reagieren, der nichts mit der Faszination zu tun hat, die normalerweise vom anderen Geschlecht ausgeübt wird« (Band 1). Mit anderen Worten: Wenn sie es zu sehr genießen, dann haben die »Herren der Schöpfung« das Nachsehen!

Doch Ellis schrieb zur Jahrhundertwende, als die vorherrschende Ansicht war, Frauen würden, um mit Dr. Acton zu sprechen, »Gott sei Dank nicht von sexuellen Gedanken irgendeiner Art beunruhigt«. Sie galten als moralisch über diesen Dingen stehende Wesen, nicht als flotte Mädchen. Ellis betrat diesbezüglich Neuland. Und eines ist sicher: Der »Vater der Sexualwissenschaft« legte den Grundstein zu der »wissenschaftlich bewiesenen Tatsache«, daß das sexuelle Dominanzverhalten des Mannes biologisch unvermeidlich ist. Wenn die Hündin blinden Alarm schlagen kann, indem sie den Hund zuerst anmacht und dann Sex verweigert, während sie in Wirklichkeit mit Gewalt genommen werden will, dann ist das doch sicher ein Beweis dafür, daß sich alle weiblichen Säugetiere so verhalten! Es ist klar, was die Folgen waren, oder? Der Bastard namens Sexualwissenschaft war geboren.

Klappe: Eine Zeitgenossin von Ellis, Marie Stopes. Sie war eine Wissenschaftlerin, die sich mit prähistorischer Botanik beschäftigte und auch auf dem Gebiet der Sexualwissenschaft einiges durcheinanderbrachte. Als Vorkämpferin für die Empfängnisverhütung (noch heute gibt es zahlreiche Marie-Stopes-Kliniken) wurde Stopes die Königin des Diaphragmas und des Kondoms, und sie regierte zu einer Zeit, als Sex nur im Dienste der Fruchtbarkeit und nicht der Lustbarkeit stand. Sie ermahnte die Männer, auf die sexuellen Wünsche ihrer Ehefrauen Rücksicht zu nehmen und sich ihrem »Rhythmus« und ihren »sexuellen Gezeiten« anzupassen. Sie wies auch darauf hin, daß die sexuellen Bedürfnisse einer Frau von ihrem »Hormonzyklus« beeinflußt sein könnten. Sie vertrat die Meinung, daß die Frau ein Recht auf den Orgasmus habe, der Ehemann aber nicht das Recht habe, sein kleines Frauchen zu etwas zu zwingen, zu dem sie keine Lust hat – obwohl für Stopes, wie für ihre männlichen Zeitgenossen, der Mann auch derjenige war, der sexuell die Initiative ergreift und unkontrollierbaren Trieben unterworfen ist. Der schwangeren Frau riet sie, ihren Mann mit der Hand zu befriedigen, denn das »verschaffe ihm die körperliche Entspannung, die seine Natur fordert«. (Die Männer des frühen zwanzigsten Jahrhunderts bekamen anscheinend Lähmungserscheinungen an ihren Händen, sobald sie heirateten.)

Stopes wurde verschiedentlich von Kritikern als schrullige Alte beschrieben, die in blumiger Sprache über Erektion und simultanen Orgasmus schrieb und sich als Dichterin betrachtete. Sie hatte es auch mit der Eugenik (wie die meisten prominenten Denker ihrer Zeit), und ganz von dem

Gedanken an den Aufbau einer Herrenrasse besessen, besuchte sie nicht einmal die Hochzeit ihres einzigen Sohnes, denn seine Braut wies einen entscheidenden Zuchtfehler auf: Sie war Brillenträgerin. Paul Ferris schrieb in *Sex and the British*, sie sei vielleicht nicht ganz »richtig« und »im Alter von dreißig Jahren noch immer ledig und Jungfrau« gewesen. Sie schien tatsächlich an ihre seltsame Theorie zu glauben, es sei notwendig, die Körpersekrete des anderen nach dem Geschlechtsverkehr in sich aufzunehmen – sie vertrat die Ansicht, ein Paar sollte eine Stunde lang in einer »postkoitalen Umarmung« unbeweglich liegenbleiben, um all die Vorzüge der in den Sekreten enthaltenen »komplexen molekularen Substanzen« auszukosten. Was sind das für »Vorzüge«? Diese seltsame Praktik erzeugt nicht etwa besonders gelungenen Nachwuchs, wie man meinen könnte, sondern verleiht vielmehr Flügel: Laut Paul Ferris berichtete Stopes von einem Mann, der nach einem derart gründlich absolvierten Nachspiel »auf dem Weg ins Badezimmer pfiff und sang«. Doch alles in allem war Stopes eine Kombination aus einer Art Dr. Ruth des frühen zwanzigsten Jahrhunderts und Catherine Cookson. Sie verwendete eine romantische Sprache, die ihrer Meinung nach »ehrbaren Frauen« zugemutet werden konnte, und schrieb damit auf offenherzige, noch nie dagewesene Art für Frauen über Sex. Ihr Werk war unglaublich populär – von ihrem Eheberatungsbuch *Married Love* wurden bei seinem Erscheinen im Jahr 1918 mehr als vierhunderttausend Exemplare verkauft. Ihre Ratschläge zur Empfängnisverhütung stellten eine gewaltige Wende für die Frauen dar, die nun mehr sexuelle Freiheit hatten und selbst entscheiden konnten, wann oder ob sie schwanger werden wollten.

Klappe: Wir überspringen einige Jahrzehnte und den großen Teich, wo wir in den Vereinigten Staaten auf den nächsten Hauptakteur, Alfred Kinsey, treffen. In seinen beiden Arbeiten *Sexual Behaviour in the Human Male* (dt.: Das sexuelle Verhalten des Mannes, Berlin 1955) und *Sexual Behaviour in the Human Female* (dt.: Das sexuelle Verhalten der Frau, Berlin 1954) zeigte der Wissenschaftler auffallende Ähnlichkeiten in den sexuellen Reaktionen beim Mann und bei der Frau auf. Kinsey war ein ungemein engagierter Sexualforscher, der ab 1940 seine ganze Zeit dem Studium dieses Themas widmete. In nur fünf Jahren sammelte er von mehr als siebentausend Menschen Berichte über ihr Geschlechtsleben. Sein großes Ziel war es, in einem Zeitraum von zwanzig Jahren über hunderttausend solcher Berichte zu sammeln. Bei seinen Studien ging es ihm nicht darum, die Ergebnisse zu beurteilen oder zu kommentieren, sondern einfach darum, über »Fakten« zu berichten. Was waren das nun für Fakten? Eines der für den konservativen Teil der amerikanischen Bevölkerung schockierendsten Resultate in seinem »Männer-Report« war vielleicht die große Anzahl an Männern in der Studie, die homosexuelle Erfahrungen hatten. (Kinsey schrieb zur Zeit des Kalten Krieges, und das Klima dieser Zeit schrieb moralische Entrüstung und Panik angesichts aller Dinge vor, die etwas mit sexueller »Abartigkeit« zu tun hatten.) Andere Statistiken im Kinsey-Report besagten, daß an die siebzig Prozent schon einmal die Dienste einer Prostituierten in Anspruch genommen hatten, daß fast zwanzig Prozent feuchte Träume hatten und daß weniger als fünfundsechzig Prozent beim Geschlechtsverkehr mit ihrer Ehefrau zum Orgasmus kamen. Fast noch größeren Aufruhr verursachte sein Report über das sexuelle Verhalten der Frau. In diesem war zu lesen, daß Frauen masturbieren, daß mehr als die Hälfte der befragten Frauen Sex vor der Ehe gehabt und ein Viertel der Frauen Erfahrung mit einem Seitensprung hatten, bevor sie vierzig Jahre alt waren. Kinsey sagte damit klipp und klar, daß Frauen ebenso sexuelle Wesen sind wie Männer. Er bewies durch seine Studien (die unter anderem darin bestanden, Lebensberichte zu sammeln und Leute bei sexuellen Aktivitäten zu beobachten – was für ein Job ...), daß sich Frauen und Männer während der Erregung und des Höhepunkts körperlich auf identische Weise in Form von rhythmischem Stoßen verhielten. Nun hatten wir es schwarz auf weiß: Die »Fakten« sprachen für sich – Männer und Frauen sind auf sexuellem Gebiet gleich. Doch wenn man ein wenig genauer hinsieht, zeigen seine Studien eine bemerkenswerte Anzahl von *Unterschieden* auf, besonders was die sexuelle Befriedigung betrifft. Zum Beispiel hatte der Kinseysche Durchschnittsmann 1523 Orgasmen vor der Ehe, während es die Durchschnittsfrau auf 223 brachte. Nach der Hochzeit kamen weniger als vierzig Prozent der Frauen immer oder fast immer zum Orgasmus, während dies auf fast hundert Prozent der Ehemänner zutraf. Auch die vielzitierte »Tatsache«, daß der Mann im Teenageralter auf dem Höhepunkt seiner sexuellen Leistungsfähigkeit ist, die Frau hingegen Anfang Dreißig, ist auf Kinseys Acker gewachsen. Das ist doch zweifellos ein Beweis für eine unterschiedliche, nicht für eine identische Sexualität?

Diese lästigen Abweichungen erklärte Dr. Kinsey folgendermaßen: Frauen sind auf sexuellem Gebiet biologisch weniger leicht »konditionierbar« als Männer, wodurch auch erklärlich wird, warum Frauen weniger »sexbesessen« sind, sich nicht für Pornographie interessieren und keine voyeuristischen Tendenzen haben, wie dies bei Männern der Fall ist. Diese mangelnde »Konditionierbarkeit« auf äußere Reize wie Pornographie oder sexuell stimulierende Darstellungen von Männern war ein bloßes wissenschaftliches Faktum in Kinseys Weltsicht. Keinerlei Erwähnung hingegen fand das »Faktum«, daß Sexualität ein kulturelles, soziales und politisches Konstrukt ist. Oder das »Faktum«, daß Männer von Geburt an dazu erzogen werden, Frauen zu betrachten und auf »sexy« optische Reize zu reagieren, daß weitgehend von Männern definiert wird, was sexy ist usw. Ironischerweise wird dadurch aber auch ausgesagt, daß Männer den Intellekt eines Meerschweinchens besitzen – daß sie im Grund genommen darauf konditioniert werden können, irgend etwas sexy zu finden –, doch wer sind wir, daß wir uns anmaßen können, die männlichen Grundsätze der »Wissenschaft« in Frage zu stellen? Heute, vierzig Jahre später, ist dieser Versuch, einem unausgegorenen biologischen Modell des sexuellen Verhaltens zu wissenschaftlichem Ansehen zu verhelfen, der Matrosenanzug der sexualwissenschaftlichen Mode. Für jene, die das Buch kaufen, ist es ein Klassiker in der Garderobe der Sexualwissenschaft – man nimmt es immer wieder aus dem Schrank und mischt und kombiniert es mit anderen Ideen. Sein Vermächtnis wird in hohen Ehren gehalten; seine Popularität ist ungebrochen, seine Anhänger sind zahlreich – genauso wie die des Sex- und Verhaltensforschungs-Gurus Desmond Morris (ja, der von der jüngst gezeigten, britischen Fernsehserie mit dem treffenden Titel *Der nackte Affe*).

Für Kinsey war es zwar klar, daß Frauen intensive sexuelle Empfindungen haben und ihr Becken genauso forsch bewegen können wie die Männer, doch er schrieb ihnen auch eine natürliche Passivität gegenüber Sex und »sexy« Bildern zu. Es ist leicht zu verstehen, warum eine derartige Theorie so lange so beliebt war – sie besagt ja im Grunde, daß sowohl

Männer als auch Frauen sexuelle Gefühle haben und daß sie während der Erregungsphase und beim Höhepunkt auf ähnliche Weise reagieren. Doch Männer, heißt es, reagieren »von Natur aus« auf Pin-up-Hefte, Sexvideos, Pirellikalender und Popvideos mit halbnackten, an sich herumspielenden Süßen (die alle – welche Überraschung – von Männern hergestellt sind), während Frauen leider nicht so günstig auf dieselben Pin-up-Hefte, Sexvideos, Pirellikalender und halbnackten, an sich herumspielenden Süßen ansprechen, was offensichtlich auf irgendeinen angeborenen psychischen Defekt zurückzuführen ist. Nun, jetzt wissen wir's.
Klappe: Gut ein Jahrzehnt nach dem Kinsey-Report über die weibliche Sexualität betraten der Gynäkologe Dr. William Masters und die Psychologin Virginia Johnson mit ihrem Knüller *Human Sexual Response** die Szene. Keiner behaupte, in der Kürze liege die Würze bei derartigen sexualwissenschaftlichen Schriften, denn die Laborversuche von Masters und Johnson, für die die sexuellen Großtaten von 694 weißen, heterosexuellen Männern und Frauen der Mittelschicht ausgewertet wurden, die mit Elektroden vollgepflastert vor der Kamera eine Lifevorstellung gaben, waren mit ihrer Dauer von über einem Jahrzehnt alles andere als ein Quickie. Masters und Johnson zeichneten haarklein die Veränderungen im menschlichen Körper während des Orgasmus auf. Niemals zuvor waren die einschlägigen Aktivitäten des Homo sapiens Gegenstand solch enormer, großangelegter Laborversuche gewesen (seltsamerweise hat Ken Russel noch keinen Film darüber gedreht). Diese Mutter aller wissenschaftlichen Experimente wurde vom medizinischen Establishment akzeptiert, und schon war ein neues Konzept der menschlichen Sexualität geboren: der »sexuelle Reakti-

* dt.: *Die sexuelle Reaktion*, Frankfurt/Main 1967

onszyklus«. Dieser besteht aus vier Phasen, nämlich aus Erregung, Plateau, Orgasmus und Auflösung, und ist sowohl auf Männer als auch auf Frauen anwendbar. (Daß Sexualforscher nach Masters und Johnson vergeblich versuchten, diese vier Phasen nachzuweisen, scheint ihrer Beliebtheit in diversen Sexratgebern und Frauenzeitschriften keinen Abbruch getan zu haben.)
Masters und Johnson hatten mit der Auffassung, Männer hätten eine stärkere Libido als Frauen, nichts am Hut – im Gegenteil! Die Autoren warfen die ganze sexualwissenschaftliche Theorie über den Haufen, indem sie erklärten, Frauen seien in Wahrheit sexuell reaktionsfähiger als Männer – ihre sexuellen Reaktionen seien vielfältiger und sie hätten die Fähigkeit zu multiplen Orgasmen. Sie fühlten sich berufen, Paaren (besonders solchen mit sogenannter »sexueller Dysfunktion«) zu helfen und frischen, emanzipatorischen Wind in Beziehungen zu bringen, wobei sie von beiden Partnern verlangten, die Verantwortung für sexuelle Befriedigung und eine glückliche Partnerschaft zu übernehmen. Durch ihre Beschreibung der häufigsten sexuellen Störungen und ihre Vorschläge zu deren Beseitigung legten sie den Grundstein für die Sexualtherapie – für eine praxisorientiertere Art, Paaren mit sexuellen Reaktionsschwierigkeiten zu helfen.
Worin besteht nun das Vermächtnis von Masters und Johnson, außer in Scharen von praktizierenden Sexualtherapeuten? Nun, erstens wissen wir durch sie, daß Frauen multiple Orgasmen haben können. Und zweitens bekamen die Frauen von ihnen grünes Licht, sexuell initiativ zu werden und die Verantwortung für seine und ihre sexuelle Befriedigung zu übernehmen. Ist das nun eine Sexualwissenschaft, an der Feministinnen ihre Freude haben können? Leider nein. Die Gleichung von den gleichberechtigten Bettpartnern geht

nicht auf, weil Frauen und Männer keine gleichberechtigten Partner in der Welt sind. Die sexuellen Reaktionen nach dem Schema à la Masters und Johnson zu koordinieren und um die Fähigkeit der multiplen Orgasmen zu wissen, das ist alles gut und schön – doch es sieht auch verdächtig nach einer weiteren Serie von Vorschriften aus, wie sich Frauen pflichtschuldigst beim Sex zu verhalten hätten. Wie Sexualwissenschaftler das so gerne tun, sehen auch Masters und Johnson die biologischen Geschlechtsfunktionen isoliert von äußeren Faktoren, die natürlich die Dinge etwas komplizierter machen würden. Sie kleiden ihre Ratschläge in eine irreführende, profeministische Sprache (sie schrieben ja Mitte der sechziger Jahre, und die Frauenbewegung war bereits spürbar), doch sie kümmern sich nicht um soziale, politische oder persönliche Zusammenhänge, genau die Dinge, die wichtig wären, um potentielle Probleme zu orten und Lösungen für sie zu entwickeln. Die Information, daß Hunderte von Frauen irgendwo in einem Laboratorium multiple Orgasmen bekamen und daß es unser Job ist, für die sexuelle Befriedigung unserer Männer und obendrein für unsere eigene zu sorgen, hat nicht wirklich eine Revolution in der Paarbeziehung bewirkt. (Diese angeblich stärkere sexuelle Reaktionsfähigkeit der Frauen kann bewirken, daß manche Frau nun plötzlich denkt: »Oh, ich bin nicht die ganze Zeit erregt/ich habe keine multiplen Orgasmen, vielleicht bin ich nicht normal.«) Doch zumindest war die weibliche Sexualität für Masters und Johnson eine Kraft, mit der man zu rechnen hat, und viele Frauen stellten nun neue Ansprüche an die Männer. Die Frauen beurteilten die Leistungen des Mannes im Schlafzimmer kritischer (Masters und Johnson benannten Probleme wie vorzeitige oder verzögerte Ejakulation und versuchten, Lösungsvorschläge zu geben), doch das Verständnis dafür, daß beim eigenen Mann die Ejakulation verzögert ist, führt nicht unbedingt zu größerem Verständnis für seine verzögerten Reaktionen auf anderen Gebieten, zum Beispiel für seine meist fehlende Putzreaktion angesichts bespritzter Klobrillen oder Krümeln unter dem Stuhl. Doch wo hat man schließlich schon gehört, daß Männer quasi in einer Kombipackung zusammen mit sexuellen Fertigkeiten auch größere häusliche Fertigkeiten erwerben? Oder daß Frauen auch anderweitig unabhängiger werden, wenn sie größere sexuelle Unabhängigkeit erlangen? Wünschenswert wäre es. (Vielleicht aber auch nicht. Vielleicht ist Sex etwas, wo wir die Wirklichkeit verlassen können und nicht an die Dinge denken müssen, die in anderen Bereichen des Lebens besser sein könnten.)

Die späten Jahre

Die letzte Szene spielt zehn Jahre später und immer noch in den USA. Shere Hite veröffentlicht den *Hite Report: A Nationwide Study of Female Sexuality* (dt.: Hite-Report: Das sexuelle Erleben der Frau, München 1979). Hite genießt den Ruf einer »feministischen Sexualwissenschaftlerin«. Was hat sie uns also zu sagen in dieser Studie über dreitausend Frauen im Alter zwischen vierzehn und achtundsiebzig Jahren? Ihr Hauptargument ist, daß die Mehrzahl der Frauen in ihrer Studie angeblich durch Sex mit Penetration nicht zum Orgasmus kommt. Dies beweise, wie unbefriedigend heterosexueller Geschlechtsverkehr mit Penetration für Frauen ist. Hite nennt Penetration auch »sexuelle Sklaverei«. So lautet auch der Titel eines Kapitels in ihrem Report. Hite befragte für ihre Studie Tausende von Frauen über ihre sexuellen Vorlieben und Abneigungen. Zwar gaben viele Frauen an, der Orgasmus mit ihrem Partner sei eine etwas müde Sache, doch sie sagten keineswegs, sie würden keine Lust beim Geschlechtsverkehr mit Penetration empfinden. Ganz im Gegenteil! Die Frauen im Hite-Report beschreiben die Erfahrung als »schön« und »ekstatisch«; »ich finde es angenehm, wie sich der Penis eines Mannes in mir anfühlt ... es ist ein Gefühl der Wärme, der Gemeinsamkeit«, lesen wir. Aha.

Das Problem scheint also darin zu liegen, was bei Hite als Beweis für die offensichtliche Unzufriedenheit der Frauen mit dem Geschlechtsverkehr im herkömmlichen Sinn herhalten muß: Eine Angabe wie »70 Prozent der Frauen in der Studie kommen durch Sex mit einem Mann nicht zum Orgasmus« ist nicht dasselbe wie »Frauen haben nicht viel vom Sex mit einem Mann«. Ihre Erfahrungen sprechen eine andere Sprache. Doch weder analysiert Hite diesen Widerspruch, noch geht sie seinen Ursachen auf den Grund. Wie alle anderen Sexualwissenschaftler vor ihr scheint Hite das Dogma »Orgasmus ist gleich Lust« gepachtet zu haben. Die sexuellen Lustgefühle der Frau werden wieder einmal auf eine biologische Funktion reduziert: Wenn der weibliche Körper nicht richtig funktioniert und zu keinem Orgasmus mit einem Mann fähig ist, dann ist der weibliche Körper vielleicht nicht dafür geschaffen, sexuelle Lustgefühle mit einem Mann zu empfinden. In den mittleren und späten siebziger sowie in den frühen achtziger Jahren, als der Feminismus en vogue war und Penetration für radikale Feministinnen wie Andrea Dworkin nichts anderes als Unterdrückung (wenn nicht sogar Vergewaltigung) von Frauen durch Männer bedeutete, war das ein recht beliebtes Argument. Viele Frauen waren in kämpferischer Stimmung, und die Heterosexualität mußte das ausbaden. Einige liebäugelten kurz mit lesbischem Sex als politisch korrekter Form der Sexualität. Einige entschieden sich für die Enthaltsamkeit –

eine weitere politisch korrekte Alternative. Andere blieben bei der Heterosexualität, fühlten sich aber schuldig dabei. Einige hatten weiterhin Spaß an heterosexuellem Sex und kümmerten sich nicht im geringsten darum, ob das korrekt war oder nicht. Alles das sind letzten Endes mögliche Alternativen. Doch das entscheidende dabei ist, daß eine Diskrepanz herrscht zwischen sexuellen Bedürfnissen/Lustgefühlen und einer simplen Reaktion in Form eines Orgasmus. Zugegeben, manche Frauen, die mit ihrem Partner nicht zum Orgasmus kommen, möchten das (wie die vielen diesbezüglichen Briefe beweisen, die ich erhielt), doch wenn sexuelle Lustgefühle auf den Orgasmus beschränkt wären, würden sich wahrscheinlich mehr Frauen für ein gemeinsames Leben mit ihrem Vibrator entscheiden. Und das tun sie schließlich selten. Es ist leicht zu erkennen, woher bei Hite der Wind wehte. Sie stellte den sexuellen Leistungen der Männer ein vernichtendes Zeugnis aus, wie es der Mode ihrer Zeit entsprach, und fragte die Frauen, ob sie gewillt waren, sich auf diese (orgasmuslose) Art von Sex zu beschränken. Der Hite-Report enthält einige einzigartige und interessante Informationen über die sexuellen Erfahrungen und Gefühle der Frauen in den mittleren siebziger Jahren. Doch Hite tappt in die alte sexualwissenschaftliche Falle, Sex primär mit Orgasmus gleichzusetzen. Und hier stehen wir nun – frustriert und begierig nach mehr Informationen bezüglich der Widersprüche, die sie in ihren Arbeiten aufgeworfen hat.

Der Kampf der Geschlechter oder: Ran an den Mann

Diese Geschichte der Sexualwissenschaft war kurz und selektiv. Wie es die Art der Journalisten ist, pickte ich mir die großen Namen und die Arbeiten heraus, die das größte Aufsehen erregt hatten. Und wenn manche offensichtlich von mir Prügel bezogen, so deshalb, weil ich aufzeigen wollte, woher ein großer Teil unseres Wissens über Sex kommt, wie schnell es zu allgemeinem Gedankengut wurde und wie es in manchen Fällen die Chancen der Frauen auf sexuelle Befriedigung beeinträchtigt hat, anstatt sie zu verbessern. Doch meiner Meinung nach haben wir der Sexualwissenschaft auch viel zu verdanken. Ohne sie hätte ich wahrscheinlich dieses Buch nicht geschrieben, es hätte vielleicht nie ein Sexmagazin für Frauen gegeben (dessen Kummerkastentante ich hätte sein können), und auch die Definition der weiblichen Sexualität wäre kein Thema gewesen. Es ist ohne Zweifel faszinierend, zu sehen, was durch sexualwissenschaftliche Experimente alles ans Licht kommt, und es ist interessant, die physiologischen Veränderungen beim Sex zu studieren. Bedenklich finde ich nur, wie diese Erkenntnisse interpretiert werden und wie dieselbe Suppe immer wieder von neuem aufgewärmt wird.

Unser Wissen über die Sexualität beziehen wir natürlich nicht nur von der Sexualwissenschaft. Das ist lediglich eine der Informationsquellen – neben unserer Familie, unseren Zeitgenossen, den Medien, der Schule, der Religion usw. Aber es ist interessant, zu sehen, wie die tonangebenden sexualwissenschaftlichen Modelle immer wieder in Sex-Anleitungsbüchern, »Aufklärungs«-Videos, Sexsendungen, Frauenzeitschriften, auf Problemseiten und im alltäglichen Denken reproduziert werden. In Sexvideos und Büchern werden

Graphiken der vier Erregungsphasen gezeigt, es wird beschrieben, was in unserem Körper vor sich geht, wenn wir erregt sind, wir hören, daß die meisten Frauen Sex auch dann genießen, wenn sie keinen Orgasmus haben, daß Frauen multiple Orgasmen bekommen können und daß Frauen nicht so leicht erregbar sind wie Männer. Kein Thema hingegen ist der Gedanke, daß Frauen leicht erregbar sind oder sein könnten – wenn es Material gäbe, das uns erregt, und wenn eine Bewußtseinsänderung stattfinden würde, die uns dazu ermutigt. Die gängige Meinung ist noch immer, daß Frauen sehr wohl sexuelle Wesen sind – aber nicht *allzu* sexuelle. Sie dürfen auch sehr sexuelle Wesen sein – aber nur auf die Art, die die Männer haben wollen.

Noch komplizierter wird die Sache dadurch, daß jedes kritische oder abweichende Denkmodell gegen die Klischees von der passiven Frau, die dazu gezwungen werden will, und vom Mann, der körperlich krank wird, wenn er nicht genug Sex bekommt, anzukämpfen hat. Vor mehr als vierzig Jahren in einem Laboratorium gemachte Entdeckungen veranlassen Frauen noch immer, sich zu fragen, ob sie nun die vier Gänge des sexuellen Reaktionsmenüs (Erregungsphase, Plateauphase, Orgasmusphase, Rückbildungsphase) vorschriftsmäßig absolviert haben oder nicht. Frauen (und vielleicht auch ihre Partner) suchen verzweifelt nach ihrem G-Punkt, ihrem U-Punkt, ihrem U-Boot oder was auch immer – wahrscheinlich mit dem Anleitungsbuch in der einen Hand und einer Taschenlampe in der anderen. Sie liegen im Bett und fragen sich, ob sie einen klitoralen Orgasmus, einen vaginalen Orgasmus, einen multiplen Orgasmus oder überhaupt einen Orgasmus gehabt haben. Sie versuchen, den Männern bei der Verbesserung ihrer Leistungen zu helfen, indem sie die »Drucktechnik« gegen vorzeitigen Samenerguß anwenden. Sie gestalten eine Märchenstunde der weniger jugendfreien Sorte in dem Bestreben, ihren Mann mit sexy Geschichten zu unterhalten. Ihre Beckenboden- bzw. Scheidenmuskeln haben so trainiert zu sein, daß sie damit einem Huhn den Kopf abreißen könnten. Sie haben anregende Lehrerinnen im Schlafzimmer zu sein, die imstande sind, sich genau das zu holen, was sie wollen (ungeachtet der Tatsache, daß ihnen vielleicht nicht ganz klar ist, was sie wollen, daß sie es schrecklich peinlich finden, darum zu bitten, oder daß sie das für unhöflich halten).

Und wenn sie darum bitten, bekommen viele Frauen einen Korb: Er hat Kopfschmerzen oder ist zu müde. Vielleicht hat der Herr des Hauses auch etwas von seiner wirtschaftlichen Vormachtstellung eingebüßt, vielleicht ist er auch schlicht depressiv und sein Geschlechtstrieb befindet sich in einer Phase der Rezession. Vielleicht ist der Streß in seinem Leben für manch schlappe Reaktion verantwortlich. Vielleicht muß er feststellen, daß seine üblichen Anmachmethoden und seine umfangreichen Kenntnisse über die weibliche Körpersprache nicht mehr funktionieren. Vielleicht ist er ein Feminist, der von Schuldgefühlen gepeinigt wird, daß er ein Mann ist, und der jede Gelegenheit wahrnimmt, einer Frau zu zeigen, daß er kein böser Kerl ist – und vielleicht findet eine Frau, bei der er mit all dieser Aufrichtigkeit Eindruck schinden will, das alles andere als antörnend.

Wir sehen also, viele Männer und Frauen stehen den neuen Spielregeln äußerst skeptisch gegenüber, die durch eine Veränderung der gewohnten Codes für weibliches und männliches Verhalten entstehen. Vielen Frauen vergeht bei einem der empfindsamen Liebhaber im Stil des neuen Mannes die Lust auf Sex, wenn er andauernd fragt, ob sie es auch genießt und was er für sie tun könnte. Und während in vielen sexualwissenschaftlichen Büchern noch immer die Auffassung verbreitet wird, die naturgegebene Rolle des Mannes sei die eines sexuellen Raubtieres (der Mann als Jäger usw.), können wir immer häufiger in Frauenzeitschriften lesen, wie frau sich ihre Beute angelt und wie sie an seinem Verhalten erkennt, wann es Zeit ist, zuzuschlagen. Immer mehr Frauen drehen den Spieß um. In Verbindung mit der Tatsache, daß die Frauen nun mehr Gelegenheit zu Sex haben und aus diesem Grund offensichtlich sexuell selbstbewußter geworden sind, hat das dazu geführt, daß die Dinge in Bewegung geraten sind. Kein Wunder also, daß viele Frauen und Männer etwas verwirrt sind.

Vielleicht ist der Schlüssel zu unserer Verwirrung unsere Verwundbarkeit – in wirtschaftlicher, sexueller und sozialer Hinsicht. Unsere Rollen werden neu definiert, und Themen wie »Dominanz« rücken in den Hintergrund. Sex kann ja ebenso starke oder vielleicht sogar stärkere Gefühle der Verwundbarkeit erzeugen als solche der Macht. Es gibt schließlich verschiedene Abstufungen der Macht, und es ist nicht zweckdienlich, alle Männer als dominant und alle Frauen als unterwürfig zu betrachten – weil sie das natürlich nicht sind. Man riskiert eine Zurückweisung, wenn man den ersten sexuellen Schritt tut, egal, ob man nun eine Frau ist oder ein Mann. Viele Männer geben an, sich äußerst unsicher zu fühlen, wenn sie am Anfang einer Beziehung mit einer Frau Sex haben, weil sie fürchten, die neue Partnerin würde ihre sexuellen Leistungen anhand einer zehnteiligen Punkteskala bewerten und diese obendrein am nächsten Tag beim Mittagessen mit ihren Freundinnen minutiös analysieren, oder sie würden sich als Fallgeschichte in einer Frauenzeitschrift wiedererkennen. Frauen fühlen sich bezüglich ihrer Leistung genauso verwundbar – bin ich eine aufregende, stets einsatzbereite, zu multiplen Orgasmen fähige Geliebte? Sowohl Frauen als auch Männer machen sich verwundbar, wenn sie über ihre Phantasien sprechen oder

sie ausleben. Wenn man zugibt, daß einen Schuhe mit 15-cm-Absatz oder der Gedanke, mit Gewalt genommen zu werden, antörnen, setzt man sich der Gefahr aus, auf den anderen lächerlich oder abstoßend zu wirken. Doch schließlich haben sexuelle Lustgefühle auch viel damit zu tun, sich preiszugeben und sich zu gestatten, die Kontrolle zu verlieren.
Gefühle der Verwundbarkeit und Verwirrung wurden immer wieder in den Briefen angesprochen, die mich bei *For Women* erreichten. Die fünf häufigsten Probleme, mit denen ich während der zwei Jahre meiner Tätigkeit als Kummerkastentante konfrontiert wurde, waren folgende:

1. Ich komme mit meinem Partner nicht zum Orgasmus.
2. Ich will mehr Sex als er.
3. Sind meine Phantasien normal?
4. Ist mein Partner normal?
5. Ich mag es nicht, meinen Partner mit dem Mund zu befriedigen.

Ich werde in den folgenden Kapiteln detailliert auf alle diese Probleme eingehen und die historischen und kulturellen Hintergründe beleuchten, die Frauen glauben machen, sie hätten ein Problem. Ich werde untersuchen, was herkömmliche Ratgeber und was der Feminismus dazu zu sagen haben, wobei mein Lösungsvorschlag eine Art Mittelding sein wird – eine profeministische, praktische Sexberatung, die soziale und kulturelle Veränderungen berücksichtigt. Ich werde auch analysieren, wie unser Körper und die Kleidung, die wir tragen, unsere Gefühle beim Sex beeinflussen, welche Art von »Erotika« oder sexuell stimulierendem Material für uns erhältlich ist, ob uns gefällt, was wir bekommen, und ob es uns die um uns herum stattfindende Informationsrevolution leichter macht, die Informationen über Sex zu bekommen, die wir wollen. Ich hoffe, ich habe Ihr Interesse geweckt und Sie neugierig auf mehr gemacht. Also, auf zum nächsten Kapitel! Ich denke, ich werde es »Erregungsphase« nennen …

2 SCHWULE, LESBEN UND SEXSPIELZEUG

Liebe Jay Kay!
Seit ich einen Dokumentarfilm über schwule Männer gesehen habe, phantasiere und träume ich ständig davon. Ich bin nicht mutig genug, in den nächsten Sexshop zu gehen, und ich möchte Sie fragen, woher ich freizügige Schwulenliteratur bekommen kann. Ich habe derzeit keinen Freund, doch ich möchte wissen, wie ein solcher wohl auf meinen »Fetisch« reagieren würde …

Liebe Jay Kay!
Ich habe nie Schwierigkeiten, mit meinem Vibrator oder dem Duschkopf zum Orgasmus zu kommen, doch mit einem Mann habe ich noch nie einen gehabt. Ich habe derzeit eine feste Beziehung, doch ich bekomme mit meinem Freund keinen Orgasmus, was die Sache zwischen uns ziemlich schwierig macht. Bitte, können Sie mir einen Rat geben?

Liebe Jay Kay!
Ich bin seit zwei Jahren mit meinem Freund zusammen, und unser Sexleben ist großartig. Doch ich phantasiere ständig davon, mit Frauen Sex zu haben. Ich starre gutaussehende Frauen an und stelle mir vor, mit ihnen im Bett zu sein. Ich hatte nie ein lesbisches Erlebnis und habe mir bisher nie wirklich eines gewünscht. Denken Sie, daß mit mir etwas nicht in Ordnung ist?

Mehr und mehr Frauen outen sich – so viele, wie es in den letzten dreißig Jahren nicht gewesen sind. Sich outen heißt erklären, was einen antörnt (und was nicht). Bislang wurde uns auf sexuellem Gebiet nur eine recht fad schmeckende Diät vorgesetzt (auch von uns wurde nicht mehr erwartet), doch nun müssen wir langsam die Speisekarten umschreiben, um zu zeigen, daß wir genauso auf Abwechslung aus sind wie ein x-beliebiger Mann. Und da wir vermehrt artikulieren, was wir wollen, äußern wir auch verstärkt (direkte oder indirekte) Kritik am herkömmlichen heterosexuellen Sex. Anders ausgedrückt: Erstmals bekommen die Männer, bildlich gesprochen, die Schwänze gestutzt: Ihre Position als sexuelle Geschmackspolizei ist gehörig ins Wanken geraten. Das heißt aber nicht, daß Frauen, die Sex mit Männern hatten, jahrelang ein sexuelles Sklavendasein geführt haben und gegen ihren Willen zu geschlechtlichen Handlungen gezwungen wurden (bei manchen war es vielleicht so, bei den meisten aber nicht). Das heißt auch nicht, daß Männer nicht weiterhin eifrig Dinge herstellen, die sie erregend finden (wobei natürlich nie alle Männer ihre Hände im Spiel hatten). Geändert hat sich vielmehr, daß wir nicht mehr wirtschaftlich von Männern abhängig sind, und durch diese neue wirtschaftliche Macht erlangen wir auch sexuelle Autonomie. Außerdem reagieren wir seit einiger Zeit kritisch auf herkömmliches »sexistisches«, männliches Verhalten, wobei wir auch versuchen, Alternativen für das, was wir nicht wollen, zu entwickeln.

Weitere Faktoren, die große Veränderungen bewirkt haben, sind die Anti-Baby-Pille und die Legalisierung der Abtreibung, die natürlich beide keine idealen Lösungen sind, uns aber ungeahnte sexuelle Freiheiten verschafft haben. (Es ist kaum zu glauben, daß die beiden Dinge erst ungefähr eine Generation alt sind!) Auch der Beitrag der vielgeschmähten Medien ist nicht zu unterschätzen – aus Frauenzeitschriften und auch durch das Fernsehen erfahren wir, was bei anderen

Frauen sexuell läuft; es gibt ganze Stapel von Büchern, die uns erklären, wie man es anpackt; wir haben sogar erotische Romane, erotische Videos und eine Zeitschrift, *For Women*, die auf die Interessen heterosexueller Frauen eingeht. Wir bekommen langsam ein Gefühl dafür, was Frauen wünschen und was ihnen beim Sex mit Männern gegen den Strich geht.

Dieses kritische Bewußtsein befindet sich natürlich noch im Stadium heftigen Pettings – der letzte Schritt wurde noch nicht getan. Erschwerend wirkt auch, daß so vieles vom Geschmack des heterosexuellen Mannes geprägt ist. Wie sollte man je damit fertig werden, diese Unmengen von männlichen Phantasien und Wünschen so umzuarbeiten, daß heterosexuelle Frauen sie genießen können? Ist das überhaupt wünschenswert? Vielleicht ist das auch gar nicht das Problem: Heterosexuelle Männer haben kein Copyright auf ihre Phantasien und Wunschvorstellungen, sie hatten (und haben) aber insgesamt mehr Macht als wir. Und der Mächtigere beutet den Unterlegenen – die Frauen – aus. Es ist also nicht verwunderlich, daß wir uns unbehaglich fühlen, wenn wir die Masturbationshilfen für heterosexuelle Männer im Kontext dieser wirtschaftlichen und gesellschaftlichen Vormachtstellung betrachten – und womöglich doppelt unbehaglich, wenn uns diese Dinge auch erregen. Doch Hand in Hand mit den langsamen Veränderungen im traditionellen wirtschaftlichen und kulturellen Machtgefüge beginnen wir allmählich zu formulieren, was für uns sexy ist. Die Briefausschnitte am Anfang des Kapitels sind typische Kostproben von den veränderten (oder zumindest erstmals formulierten) Vorlieben der Frauen. Nancy Friday, der weibliche Guru der sexuellen Phantasien, bringt es auf den Punkt:

Frauen können nur von anderen Frauen befreit werden; nur die Stimme einer Frau kann die Erlaubnis erteilen, ein sexuelles Wesen

zu sein. Wir können alles sein, was wir wollen, wenn es eine ausreichende Zahl von uns gibt, die einander versichern, daß es in Ordnung ist.
(Women on Top; dt.: Befreiung zur Lust, München 1992, S. 16)

Schwule – für Anfänger

Wenn wir angeben sollen, was wir sexy finden, fällt es uns im allgemeinen viel leichter, zu sagen, was uns *nicht* gefällt – besonders wenn uns etwas erregt, was es eigentlich nicht tun sollte, oder wenn wir uns »pervers« fühlen, weil es uns erregt.
Nehmen wir zum Beispiel die Frau mit ihrem Brief über ihren »Schwulenfetisch«. Sie war nicht die erste, die schrieb, sie träume von schwulen Männern, und sie wird auch nicht die letzte sein. Madonna, zum Beispiel, hat diese Phantasie in vielen Fotos und Videos reproduziert, und in *Befreiung zur Lust* von Nancy Friday finden wir eine Reihe von Phantasien, in denen eine Frau zwei Männer beim Sex beobachtet. Doch woher kommt diese Phantasie bzw. Wunschvorstellung? Theorien über Wünsche und/oder Phantasien aufzustellen erweist sich stets als recht kompliziert. Der Auslöser für eine Wunschvorstellung bzw. eine Phantasie ist oft etwas, das auf unsere ersten sexuellen Gefühle oder Erfahrungen zurückgeht. Es muß aber nicht so sein. Eine recht häufige (und im wahrsten Sinn des Wortes verführerische) Schwulenphantasie von Frauen handelt davon, daß ein homosexueller Mann das Ufer wechselt, weil er dem weiblichen Charme nicht widerstehen kann: Er windet sich wie eine hypnotisierte Schlange angesichts ihrer wiegenden Hüften. Sie ist in ihrer Phantasie eine Femme fatale, ein so unwider-

stehlich erotisches Geschöpf, daß sie sogar einen Schwulen »umdrehen« kann.
In gewissem Sinn können die Phantasien über schwule Männer als klassisches Gegenstück der Lesbenphantasien heterosexueller Männer betrachtet werden – in den Phantasien der Männer müßte es diesen Frauen bloß einmal ordentlich von einem »richtigen Mann« besorgt werden. Wenn man sie anständig durchbumste, würden sie nicht länger auf Frauen stehen. Der grundlegende Unterschied dabei ist natürlich, daß pornographische Produkte derartigen Inhalts für heterosexuelle Männer kistenweise erhältlich sind – Männer haben Zugang zu solchen Bildern, Frauen nicht.
Es spielen auch noch andere Faktoren eine Rolle – zum Beispiel die Tatsache, daß schwule Männer ihrem Äußeren im allgemeinen weit mehr Aufmerksamkeit widmen als heterosexuelle, wodurch es wahrscheinlicher ist, daß sie gut aussehen und einen gepflegten Körper haben. (Die Tatsache, daß im Jahr 1994 Körperpflegeprodukte für 460 Millionen Pfund – meist von Frauen für ihre Männer – gekauft wurden, spricht für sich!) Manche heterosexuelle Frauen bringen durch Phantasien über Schwule sicherlich ihre Kritik am heterosexuellen Mann zum Ausdruck: Frauen mögen keine Männer mit Bierbauch und wabbeligem Hintern in ihren Phantasien oder in ihrem Bett. In der Schwulenszene spielt der Körperkult eine wichtige Rolle, und Massen gutaussehender Männer beäugen andere gutaussehende Männer. Der harte männliche Torso ist Trumpf. Der männliche Blick ist auf andere Männer gerichtet – und wir erleben, wie ein Mann aussieht, wenn er begehrt wird. Wir können beobachten, wie er sich verhält. Das ist meiner Meinung nach einer der Gründe, warum das Beobachten von schwulen Männern für Frauen so erregend ist: Wir können sehen, daß ein Mann begehrt wird und daß er verletzlich ist.

Wo bekommen wir so etwas sonst noch zu sehen? Ich gehe darauf näher in Kapitel 9 ein, in dem ich mich mit Erotika für Frauen befasse. Doch auch wenn wir Abbildungen nackter Männer zu Gesicht bekommen, sind sie darauf nur selten verletzlich oder sexuell erregt dargestellt, so wie wir sie in den Schwulenmagazinen oder -clubs sehen können. In erotischen Bildern für Schwule werden Teile des männlichen Körpers (besonders der Penis und das Gesäß) durch Kleidung oder eine bestimmte Körperhaltung hervorgehoben und betont. In den Geschichten geht es um Männer, die einander berühren, die am Penis eines anderen Mannes saugen, es geht um das Hinein- und Herausgleiten des Penis. Auch in Zeitschriften und Videos für Frauen sind nackte Männer zu sehen, doch ihr Blick sagt nicht »ich will dich«, ihre Körpersprache drückt nicht aus, daß ihnen heiß vor Erregung ist; es wird auch kaum ein gutes Stück gezeigt, das eine Wölbung unter einer hautengen Latex- oder Lederhose bildet. So gesehen wird klar, warum die Frau, die diesen Brief schrieb – an eine Sexzeitschrift mit Bildern von nackten Männern! –, den Wunsch nach Abbildungen nackter Männer äußert, die von Schwulen dargestellt sind.

Ich habe versucht, die Gründe herauszuarbeiten, warum die Briefschreiberin von schwulen Männern phantasiert. Deren gibt es mehrere. (Sie sehen, wie schwer es für eine Kolumnistin sein kann, ein Problem in fünfeinhalb Zeilen Text zu behandeln, besonders wenn das Problem keines von den altbekannten ist.) Manche Frauen sind ganz einfach neugierig, was zwei Jungen so miteinander treiben: Es ist das Gefühl des Verbotenen, das sie reizt. Es geht auch darum, zu beobachten (und vielleicht zu lernen), wie ein Mann einen anderen sexuell erregt (viele Frauen denken ja auch, Sex mit einer anderen Frau könnte vielleicht lohnender sein, weil eine Frau den Körper einer anderen Frau besser versteht – daher kann es sehr faszinierend sein, zu beobachten, wie Männer einander geschickt und liebevoll erregen und befriedigen). Für andere sind Schwule gefühlvoller, empfindsamer – so wie Frauen. Diese Männer haben ihr Leben lang erfahren, was es heißt, »anders« zu sein. Wie Frauen werden sie in diese Welt geboren, die auf die Bedürfnisse heterosexueller Männer zugeschnitten ist, nicht auf ihre eigenen. Daher können sie (bewußt oder unbewußt) eine gefühlsmäßige Beziehung zu Frauen aufbauen. Schwule Männer sind oft auch bessere Zuhörer als ihre heterosexuellen Geschlechtsgenossen – sie bieten genau das, was sich Frauen von einer heterosexuellen Beziehung mit einem Mann wünschen, aber im allgemeinen nicht bekommen. Schwule, heißt es, befinden sich emotional auf der gleichen Wellenlänge wie heterosexuelle Frauen. Ich bin mir nicht sicher, ob das stimmt, doch es ist verständlich, warum sie die weibliche Phantasie beschäftigen.

Problematisch wird die Sache jedoch dann, wenn die Tagträume und Phantasien über schwule Männer in die Realität umgesetzt werden. Ich erhielt ein paar Briefe von Frauen, die das getan haben – schwule Männer schlafen manchmal mit Frauen (und sei es auch bloß, um die Gewißheit zu bekommen, daß sie das *nicht* wollen) –, wenn auch selten. Schwule Männer beschäftigen die Gedanken von Frauen, und aus den Briefen, die ich bekam, war ersichtlich, daß diese Gefühle dadurch ausgelöst wurden, daß Schwule für sie sanfte, verständnisvolle, kuschelweiche Geschöpfe mit einem harten Körper sind. All das sind Dinge, die sich eine Frau von einem heterosexuellen Mann wünscht, doch um die sie ihn nicht zu bitten wagt. Ob sie wirklich so kuschelweich sind, weiß ich nicht, doch in den meisten Fällen ist die Chance, daß sich ein schwuler Mann in Sie verliebt, ungefähr so groß wie die, daß Sie Ihren G-Punkt in Ihrer

Handtasche finden. Doch Phantasien sind schließlich Phantasien, wie wir im nächsten Kapitel sehen werden – es sind Bilder, die für die Ausführung im Kopf und nicht unbedingt im tatsächlichen Leben bestimmt sind.
Zugegeben – diese Wünsche, Phantasien und Gefühle sind nicht jeder Frau Sache. Für viele Frauen sind Schwule ein wirksamer Lustdämpfer; sie finden sie pervers und halten Männer, die ihrem Äußeren so große Aufmerksamkeit widmen, für verweiblicht und asexuell. Doch ich denke, diese Frauen tun ihre Meinung ohnehin laut genug kund; in diesem Buch aber möchte ich mich auf die Wünsche konzentrieren, die Frauen in ihren Briefen an mich angesprochen haben – und die anderweitig noch nie artikuliert wurden. Frauen und ihre Wünsche lassen sich nicht über einen Kamm scheren. Sie kommen nicht in einem dieser One-Size-Kleidungsstücke daher, die jedem passen. Wir haben es mit weiblichen *Sexualitäten* zu tun, und wie ich schon sagte, ist es der einfachere Teil der Aufgabe, das zu benennen, was wir *nicht* wollen. Der schwierigere Teil besteht darin, sich zu outen und etwas zu sagen, was bis jetzt vielleicht noch niemand gesagt hat.
Um auf den einleitenden Brief zurückzukommen: Die Leserin fragt, wie wohl ein potentieller Partner auf ihren »Fetisch« reagieren würde. (Ich denke, sie meint Phantasie, denn ein Fetisch ist für mich etwas, was man *braucht*, um erregt zu werden.) Vielleicht täusche ich mich, doch ich denke, viele heterosexuelle Männer würden recht schlapp darauf reagieren. Warum? Bis zu einem gewissen Grad hängt die Reaktion eines Mannes wahrscheinlich davon ab, ob er Gegenstand der Phantasie ist (anders gesagt, ob er einer der Stars in der mit einem anderen Mann/anderen Männern abgezogenen Show ist oder nicht) oder ob eine Frau bloß sagt, der Gedanke an Sex zwischen zwei Männern mache sie ganz

allgemein an. Im ersten Fall wird er sich wohl wenig begeistert zeigen, im anderen vielleicht etwas mehr. Es hängt auch davon ab, wie ein heterosexueller Mann allgemein auf Homosexualität reagiert und wie offen er sich gegenüber weiblichen Phantasien zeigt.
Möglicherweise könnte ein derartiges Geständnis das Programm anfangs kurzfristig zum Absturz bringen, doch vielleicht läßt er sich später darauf ein, wenn er sieht, wie seine Partnerin darauf abfährt. Wir müssen es hier, wie das bei den meisten Dingen im Zusammenhang mit weiblicher Sexualität ist, auf einen Versuch ankommen lassen. Es könnte großartig für beide werden, es könnte aber auch in die Hose gehen. Wer weiß – vielleicht rückt auch so mancher heterosexuelle Mann damit heraus, daß er schon von Männern phantasiert hat. Sehr wahrscheinlich ist das allerdings nicht, denn ich bin sicher, die Mehrheit der Männer würde es schockierend, abstoßend oder vielleicht bedrohlich finden, wenn eine Frau ihnen erzählte, sie phantasiere von schwulen Männern. Genau das fühlt ja auch eine Frau, wenn sie in den Wünschen und Phantasien des Mannes keine Rolle spielt. Freilich hat das die Männer nie davon abgehalten, uns von ihnen zu erzählen. In zahllosen Sexratgebern werden wir dazu angehalten, unsere sexuellen Phantasien und Sehnsüchte mit dem Liebsten zu teilen – weit weniger ist jedoch darüber zu lesen, was passiert, wenn sie ihm nicht gefallen. Anders gesagt: Frauen sollen Männer durch schmutzige Geschichten unterhalten, doch es muß fast immer die Art von Schmutz sein, in der sich die Männer gerne suhlen.

Die Sexspielzeug-Befreiungsbewegung

Auch dieses Kapitel beschäftigt sich damit, daß heterosexueller Sex in vielerlei Hinsicht zu wünschen übrig läßt. Könnte es denn einen schlagenderen Beweis dafür geben als den Siegeszug des Sexspielzeugs? Sextherapeuten, Sexualwissenschaftler und Kummerkastentanten aus allen Ecken und Enden der Welt erheben sich plötzlich und preisen laut die Freuden von batteriebetriebenem Sex. Keine Predigten mehr darüber, wie man am besten seinem G-Punkt auf die Spur kommt, wie man sich durch die vier Phasen des sexuellen Reaktionszyklus' ackert oder wie man einem jungen Mann am besten beibringt, wie er uns befriedigt. Frauen, laßt den sprechenden Pimmel in der Ecke stehen und nehmt statt dessen einen surrenden! Die Vorteile davon? Ihr müßt euch nicht mehr das Gelaber über seinen Arbeitstag anhören und könnt euch die stolze Eigentümerin eines Orgasmus nennen. Es lebe das Sexspielzeug! Das ist feministischer Sex, wie er im Buche steht.

Traditionelle Sexratgeber stimmen allerdings eher zögernd in das Loblied auf den Vibrator ein. In dem Buch zu der britischen Fernsehserie *The Good Sex Guide* (Ebury Press, 1993) schreibt Sex-Experte Dr. David Delvin, während der Recherchen für die Serie habe er »Beweise dafür gefunden, daß eine große Anzahl von Frauen heute gerne einen Vibrator im Bett verwendet«. Ach ja? Außerdem würden »Ärzte, die Erfahrung in der Behandlung von sexuellen Problemen haben«, die Verwendung eines Vibrators empfehlen, um Frauen zu helfen, einen Orgasmus zu erreichen. Ich weiß nicht, ob man dazu ein Arzt sein muß, der Erfahrung in der Behandlung von sexuellen Problemen hat. Dr. Delvin erklärt jedenfalls weiter, Männer sollten sich nicht bedroht fühlen, wenn Frauen einen Vibrator verwenden. Nein, nein,

sie sollten bereit sein, sie einmal mit einem solchen zu verwöhnen. Das wird sie antörnen ... und *danach* kommt er zum Zug! Aha!
Dr. Andrew Stanway, Sexguru und Autor der umstrittenen »Aufklärungs«-Videoserie *The Lover's Guide* gibt in seinem gleichnamigen Buch (Sidgwick & Jackson, 1992) recht konkrete Anleitungen zur Verwendung eines Vibrators. Anfangs läßt man ihn mit mittlerer Geschwindigkeit entlang der Innenseite der Oberschenkel und über die Schamgegend gleiten. Dann geht man über zum Bereich zwischen After und Vagina, streicht über die Außenseite der Lippen (er sagt nicht, welche Lippen gemeint sind, doch die folgenden Worte »in Richtung auf die Klitoris« könnten einen kleinen Hinweis darstellen), und bewegt ihn dann ein wenig auf und ab – wow! Sie werden wohl das Buch stets griffbereit haben und auf der betreffenden Seite nachlesen müssen, bis Sie die Vibratortechnik à la Dr. Stanway beherrschen. Doch wenn Sie diese meisterhafte Technik einmal intus haben, können Sie Ihrem Partner zeigen, wie Sie es wollen, und ihm beibringen, es Ihnen zu machen. Für einige Männer ist das offenbar eine genußvolle Erfahrung. »Dies«, teilt uns Dr. Stanway mit, »trifft um so mehr zu, wenn sich der Mann als Herr der Lage fühlt.« Aha. Doch das Endergebnis ist, sagt der Doktor, daß die Frau, die einen Vibrator als Orgasmushilfe benützt, diese Fähigkeit auf seinen Penis übertragen kann. Na toll!
Sogar Shere Hite erwähnt in ihrem 1977 erschienenen *Hite-Report: Das sexuelle Erleben der Frau* das Thema Vibrator. Hite, die als die erste bedeutende feministische Sexualwissenschaftlerin gilt, rühmt die Vorzüge von Masturbation und Selbstbefriedigung, so daß es verwunderlich ist, daß sie nie fragt, wie viele Frauen einen Vibrator verwenden (obwohl viele angeben, das zu tun). Sie bringt jedoch eine sehr auf-

schlußreiche Tabelle, aus der hervorgeht, wie wenige Frauen durch »Einführen eines Gegenstandes in die Vagina« masturbieren. Um genau zu sein: Nur sechs von den dreitausend Frauen in ihrer Studie verwendeten einen Vibrator auf diese Art, drei benutzten einen Dildo, und fünf gaben an, ihr orgastisches Feuer mit Hilfe einer Kerze entzündet zu haben. Doch das markanteste an der Hiteschen These sind ihre kreativen Versuche, Sex mit Penetration zum Volksfeind Nummer eins zu erklären, wie wir schon in Kapitel 1 gesehen haben, wobei sie alles, was als Ersatz für das männliche Glied oder die Penetration gelten könnte, irreführend interpretiert – in der Hoffnung, daß derartig Unliebsames dann von selbst verschwindet.

Hites Unterscheidung, ob ein Gegenstand beim Masturbieren in die Vagina eingeführt wird oder nicht, ist sicherlich berechtigt, denn es verdeutlicht, daß viele Frauen nicht dadurch zum Höhepunkt kommen, daß sie etwas Penisartiges in sich hineinstecken. Auch mit einem Vibrator besteht die beliebteste Methode darin, die Klitoris damit zu reiben, und nicht, ihn in die Scheide einzuführen. Wenn Vibratoren in Form einer Donald-Duck-Figur angeboten würden, wären sie sicherlich genauso beliebt wie die phallusförmigen, denn es ist die Art der Berührung, die uns zum Vibrieren bringt, und nicht die Penisform. Doch für Hite gilt offenbar folgendes: Masturbation durch Reiben gegen einen peruanischen Gebärteppich oder eine Patchwork-Daunendecke, hergestellt von weiblicher Hand = gut, Verwendung eines Würstchens, einer Banane oder eines Polizei-Schlagstockes = schlecht. Tatsache ist jedoch, daß manche auf den peruanischen Gebärteppich abfahren, andere aber nicht. Wie aus *Women on Sex* von Susan Quilliam (Smith Gryphon, 1994), einer Umfrage unter zweihundert britischen Frauen, hervorgeht, benützen Frauen alles: Filzstifte, Roll-on-Deodorants,

Weinflaschen. Einer Frau war alles recht, »angefangen vom Abflußreiniger bis zum Staubsaugergriff«, um sich zum Orgasmus zu bringen.

Laut Shere Hite ist die Tatsache, daß Frauen mit Männern nicht zum Orgasmus kommen, ein Beweis dafür, daß ihr Körper nicht für die sexuelle Befriedigung durch einen Mann geschaffen ist. Wenn sie dieses Argument nun logisch und konsequent weiterführen will, kann sie natürlich nicht sagen, Frauen könnten mit etwas Penisähnlichem zum Orgasmus kommen. Doch bei allen Seelenqualen, die Hite bei dem Eingeständnis leidet, daß sich Frauen mit phallusförmigen Gegenständen zum Höhepunkt bringen: Spielt es wirklich eine Rolle, ob das Ding, mit dem sie es tun, weich und kuschelig oder lang und hart ist? Denn letzten Endes ist die damit ausgedrückte Kritik dieselbe: Ein lebloser Gegenstand verschafft mehr sexuelle Befriedigung als ein Mann. Oder doch nicht?

Denn hier liegt der Hund begraben: Sexuelle Befriedigung mit Spielzeug und sexuelle Befriedigung mit einem Gespielen ist eindeutig nicht dasselbe. Frauen kommen vielleicht leichter, oder ausschließlich, mit einem Vibrator oder einem anderen Gegenstand zum Orgasmus, doch sie *wünschen*, sie könnten es mit einem Mann. Und sie möchten wissen, wie sie das erreichen können. Genau danach fragt die Schreiberin des Briefes am Kapitelanfang (und auch die meisten anderen Frauen, die mir Briefe schrieben). Obwohl alle Feministinnen in der Masturbation zu recht ein Mittel sehen, mit dessen Hilfe Frauen sich selbst *ohne einen Mann* sexuell besser kennenlernen und Befriedigung erlangen können (und obwohl sie den Frauen von Sexualwissenschaftlern und Sex-Experten für die Koordination ihrer sexuellen Reaktionen empfohlen wurde, um *für einen Mann* besser im Bett zu werden), bin ich doch der Meinung, daß sie als eine *andere* se-

xuelle Erfahrung, und nicht als bessere, betrachtet werden sollte. Wenn wir uns darauf versteifen, das sei (zusammen mit lesbischem Sex) die einzige Art von Sex, bei der wahrhafte Gleichberechtigung herrscht, dann ignorieren wir die Frauen, die Sex mit Männern und einen Orgasmus mit ihnen wollen. Und wir spielen uns zu einer Person auf, die für alle Frauen entscheidet und weiß, was gut für sie ist.
Ähnliches tun die traditionellen Sexualwissenschaftler und Sex-Experten, wenn sie den Frauen vorschreiben, wie sie den Vibrator verwenden sollten, und wenn sie gar behaupten, mit Hilfe eines Vibrators könnten sie besser im Bett werden – für Männer! Jede dieser Ansichten ist kritikwürdig. Sie kommen aus verschiedenen Himmelsrichtungen, doch beide beschränken sexuelle Befriedigung auf den Orgasmus. Und einen Orgasmus bekommt man, wenn man seine körperlichen Reaktionen koordiniert und übt, zum Höhepunkt zu kommen – entweder allein oder mit einem Mann.
Ich weiß, es klingt gut, es klingt vernünftig, doch unglücklicherweise trifft es nicht immer zu. Und es ist irreführend. Die Briefschreiberin hat keine Schwierigkeiten, mit ihrem Vibrator einen Orgasmus zu bekommen, doch mit einem Mann kommt sie nie. Das war etwas, was ich immer wieder zu lesen bekam. Ihr Körper »funktioniert« zwar irgendwie, aber nicht richtig (sagen nicht die Sex-Experten, wenn man prinzipiell orgasmusfähig sei, komme man auch mit einem Mann zum Orgasmus?).
Die Sex-Anleitungsbücher schweigen sich diesbezüglich aus, was in den Frauen das Gefühl weckt, sie seien in irgendeiner Art abnormal. Keinen Orgasmus zu haben bedeutet nicht, keine Lust zu spüren. Natürlich ist das manchmal so, doch in den meisten Fällen sagen die Frauen, sie liebten ihren Partner sehr, und einen Orgasmus mit ihm

zu haben, würde die Schokolade auf dem Kuchen darstellen.

Es tut mir leid, schlechte Nachrichten überbringen zu müssen: Doch in der komplizierten Welt der Sexualität und der Lust kann es vorkommen, daß man gerade mit der Person, an der einem am meisten liegt, nicht zum Orgasmus kommt. Vielleicht kann man das irgendwann einmal, vielleicht auch nicht. Was man dagegen tun kann, weiß ich auch nicht. Sie könnten es mit Phantasie versuchen; doch meiner festen Überzeugung nach kommt eine Frau beim Sex mit einem Mann oft deshalb nicht zum Orgasmus, weil sie das Gefühl hat, nach der Pfeife eines anderen zu tanzen. Wenn Frauen die Möglichkeit hätten, zu definieren, was für sie sexy ist, würde einem orgiastischen Höhenflug wohl nichts im Weg stehen!

Schwesterlein, komm mach's mit mir

Allen Briefen am Kapitelanfang ist gemeinsam, daß die Frauen besonderen Wert auf die Feststellung legen, sie seien eindeutig heterosexuell – auch wenn ihre Phantasien das Gegenteil zu behaupten scheinen oder wenn sie sexuelle Befriedigung auch aus anderen Quellen beziehen. Die Frau, die andere gutaussehende Frauen anstarrt und sich vorstellt, mit ihnen im Bett zu liegen, schreibt einleitend, daß sie einen Freund hat und ihr Sexleben mit ihm großartig ist. Ihr Dilemma ist nun, warum sie derartige Gefühle Frauen gegenüber hegt, obwohl sie so befriedigenden Sex mit ihrem Freund hat. Ob mit ihr etwas nicht in Ordnung sei, fragt sie. Vor allem ist dieser Frau zu sagen, daß sie nicht wirklich ein Problem hat. Viele Frauen haben lesbische Phantasien oder Erfahrungen. Dies ist ein Gebiet, über das es sehr wohl In-

formationen gibt. In der Studie *Women on Sex* von Susan Quilliam geben fast sechzig Prozent der befragten Frauen an, der Gedanke, mit einer anderen Frau Sex zu haben, sei ihnen angenehm, und beinahe fünfunddreißig Prozent hatten tatsächlich schon Sex mit einer Frau gehabt. Auch aus einer Umfrage der nicht mehr existierenden Frauen-Wochenzeitschrift *Me* geht hervor, daß fast zwanzig Prozent der Frauen von anderen Frauen phantasieren. Dabei genießen Frauen-Wochenzeitschriften den Ruf, der konservativste Bereich der Veröffentlichungen für Frauen zu sein.
Lesbisch sein gilt seit neuem offenbar auch in den Medien als schick. In britischen Seifenopern tummelten sich eine Zeitlang jede Menge junger lesbischer Luxusgeschöpfe. Es gibt lesbische Popgruppen. In den traditionelleren britischen Frauenzeitschriften, wie zum Beispiel *Woman*, tauchen Reportagen über Frauen auf, die in vorgerückten Jahren plötzlich die lesbische Liebe entdeckten. Männermagazine dozieren über lesbische Schlafzimmertechniken, die Männer nachmachen können, um Frauen damit zu beeindrucken. Das britische *Vogue* widmete kürzlich eine Titelgeschichte und einen weiteren Artikel einer »speziellen« Beziehung zwischen zwei schönen jungen Models. Gerüchte über die Neigungen gewisser Supermodels machen die Sache noch reizvoller. Was könnte angenehmer sein, als in seiner Phantasie so ein attraktives junges Ding zu Gast in seinem Bett zu haben? Ich denke, die meisten Frauen haben solche Gedanken – in mehr oder weniger großem Ausmaß. Sie sind vielleicht nicht so intensiv wie bei der Briefschreiberin, doch wir Frauen sind, ebenso wie die Männer, in einer Kultur aufgewachsen, in der der weibliche Körper zum Objekt gemacht wird und Frauen wegen ihres Äußeren geschätzt werden. Auch wenn wir nicht mit diesem Stand der Dinge glücklich sind – wir sind nicht immun dagegen. Je-

mand hat einmal gesagt: »Männer betrachten Frauen, und Frauen betrachten Frauen, die von Männern betrachtet werden.« Doch ich denke, das ist nicht alles. Frauen betrachten andere Frauen – wir betrachten einander von oben bis unten. Wir betrachten einander bewundernd, kritisch, es braucht kein Mann im Spiel zu sein. Warum also hat unsere Briefschreiberin das Gefühl, etwas sei nicht in Ordnung mit ihr?

Da gibt es eine ganze Reihe von Gründen. Der wichtigste ist der, daß sie nicht für eine Lesbe gehalten werden will, da bin ich mir ziemlich sicher. Unsere heterosexuelle Gesellschaft ist nicht nett zu Frauen, die Frauen lieben. Zwar ist mit der Aufmerksamkeit, die dem Thema neuerdings in den Medien gewidmet wird, ein kleiner Schritt in Richtung auf ein lesbenfreundlicheres Klima getan worden, doch von einem großen Teil der Bevölkerung werden lesbische Frauen als perverse Sexmonster betrachtet, die man nicht mit Frauen oder kleinen Kindern allein lassen darf. So gesehen ist es verständlich, daß diese Option nicht unbedingt die attraktivste oder leichteste ist, die Frauen offensteht, und daß man sich durch das bloße Äußern von lesbischen Phantasien dem Verdacht aussetzen kann, man habe sogenannte abweichende Tendenzen.

Die Briefschreiberin sagt, sie habe sich bisher nie wirklich ein lesbisches Erlebnis gewünscht. Ich weiß nicht, ob das bedeutet, daß sie jetzt den Wunsch danach hat, oder ob sie ausdrücken will, daß sie nie eines wollte und auch jetzt keines will. Ich halte eher letzteres für zutreffend, denn sie sagt, sie sei glücklich mit ihrem Freund – aber ich kann mich auch irren. Will sie nun von mir wissen, ob es in Ordnung ist, mit einer anderen Frau sexuell zu experimentieren, oder will sie wissen, ob sie lesbische Phantasien äußern kann, ohne als Lesbe zu gelten? Auch das ist mir nicht klar.

Doch wie dem auch sei – es gibt kein »richtig« oder »falsch«, wenn es um Wünsche und Phantasien geht. (Allen Frauen, die mich in ihren Briefen gefragt haben, ob sie »pervers«, »abnormal« oder ähnliches seien, möchte ich bei dieser Gelegenheit sagen: Ich habe nie einen Brief bekommen, bei dem ich mir dachte: »Na, du bist aber eine geile Schlampe.«) Einzig dann, wenn Frauen Wünsche äußern würden, die sich auf Personen richten, die sich nicht wehren können – körperlich oder psychisch Kranke oder Kinder –, könnte ich mir vorstellen, daß ich antworten müßte, das sei problematisch. Sollte ihr der Sinn nach einer lesbischen Geliebten stehen, würde ich sie mit jemandem in Kontakt bringen, der mehr zu dem Thema weiß als ich. Und sollte sie fürchten, ihr Freund könnte sich durch ihre Phantasien abgestoßen fühlen, kann ich nur sagen, daß ich das sehr bezweifle.

Vielleicht ist das ihr Problem. Vielleicht liegt das Problem der heterosexuellen Frauen mit lesbischen Phantasien darin, daß die Männer schon vorher da waren. Die Vorstellung von der schönen Lesbe, die ihre sexuellen Neigungen ändert, wenn »es« (d. h. heterosexuelle Penetration) ihr einmal richtig besorgt wird, ist natürlich ein Klischeebild der männlichen heterosexuellen Pornographie. So etwas gibt es zuhauf in Pornoheften, Pornovideos und erotischen Romanen. Männer lieben diesen alten Hut! Wie eine Frau in einer *For-Women*-Umfrage sagte: »Ein früherer Partner von mir hatte Phantasien über Lesben. Ich erzählte ihm von meinen Erfahrungen mit Mädchen, und er fuhr mächtig darauf ab.« Das Problem ist, ob wir eine derartige Phantasie so durchspielen können, daß sie sowohl uns als auch ihm Lust verschafft. Denn wenn wir fröhlich über andere Frauen phantasieren, wollen wir nicht immer, daß ein Mann sich da allzu wichtig macht und unsere Story verdirbt. In seiner Phantasie lieben sich wahrscheinlich zwei Frauen, doch es wird unweigerlich damit enden, daß sie mit dem Wahren bekannt werden – oder wie immer er sein Ding nennt –, und angesichts dessen von Lust überwältigt werden. Auch in lesbischen Phantasien von Frauen kann ein Mann vorkommen, doch sie unterscheiden sich vollkommen von denen der Männer. Es kann darum gehen, eine Frau von ihrem Mann wegzulocken. Es kann darum gehen, für einen Mann eine »Show abzuziehen« und sich dabei allmächtig zu fühlen, weil die Frauen wissen, daß der Mann sie begehrt, nicht aber umgekehrt. Es kann einfach um sinnlichen Sex mit einer Frau gehen, die die richtigen Knöpfe zu drücken versteht.

Das Herz vieler lesbischer Phantasien heterosexueller Frauen ist das Gefühl, daß sie eine Lücke füllen, die heterosexueller Sex offenläßt. Wir denken, Sex mit einer Frau müßte befriedigender sein, denn eine Frau versteht den weiblichen Körper besser als ein Mann. Und Frauen harmonieren gefühlsmäßig eher mit anderen Frauen als mit Männern. Ich denke, das ist eine (bewußte oder unbewußte) Kritik am sexuellen und emotionalen Verhalten der Männer, wenn es so etwas wie emotionales Verhalten der Männer überhaupt gibt. Männer wissen nicht, was wir wollen, doch eine Frau wird sich schon etwas für uns einfallen lassen! Meiner Meinung nach bedeutet diese Kritik aber nicht, daß Frauen diese Phantasien immer in die Realität umsetzen wollen. Einige wollen und werden das vielleicht tun – viel Spaß dabei! Doch wenn eine Frau mir ausführlich erklärt, sie wolle keinen Sex mit einer Frau, während sie mir eine lesbische Phantasie erzählt, ist sie für mich keine Lügnerin. Für viele radikale lesbische Feministinnen sind die lesbischen Phantasien einer Frau der Beweis, daß sie vor ihrem Coming-out steht. Ich habe kein Problem damit, wenn die betreffende heterosexuelle Frau tatsächlich diese Möglichkeit wählt, doch um es noch einmal zu sagen: Niemand anderer kann diese Entscheidung für sie treffen.

Hüte dich vor politisch korrektem Sex

Das Hauptanliegen dieses Kapitels, wie auch des ganzen Buches, ist es, zum Nachdenken über heterosexuellen Sex anzuregen und diesen frauenfreundlicher zu machen. Die Briefe, die ich zur Illustration ausgewählt habe, stellen nur einen winzigen Ausschnitt aus dem ganzen Spektrum sexueller Reaktionen, Begierden und Phantasien heterosexueller Frauen dar. Ich wünsche mir, daß die Frauen diese und die anderen Briefe in diesem Buch lesen und dabei denken: »Ich habe mir auch schon deswegen Sorgen/Gedanken gemacht« oder »Ich habe nie an so etwas gedacht, das ist interessant«. Wenn ich anhand dieser Briefe Kritik an heterosexuellem Sex geübt habe, so deshalb, um den Anstoß zur Entwicklung einer freundlicheren, neuen, verbesserten Variante zu geben, und nicht, um Sex und Männer in Grund und Boden zu verdammen. Wir wollen unser sexuelles Repertoire erweitern und nicht noch mehr einschränken. Doch bei dieser Erweiterung tun sich Dinge auf, von denen wir oft wünschen, es gäbe sie besser nicht!

Ein klassisches Beispiel dafür sind die Briefe von Frauen, die fragten, warum sie immer auf die allermiesesten Typen abfahren – Männer, die sie schlagen oder emotional mißbrauchen. Sie schreiben, sie hätten nun einen netten und freundlichen Mann kennengelernt; doch der langweile sie und wecke in ihnen das Verlangen nach einem richtigen Scheißkerl. Sex sei öde mit dem Sanften, meinen sie (was wieder einmal ein Beweis ist für die verschlungenen Wege zu sexuellen Freuden und darüber hinaus die Behauptungen in den Sexbüchern widerlegt, die meisten Frauen wollten Kuschelsex bei Kerzenschein. Frauen wollen etwas anderes – was aber nicht unbedingt Kuscheln und Romantik bedeutet!). Wenn ich so etwas lese, verspüre ich das Bedürfnis, diese Frau zu packen und zu schütteln. Das zeugt vielleicht nicht besonders von schwesterlicher Solidarität, doch was soll ich einer Frau sagen, die bereitwillig zu so einem Kerl zurückkehrt oder es darauf anlegt, körperlich oder psychisch mißbraucht zu werden? Wer fährt auf so etwas ab? Ich kann verstehen, daß Gewaltszenarien sexuelle Erregung und Spannung erzeugen können und daß diese zu einer Art Droge werden können, die man mit sexueller Erregung zu assoziieren beginnt. Aber ich kann einer Frau nicht raten: Geh zu dem Mann zurück, der dich zwar prügelt, aber im Bett ganz wild macht, und schick den zum Teufel, der dich mag, aber kein Erdbeben in dir auslöst! Ich denke, das hätten sie von mir gerne gehört. Erin Pizzy, die feministische Kämpferin für die Frauenhäuser in den siebziger Jahren, sagte ähnliches, wobei sie darauf hinwies, daß die Frauen ihrer Zufluchtsstätten immer wieder zu ihren gewalttätigen Männern zurückkehren. Ihr wurde vorgeworfen, die Sache der Frauen zu verraten. Doch sie zeigte lediglich einen sehr real existierenden Widerspruch auf.

Ich habe dieses Thema deshalb angesprochen, um auf die Gefahren hinzuweisen, die der Versuch birgt, eine idealisierte und politisch korrekte, weibliche Sexualität zu konstruieren. Die Sexualität ist dafür viel zu kompliziert. Aus diesem Grund denke ich auch, daß die Haltung der radikalen Feministinnen, die Sex mit Penetration für sexuelle Versklavung oder Vergewaltigung halten, nicht sinnvoll ist. Wenig hilfreich ist es auch, lesbischen Sex oder Enthaltsamkeit (wobei zwischendurch auch einmal ein nicht-phallusförmiges Sexspielzeug als Belohnung für gutes Benehmen eingeschoben

werden darf) als die einzigen wahrhaft feministischen Alternativen anzubieten, denn das Verlangen der meisten Frauen (sogar der hartgesottenen Feministinnen) ist nach wie vor auf Männer gerichtet. Wenn man streng auf dieser politisch korrekten Linie bleibt, kann es vorkommen, daß man sich eine Grube gräbt, von der aus man die größten Schwierigkeiten hat, zum Beispiel seine Unterwerfungs- und Gewaltphantasien, in der auch Männer eine Rolle spielen, zu erklären. Es genügt nicht, zu sagen, im postfeministischen Großbritannien sollte keine Frau mit Selbstachtung derartige Gedanken hegen, oder sie sollte sie zumindest geheimhalten, wenn sie schon solche Phantasien hat. Das würde nur dazu führen, die Wünsche und Phantasien der Frauen wieder in das finstere Reich des Unbekannten zu schicken. Sie hatten ohnehin bis jetzt noch kaum die Gelegenheit, ans Licht zu kommen!
Die traditionellere Art der Sexualberatung à la »was mache ich, wenn ...« hat da in gewissem Sinn mehr zu bieten. In begrenztem Ausmaß wird zumindest versucht, Vorschläge zu bringen, wie man heterosexuellen Sex besser machen könnte. Sie greift nur insofern daneben, als sie sich fast ausschließlich auf eine männlich definierte Heterosexualität und auf ein bloßes Bewegen der Körpermechanik konzentriert, ohne die Tatsache zu berücksichtigen, daß die soziale, wirtschaftliche und politische Stellung von Männern und Frauen unterschiedlich ist. Denn die »Antworten«, die sie liefert, bieten den Frauen oft irreführende Informationen und wecken in ihnen das Gefühl, nicht wie andere Frauen zu sein. Man wird mir nun vorwerfen, Sex durch mein exzessives Theoretisieren und meine überspannten Ansichten zu einer todernsten Sache zu machen. Doch wir können noch nicht ganz auf dieses Theoretisieren verzichten, denn was Frauen der Ansicht von Sex-Experten nach wollen

und was Frauen wirklich wollen, ist nicht unbedingt dasselbe.
Nehmen wir zum Beispiel das erste »Aufklärungsvideo«, *Lover's Guide*. Ich setzte mich mit einer Familienpackung Gummibärchen hin, ohne recht zu wissen, was auf mich zukommen würde. Es war in einem technischen Sinn ganz ausgezeichnet. Es half, Heterosex zu entmystifizieren, und zeigte, daß Sex nicht etwas ist, das man instinktiv beherrscht. Es war gut für Anfänger, die vielleicht unsicher sind, ob sie es tun wollen oder nicht. Wunderbar! Es war sowohl für Männer als auch für Frauen etwas dabei. Doch dann kam der Abschnitt über das Ausleben von Phantasien für den Partner. Wie leicht vorauszusehen war, bezog sich seine Phantasie auf eine Frau in vollständiger Ausrüstung – Strapse, Spitzenwäsche, bla, bla –, und genau das war auch zu sehen. Dann kam die Phantasie der Frau – die handelte von, warten Sie … einem tanzenden Mann in Regenmantel und Unterhose! Vielleicht bin ich kapriziös und wählerisch, doch wer hat solche Phantasien?

3 SEX IM KOPF

Liebe Jay!

Ich bin eine gesunde, attraktive Zweiundzwanzigjährige mit einem sehr starken Sexualtrieb und einem äußerst aktiven Geschlechtsleben. Ich habe seit über einem Jahr eine feste und erfüllende Beziehung zu einem Mann und komme im allgemeinen bei ihm zu einem Orgasmus. Sorgen mache ich mir nur wegen einem: Es gibt da eine Phantasie, die ich seit ungefähr fünf Jahren nicht aus dem Kopf bekomme. Es geht dabei um mich und eine andere Frau (keine spezielle) – obwohl ich mich noch nie zu Frauen hingezogen gefühlt habe. Die Phantasie geht so: Sie hat Verstopfung, und ich beobachte sie, wie sie auf dem Klo drückt (tut mir leid, wenn das eklig klingt). Je mehr sie sich abmüht und leidet, um so mehr macht mich das an. Dann bittet sie mich um Hilfe, und ich nehme das in die Hand. Ich massiere ihren Arsch, befeuchte ihr Loch, und schließlich wird sie so heiß, daß wir heftigen Sex miteinander haben. Das wär's. Was mich beunruhigt, ist folgendes: 1. Ich fühle mich wirklich pervers und schmutzig, weil ich solche Phantasien habe. 2. Es ist hartnäckig und dauert nun schon länger als fünf Jahre. 3. Manchmal macht mich bereits der Gedanke an eine Frau, die sich beim Scheißen abmüht, das Geräusch oder der Anblick einer Frau, die es gerade tut, so geil, daß ich innerhalb von Sekunden einen Orgasmus habe, wenn ich masturbiere. 4. Trotz alledem genieße ich es, mit diesen Gedanken im Kopf zu masturbieren.

Bitte, Jay, was stimmt nicht mit mir? Bin ich pervers? Habe ich homosexuelle Anlagen? Wird das nie aufhören? Werde ich je eine Frau finden, mit der ich diese Phantasie ausleben kann, oder wird sie sich nur abgestoßen fühlen? Gibt es irgendeine Hilfe für mich?

Bitte legen Sie mich nicht als perversen Fall zu den Akten – helfen Sie mir durch Ihre Zeitschrift!

Sie wollen ihr Geschlechtsleben verbessern? Teilen Sie Ihre Phantasien mit Ihrem Partner – so oder ähnlich lauten die Ratschläge, die man von Sex-Experten seit ungefähr einem Jahrzehnt zu hören bekommt. Eine gute Idee, die recht locker und freizügig klingt: Laß die wilden Phantasien aus deinem Kopf heraus und brich aus deinem öden Sexleben aus! Das hat sicherlich seinen Reiz. Dazu kommt noch, daß die Experten sagen, seine Phantasien zu teilen, gehöre zu den intimsten Dingen, die ein Paar miteinander tun kann, denn es beweise »Vertrauen« und »Kommunikation« – Lieblingsvokabeln der Sex-Experten und angeblich eindeutige Zeichen für eine gute Partnerschaft. Man muß bloß zusehen, wie man sie ohne allzugroßen Werbeaufwand an den Mann bringt, denn alles wäre viel einfacher, wenn wir unser Leben luftdicht verpackt ohne Kontakt zur Außenwelt verbringen würden.

Nun zu der Frau, die diesen Brief schrieb und von mir bezüglich ihrer Phantasie beruhigt werden wollte. Sie ist eine regelmäßige Leserin meiner Problemseite und schätzt die Art der Antworten, die ich gebe (wie aus ihrem ungekürzten Brief hervorgeht). Sie ahnte wohl auch, daß ich ihr nicht sagen würde, sie sei »pervers« oder »von Dämonen besessen«. Doch ich denke, und das schrieb ich auch im Antwortbrief, daß es nicht leicht werden würde, diese Phantasie jemandem sanft und schonend beizubringen. Denn es gibt schließlich solche Phantasien und solche.

Da gibt es die zulässigen, etwa in der Art: »Ich möchte für dich sexy Wäsche tragen und Pudding von deinem Schwanz lecken.« Das ist akzeptiert. Oder eine kleine lesbische Phantasie? Aber gern! Sogar »ich wünsche, daß ich in einer dunklen Gasse von einer Gruppe von Männern mit einem Ring am Schwanz genommen werde« ist okay. Manche mögen ein wenig ausgefallener sein – doch weil wir wissen, daß Frauen das im tatsächlichen Leben nicht *wirklich* wollen, können wir damit umgehen. Phantasien sind nicht politisch korrekt, sie behandeln in der Gesellschaft nicht akzeptierte Inhalte, doch eben darum sind es Phantasien. Sie sind nicht real, deshalb können wir sie genießen.

Von meiner Arbeit – bei *For Women* und anderswo – weiß ich, daß Phantasien und Gedankenspiele bei vielen Frauen einen großen Teil der Sexualität ausmachen. Vor kurzem war ich mit Leserstudien für einen Verlag beschäftigt. Das Gespräch (in der Gruppe von Frauen, die ich interviewte) drehte sich bald, wie das oft der Fall ist, um Sex. Für diese jungen Frauen zwischen zwanzig und dreißig war Sex und sexuelle Befriedigung ein Vorgang, bei dem sich das Körperliche und das Psychische gegenseitig verstärken. In einer Diskussion über Orgasmus sagten alle übereinstimmend, daß sie Sex nur genießen könnten, wenn es »sich im Kopf gut anfühlt«. Eine Frau erklärte, daß sie sich im Kopf in Schwung bringen und sich immer wieder vorsagen müsse: »Ich komme gleich, ich komme gleich ...« Es geht nichts über die Kraft des positiven Denkens! Eine andere verhalf sich mit folgender Phantasie zum Orgasmus: »Ich stelle mir vor, ich habe vor oder mit zwanzig Männern Sex«, sagte sie, »doch ich würde das nie meinem Freund erzählen.« Und darin liegt das große Problem mit Phantasien: Es gibt verschiedene Grade der Toleranz.

Erst vor ungefähr zwanzig Jahren hatten die weiblichen Phantasien ihr »Coming-out«. Das ist im wesentlichen der Pionierarbeit von Nancy Friday zu verdanken. Als Nancy Friday ihre Recherchen zu diesem Thema in den späten sechziger und frühen siebziger Jahren begann, sprach sie mit einer Reihe von britischen und amerikanischen Psychiatern und bat sie um ihre Ansicht zu weiblichen Phantasien. Was erfuhr sie dabei? Frauen, die sich Phantasien hingaben, seien entweder sexuell frustriert oder krank. Hm. Unbeeindruckt davon schrieb Nancy Friday ihre Bücher, die folgendes bestätigten: Erstens: Frauen haben Phantasien, zweitens: diese sind äußerst vielfältig. Das war sehr aufregend – sowohl die Bestätigung als auch der Inhalt. Ihre Bücher – My Secret Garden (dt. *Die sexuellen Phantasien der Frauen*, München 1973), Forbidden Flowers (dt.: *Verbotene Früchte: die geheimen Phantasien der Frauen*, München 1994) und Women on Top (dt.: *Befreiung zur Lust*, München 1992) – waren Sexhilfen im Taschenbuchformat, die die Nation erregten. Fast jeder besaß eines dieser Bücher oder kannte zumindest jemanden, der eines zu Hause hatte. Die Leute waren neugierig, erregt und schockiert: keine Schäfer, das kann nicht sein! Doch da stand es, schwarz auf weiß: Einige Frauen hatten eine Schwäche – nicht für Schafhirten, sondern für große, haarige Geschöpfe mit einer langen Zunge: Schäferhunde. Das war genug, um männliche Experten zum Aufjaulen zu bringen. Es verwundert nicht, daß die Experten es vorzogen, diese eher »inakzeptable« Facette weiblicher Phantasien zu ignorieren und zu behaupten, Phantasien seien nicht geschlechtsspezifisch. Denn wenn man der Meinung ist, ein Phantasieleben sei gut und gesund – wie das die meisten Fachleute tun –, so kann man nicht plötzlich eine Kehrtwendung machen und sagen »doch manche Phantasien sind gesünder«. Eine bessere Methode ist es, diejenigen Phantasien zu fördern, die man für »gesünder« hält, Frauen zu sagen, Männer würden darauf abfahren, wenn sie unanständige Worte gebrauchten – Frauen zu ermuntern, ihre allerintimsten Phantasien preiszugeben, in denen sie sich als Nutte sehen, ihren Körper verkaufen oder Sex mit einer anderen Frau haben. Er wird es wahrscheinlich sogar verkraften, wenn sie es in ihrer Phantasie mit einem anderen Mann treibt. Und wenn er ein regelmäßiger Teilnehmer an Eisenhans-Camps oder *Achillesferse*-Treffen ist, wird er ihre Phantasien über Dominanz und sexuelle Gewalt *verstehen*. Aber Hunde? Pfui Teufel …

Natürlich träumen nicht alle Frauen davon, sich sexuell von Hunden verwöhnen zu lassen. Einige Frauen sagen sogar, sie hätten überhaupt keine Phantasien. Doch meiner Ansicht nach sind weibliche Phantasien subtil, raffiniert, gesund und einfallsreich … vorausgesetzt, scheint es, daß Männer sie mögen. Wenn sie das nicht tun, könnte es ziemlich schwierig werden, ein Publikum für sie zu finden – diese Erfahrung mußte Nancy Friday machen, als sie versuchte, für ihre erste Phantasie-Sammlung einen Verlag zu finden. Am Anfang waren die Verlage dem Plan zu einem Buch über weibliche Phantasien durchaus nicht abgeneigt. Dann lasen sie es und schickten das Manuskript in einem doppelten Umschlag mit »bestem Dank« zurück. Aber ihre Arbeit wurde schließlich doch gedruckt, und seither gibt es weltweit eine Neuauflage nach der anderen. Es gibt wohl tatsächlich Leute, die sie lesen – doch ihr Inhalt scheint für manche noch immer recht beunruhigend zu sein.

Da ist zum Beispiel das Buch *The Joy of Sexual Fantasy* (Headline, 1991) von Dr. Andrew Stanway, in dem ein Grundrepertoire von vierzig häufigen Phantasien vorgestellt wird – einschließlich Gruppensex, anonymem Sex, Sex mit einem Filmstar, Sex mit einer Krankenschwester, Sex mit dem Vater, Geschlagenwerden, Fesselung, Frau als Sexsklavin oder Prostituierte. Sie sind hilfreich illustriert mit Bildern von: einer Frau in einer bizarren Schwesterntracht, Frau in sexy Unterwäsche, Frau mit hochgezogenem Rock, Frau mit geöffneten Beinen, umgeben von zwei Männern, nackte, gefesselte Frau, Frau mit heraushängenden Brüsten. Es gibt auch einige Bilder, auf denen Männer und Frauen zusammen zu sehen sind, doch die Frauen in diesem Buch werden auf eine andere Art als die Männer dargestellt. Alle Frauen sehen erregt aus – und viele berühren sich. Auf einem einzigen Bild ist ein Mann – oder zumindest ein Männerkörper (ohne Kopf) allein zu sehen, der seine Hand in der Unterhose hat. Sehr aufregend – ein kopfloser Wichser. Es gibt auch ein Bild einer Frau, die ihren Kopf an einen schlaffen Penis lehnt (auch dessen Besitzer hat keinen Kopf). Ja, und da ist noch ein Text neben dem Bild mit der Frau in der Schwesterntracht, die sich um einen Mann »kümmert«: »Eine alte Lieblingsphantasie vieler Männer. Werden nun auch Frauen darauf abfahren, da Krankenpfleger immer häufiger werden?« (Und wenn sie es tun, wird die Phantasie in ein solches Buch aufgenommen werden?)

The Joy of Sexual Fantasy erklärt ausdrücklich, daß Frauen Phantasien haben, das steht außer Zweifel. Das Buch richtet sich augenscheinlich an beide Geschlechter – doch Studien zeigen (man höre und staune), daß mehr Männer als Frauen Sexbücher kaufen. Wenn ein Buch veröffentlicht wird, wird es speziell auf das Publikum zugeschnitten, von dem es voraussichtlich gekauft wird – daher werden einige sexy Bilder hinzugefügt, da man weiß, daß Männer die häufigsten Käufer sind. Doch das heißt, daß sich Sexbücher als etwas ausgeben, was sie nicht sind: Informationsmaterial für beide Geschlechter. Natürlich könnten sie von Männern gekauft und gemeinsam mit Frauen gelesen werden. Schließlich ist es nicht so, daß Frauen keine traditionell »männlichen« Phantasien haben. Und tatsächlich sind die Phantasien im Buch die Phantasien von Männern *und* Frauen, wie wir von Dr. Stanway erfahren. Männer und Frauen haben die *gleichen* Phantasien, stellt er fest. Er weiß das, denn sie sagen es ihm in seiner Eigenschaft als Sexualtherapeut. Es hat wenig Sinn, Vermutungen darüber anzustellen, ob es Frauen vielleicht schwerfällt, ihm (einem Mann und Sexualtherapeuten) Phantasien zu erzählen, die aus dem üblichen Rahmen fallen. Doch um fair zu sein, müssen wir hinzufügen, daß er auch schreibt: »Das, was man mir erzählt, ist vielleicht nicht die ganze Wahrheit.« Das ist für mich der springende Punkt beim Schreiben über Phantasien: Das *nicht* Gesagte ist sicherlich ebenso wichtig wie das Gesagte. Dr. Stanway kennt die Phantasiesammlungen von Nancy Friday – er empfiehlt *Die sexuellen Phantasien der Frauen* seinen Patientinnen als Anregung für eigene Phantasien. Und dann schreibt er weiter, Männer hätten mehr und freizügigere sexuelle Phantasien als Frauen. Ich blicke hier nicht durch!

Die Frau mit der Verstopfungs-Phantasie ist freizügig genug, oder? Die Frauen, die ihre Phantasien in *My Secret Garden* aufzeichnen, sprechen auch nicht gerade wie Klosterschülerinnen. Wie können unsere Phantasien nun weniger freizügig, aber ziemlich die gleichen wie die der Männer sein? Unzweifelhaft stammen die Bilder und Abläufe unserer Phantasien aus der Gesellschaft, in der wir leben – und da sowohl die Männer als auch die Frauen in dieser Gesellschaft leben, ist es wahrscheinlich, daß ziemlich ähnliche Phantasieobjekte oder -handlungen in unseren Köpfen auftauchen. Angeblich beziehen viele Frauen ihre Phantasiebilder aus Pornoheften für Männer. Diese sind ja, was wenig überrascht, die ersten und freizügigsten sexuellen Bilder, die wir (und auch Männer) zu sehen bekommen. Wenn wir nun in einer Kultur leben, in der Männer dazu erzogen wurden, zum Beispiel Frauen in einer Schwesterntracht als sexuell stimulierend zu betrachten, kann es natürlich auch Frauen geben, die sich vorstellen, eine Schwesternuniform anzuziehen und einen Mann zu verführen. Auf ähnliche Weise phantasieren

Frauen davon, mit Gewalt genommen zu werden, und Männer, es zu tun. Das Thema mag manchmal dasselbe sein, doch das heißt noch lange nicht, daß wir in derselben Weise davon phantasieren. Und was die angeblich weniger freizügigen Phantasien von Frauen oder die zahlreicheren von Männern betrifft, so lese man Nancy Fridays drei Bücher über weibliche Phantasien und das eine über männliche. Sogar Männer sagen, daß männliche Phantasien langweilig sind, dabei sind es doch ihre eigenen! Ein Beleg dafür ist auch die *For-Women*-Umfrage vom Dezember 1994, bei der sich Sex mit zwei Frauen als häufigste Männerphantasie erwies – das kommt Ihnen doch nicht etwa bekannt vor? Eine (typische) Reaktion einer Frau auf diesen Lieblingstraum der Männer: »Sie haben immer die gleichen Phantasien – und ich habe schon eine Reihe von Partnerschaften hinter mir. Sie wollen alle einen Dreier mit einer zweiten Frau. *Öde!*«

Imaginärer Sex in einer materiellen Welt

Männerphantasien sind vielleicht deswegen langweiliger, weil wir schon so viele davon kennen. In zahllosen, von Männern produzierten Romanen, Popvideos, Pin-up-Zeitschriften, Fernseh- oder Kinofilmen geht es um nichts anderes. Sie werden nicht müde, uns immer wieder zu beschreiben – und sei es auch zum achtundneunzigsten Mal –, was sie mit Michelle Pfeiffer täten. Als ob das uns oder Michelle interessieren würde. Daher ist es absurd, zu behaupten (wie das anscheinend einige Sex-Experten tun), daß Männer und Frauen Phantasien auf identische Weise erschaffen und konsumieren. Man braucht nur einen Blick auf die Bilder in *The Joy of Sexual Fantasy* zu werfen, um eindeutig feststellen zu können, daß dem nicht so ist. Allein an der vom Herausgeber getroffenen Auswahl der Illustrationen ist zu sehen, welche die »anerkannten« Phantasien sind und wer deren Hauptkonsumenten sind. Beim Durchblättern hat man die Phantasievorstellungen in Bildform vor sich – Frauen mit hochgezogenem Rock, herausquellenden Brüsten und gespreizten Beinen, nackt und mit gefesselten Händen. Ich sage nicht, Frauen würden von solchen Bildern nicht angetörnt oder würden die dargestellten Phantasien nicht genießen; aber ich behaupte, daß sie in den Augen eines Mannes nicht die gleichen sind wie in denjenigen einer Frau. Sie können gar nicht die gleichen sein.

In dem Buch *Pleasure: The Truth about Female Sexuality* von Margaret Leroy (Harper Collins, 1993) sagt eine der über ihre Phantasien befragten Frauen: »Es ist so schwierig, herauszufinden, was weibliche Sexualität eigentlich ist – wahrscheinlich weil sie von Männern definiert ist. Sie fühlt sich nicht wie unsere an. Wir borgen Bilder, um uns zu erregen, die nicht die unseren sind.« Hier liegt der springende Punkt. Manche Frauen fühlen sich nun schuldig, weil sie von traditionell »männlichen« Phantasien erregt werden – aber sie sind auch verunsichert, wenn sie von ihren »eigenen« erregt werden, weil sie sich deswegen pervers oder abnormal glauben. Nun ist es ja nicht so, daß Frauen nicht genug eigene Phantasien als Alternative hätten. Das Problem mit diesen Phantasien ist nur, daß sie nicht »offiziell zugelassen« sind. Männerphantasien gelten als »normaler« als unsere, weil wir mehr davon gesehen und gehört haben.

In *The Big »O«* (Hodder and Stoughton, 1995) von Dr. David Delvin und Christine Webber finden sich zwei kurze Passagen zum Thema Phantasien. In der einen im Kapitel *»How to Have Better Orgasms – A Guide for Women«* heißt es, sechs von zehn Frauen phantasierten beim Sex mit ihrem Partner von jemand anderem (im allgemeinen von einem Filmstar). Laut Delvin und Webber ist das in Ordnung, doch manchmal sei besser, derartige Phantasien zu verschweigen, wenn der Partner deshalb böse werde. Das wollen wir doch nicht, oder? Ein paar Seiten weiter kommt man dann zu dem Kapitel *»How to Give Your Man Better Orgasms – A Guide for Women«*, wo man folgenden Tip liest: »Geben Sie vor, irgendein berühmter Filmstar zu sein, der ihm wirklich gefällt. Es ist überraschend einfach, die Rolle von Madonna oder Nicole Kidman zu spielen, vor allem im Dunkeln.« Es handelt sich bloß um rund hundert Kilo Übergewicht! Und ist Sex nicht viel besser, wenn sich der Mann, mit dem man im Bett liegt, vorstellt, man sei jemand anderer?

Nun ist nichts gegen ein kleines Rollenspiel einzuwenden, weil das den nötigen Mut für Dinge gibt, die man normalerweise vielleicht nicht tun würde: ein Vamp zu sein, die Frau mit der Peitsche, oder auch – als Mann – einmal ein Softie. Aber warum sollte man einen Mann mit Samtpfoten anfassen, um ihn nicht mit den eigenen Phantasien in Rage zu bringen, während er aktiv dazu ermuntert wird, zu sagen, für wen er schwärmt und wen seine Partnerin spielen sollte?

Auch wenn wir uns »outen« und sagen, wir stellten uns vor, Sex mit Brad Pitt, Keanu Reeves, Mel Gibson, Kevin Costner und/oder den meisten Fernsehdoktoren von Emergency Room zu haben, ist es uns stets bewußt, daß es doch meist noch immer die Phantasien der Männer sind, die befriedigt werden – in Zeitschriften, Büchern, Filmen usw. Wir wissen, daß noch vor zwanzig Jahren weibliche Phantasien von Psycho-Experten als pathologisch oder als Symptom für zu wenig Sex angesehen wurden (was sie vielleicht tatsächlich sind – aber für zuwenig guten Sex, nicht Sex überhaupt). Kein Wunder, daß sich Frauen von den Phantasien in ihrem Kopf verunsichert fühlen.

Laut Dr. Stanway phantasieren Männer mehr, wenn es in ihrem Geschlechtsleben nicht gut läuft, während es bei Frauen genau umgekehrt sei. Meiner Ansicht nach hat er recht und unrecht. Manche Frauen haben um so mehr Phantasien, je mehr Sex sie haben – und viele benützen sie, um ihr Geschlechtsleben zu verbessern. Aber Frauen benützen Phantasien nicht nur auf diese Weise. Stanway erklärt: »Männer, die sexuell unbefriedigt sind, suchen Trost in ihren Phantasien, denn Männer haben im Durchschnitt ein größeres Interesse an sexuellen Abenteuern. Das könnte in dem biologischen Gesetz begründet sein, dem Männer unterworfen sind, das heißt, möglichst viele Weibchen zu schwängern, um das Überleben der genetischen Linie zu sichern.« Nun sind wir also glücklich wieder bei dem alten evolutionären/biologischen Überlebensargument angelangt. Wenn Männer nicht den Sex bekommen, den sie wollen, dann bahnen sie nach Indiana-Jones-Art in Gedanken einen Pfad durch den postfeministischen Dschungel und hinterlassen an jeder Straßenecke ihre Nachkommenschaft. Doch wenn die sexuellen Phantasieabenteuer der Männer einer biologischen Notwendigkeit entspringen, was ist dann mit denen der Frauen? Dr. Stanway erklärt: »Eine Frau, die sich abenteuerlustig fühlt, da sie in ihrer gesellschaftlichen und sexuellen Orientierung maskuliner wird, hat keine Schwierigkeiten, Partner zu finden, die ihre Bedürfnisse befriedigen.« Halleluja, her mit den Schäfern!

Männliche Phantasien sind anscheinend das Ergebnis eines biologischen Zwangs, die der Frauen eines kulturellen – ein Zeichen, daß wir »maskuliner« werden. Ich aber sage, sowohl die Phantasien der Männer als auch die der Frauen sind das Ergebnis kultureller Zwänge. Sobald man das Argument der biologischen Ursachen auftischt, muß man konsequenterweise auch sagen, daß keine wirkliche Veränderung möglich ist. Männer handeln instinktiv, seit mächtige Mammuts über die Steppe streiften ... Doch aus allen Umfragen und Bemerkungen ist abzulesen, daß Frauen heute besseren Sex wollen. Wo suchen also die Frauen Trost, wenn ihr Geschlechtsleben unbefriedigend ist – beim Ausprobieren neuer Kuchenrezepte? Natürlich nicht – sie genießen ein Phantasieabenteuer genauso wie ein x-beliebiger Mann. Wenn nicht mehr.

Nancy Friday betont, daß Phantasien der einzige Bereich sind, in dem Frauen ihre Frustration und ihren Zorn ausleben können:

Die Phantasie ist ein sicheres Spielfeld, wo sie ihre Wut gegen alles zeigen können, das sich ihnen in den Weg stellt – ihre Wut über die ungeheure Schwierigkeit, ein sexuelles Wesen zu sein, und die vielen Dinge, die eine Frau heute sein muß ... Eine Möglichkeit, neue Rollen auszuprobieren, sind ihre erotischen Träume.
(Befreiung zur Lust)

Dies ist nicht notwendigerweise eine bewußte Wut – Phantasien haben schließlich sowohl mit dem Bewußten als auch mit dem Unbewußten zu tun. Phantasien können erwiesenermaßen gespeicherte Inhalte aus unserer Kindheit sein – unbewußte, schlafende Gedanken, die plötzlich mit Glanz und Gloria wieder auferstehen, wenn wir sexuell aktiv sind. Sie können aber auch von den in unserer Gesellschaft angebotenen, sexuellen Bildern gespeist werden. Oder sie können eine Kombination aus beidem sein.

Phantasien können eine lange, verzwickte Vorgeschichte haben; doch das Endergebnis ist weder verstaubt noch öde. Wir benützen Phantasien, um uns zu erregen und auf Touren zu bringen. In den Männerphantasien verhalten sich die Frauen so, wie sich die Männer das erträumen; genauso phantasieren die Frauen von Männern, die in einer Welt, in der Frauen mehr Macht haben, den Wünschen der Frauen gemäß handeln. (Ironischerweise scheinen Frauen nun, da sie allmählich mehr Macht in der realen Welt bekommen, mehr davon zu phantasieren, die Kontrolle zu verlieren und dominiert zu werden.) Phantasien sind, wie Nancy Friday betont, ein »komplexer Ausdruck von dem, was wir bewußt wünschen und unbewußt fürchten«. Bei einem heterosexuellen Mann äußert sich das etwa in der Vorstellung von einer gutaussehenden Frau, die ihn verführt, von zwei Lesben, die ihn und nicht einander begehren, von sexuell frühreifen Schülerinnen oder einem anderen Beispiel aus der Palette der marktüblichen männlichen Heterophantasien. Die Wahrscheinlichkeit, daß diese Phantasie im wirklichen Leben stattfindet, mag ebensogroß sein wie die, daß die Kapuze seines Anoraks plötzlich die Form einer Klitoris aufweist, doch davon wird er sich nicht von seinen Phantasien abbringen lassen. Er wünscht diese Dinge, doch er hat auch Angst davor, daß seine Wünsche zurückgewiesen oder als »pervers« betrachtet werden.

Ebenso verhält es sich mit den weiblichen Ängsten und Phantasien. Es steht außer Zweifel, daß Frauen ein reichhaltiges Repertoire an Phantasien haben – Nancy Friday füllte drei Bücher in Familienpackungsgröße mit ihnen, und auch auf meinem Schreibtisch landeten ganze Stapel davon. Frauen schreiben die verschiedensten Dinge – doch ganz unzweifelhaft beschreiben sie eine idealisierte und/oder aufregendere Sexualität mit Männern oder Frauen. Nun wird wohl kaum jemand von schlechtem oder langweiligem Sex träumen. Doch diese Phantasien können auch als Ausdruck der Unzufriedenheit der Frauen mit ihrem tatsächlichen Geschlechtsleben gedeutet werden. Nicht immer, aber sehr oft. Der Unterschied ist, daß sich Frauen viel eher »pervers«

fühlen, denn im Gegensatz zu den Männern finden sie weit weniger Bestätigung bezüglich ihrer Phantasien und ihres sexuellen Verhaltens. So sind die postfeministischen neunziger Jahre: Frauen bekommen wohl den Sex, den sie wollen – doch warum haben sie das Gefühl, ihre sexuellen *Gedanken* kontrollieren zu müssen?

Vielleicht deshalb, weil sie nicht abschätzen können, wie Männer (und vielleicht andere Frauen) darauf reagieren. Rein theoretisch hören die Männer gerne Frauenphantasien, doch stimmt das wirklich? Sie mögen unanständige Gespräche, sie mögen es, wenn eine Frau ihre Lieblingsphantasie ausführt, sie mögen vielleicht sogar einige weibliche Phantasien – die lesbischen, die Phantasien à la »Sex-mit-einem-Fremden-in-einer-dunklen-Gasse«. Aber nicht immer. Man könnte glauben, sie fahren darauf ab, weil die Frauen ihnen damit beweisen, daß Sex für sie nicht nur Wein, Rosen, Spitzendeckchen und Kuscheln ist. Im Gegensatz zu der Feststellung Dr. Stanways, die beliebtesten Frauenphantasien bezögen sich auf ihren Partner, sagt Friday, daß Frauen (quer durch alle Schichten und Generationen) am häufigsten von anonymem Sex phantasieren. Wie immer das Szenario sein mag – es schließt einen Fremden mit ein, den sie nie wieder sehen. Es ist eine zupackende Art von Sex, keine Beziehungskiste, kein Was-denkst-du-gerade-Bettgeflüster. Es ist das Land des Fast-food-Sex, in dem Männer sich danach umdrehen und schlafen dürfen, denn wenn die Frau befriedigt ist, ist sie weg! Keine Präliminarien, keine Pflicht-Streicheleinheiten, keine geflüsterten Namen. Man müßte annehmen, Männer mögen das – es ist genau das, was viele von ihnen als Wunsch äußern. Doch in der realen Welt, in der Männer immer weniger begehrt und gebraucht werden – sowohl auf dem Arbeits- als auch auf dem Heiratsmarkt –, kann das zu einem weiteren Schauplatz werden, auf dem sie

eine bloße Zugabe sind. So gesehen sind diese Phantasien nicht unbedingt erregend.
Interessant ist das Ergebnis der Untersuchungen von Margaret Leroy *(Pleasure: The Truth about Female Sexuality)*: Viele Frauen hätten ihr erzählt, sie würden davon phantasieren, schwanger zu werden und ein Kind zu gebären. Die Phantasien handeln von Fruchtbarkeit und Fortpflanzung. Nun ist das nicht unbedingt eine übliche Männerphantasie. Meine ist es auch nicht. Doch in einem Klima, in dem immer mehr von uns Single bleiben, aber doch ein Kind haben wollen, scheinen manche Frauen solche Phantasien durchaus zu genießen. Doch es ist schwer vorstellbar, sie einem Mann anzuvertrauen. Das wäre wohl ungefähr so erotisch wie der Tierschutzverein.
Nun wird in allen Phantasien die Wirklichkeit transzendiert – doch wie weit? Man kann sicherlich sagen, Phantasien seien ein Zeichen einer natürlichen und gesunden Vorstellungskraft. Doch wenn ein Mann nun erzählt, er träume von Sex mit Schulmädchen oder Ihrer besten Freundin, assoziieren wir damit wohl eher die Begriffe »pervers« und »jämmerlich« als »gesund« und »phantasievoll«. Phantasien werden nicht in einem Vakuum geschaffen und konsumiert. In der *For-Women*-Umfrage zum Thema Phantasien gab eine Frau an, die Lieblingsphantasie eines ehemaligen Liebhabers sei gewesen, eine Frau in eine Zelle voll hungriger Ratten zu sperren und zu beobachten, wie sie sie auffraßen. Er phantasierte auch davon, weibliche Genitalien in einen Schraubstock einzuspannen. Sie war weder erfreut noch angetörnt, was wenig überrascht. Teilweise liegt das Problem beim Mitteilen von Phantasien auch darin, daß sie gar nicht so besonders phantasievoll und kreativ sind. Ein Mann, der von seinem Wunsch nach Sex mit Schulmädchen spricht, spricht davon, daß er von Schulmädchen erregt wird – nicht

davon, mythische Wesen von der Venus zu streicheln oder es mit Cyberspace-Aliens mit kegelförmigen Brüsten zu tun. Er spricht von etwas, was er vielleicht in Wirklichkeit ausleben möchte, vielleicht auch nicht – was aber trotzdem möglich wäre. Das Objekt seiner Phantasie hat einen Bezug zur materiellen Welt. Und auch wenn er keinerlei Absicht hat, diese Phantasie jemals in die Tat umzusetzen, kann sie doch eine beunruhigende Wirkung ausüben. Als Frau denkt man: Was stimmt nicht mit mir? Mag er keine erwachsenen Frauen? Hat er ein Problem mit dem weiblichen Körper? Treibt er sich auf Spielplätzen herum und beobachtet kleine Mädchen? Die Erfahrung ist verheerend und führt nicht unbedingt zu besserem Sex. Ebenso kann nicht garantiert werden, daß er darauf abfährt, wenn man ihm erzählt, man träume davon, zwei schwule Männer zusammen zu beobachten, es mit einem Hund zu treiben, oder wilden Sex mit einem Fremden zu haben. Vielleicht genießt er es. Vielleicht denkt er aber auch, man sei eine Person mit moralischen Defekten. Es gibt keine sicheren Reaktionen beim Mitteilen von Phantasien.

Das schrieb ich in sehr gestraffter Form der Schreiberin des »Analphantasie«-Briefes. Ich versicherte ihr, daß sie kein ekelerregender Fall sei und daß ihre Phantasie relativ häufig sei – obwohl sie öfter von Männern als von Frauen zu hören ist. (Für Psychoanalytiker ist diese Phantasie möglicherweise ein klassisches Lehrbuchbeispiel für die kindliche Auffassung, daß Babys durch den Anus geboren würden, wodurch dieser eine sexuelle Bedeutung bekommt, für die enge Verwandtschaft der Lustgefühle beim Stuhlgang und beim Sex und dergleichen mehr. Aber ich bin keine Psychoanalytikerin, und außerdem zeigt uns das nur, woher diese Phantasie kommt, und nicht, wie mit ihr umzugehen ist.) Ich sagte der Briefschreiberin auch, daß Phantasien oft besser in unserem

Kopf bleiben und als Masturbationshilfe verwendet werden sollten, anstatt ausgeführt oder einem Partner mitgeteilt zu werden. Sie müssen kein Tabu sein, doch die Phantasien des einen Menschen könnten vielleicht nicht ganz der Geschmack des anderen sein.

Bewußtseinserweiterung oder Volksverdummung?

Es ist nicht schwierig, zu erkennen, warum »Sex im Kopf«, für Frauen allerdings in einer etwas keimfreieren Form, in den achtziger und neunziger Jahren von den Sex-Experten gefördert wurde. Phantasiesex ist Safer Sex: Wo der HIV-Virus lauert, bedeutet verantwortungsvoller Sex Monogamie, aber noch lange nicht Monotonie. In Zeiten moralischer Panik werden Phantasien zum großen Renner – denn in der Phantasie kann man vorgeben und sich vorstellen, mit jemand ganz anderem Sex zu haben, während dem mitnichten so ist. Man kann ein mentaler Swinger sein. Man kann »schmutzigen« Sex mit unbekannten Männern in dunklen Straßen oder Fremden im Zug haben und sich nicht um Krankheit und ewige Verdammnis kümmern. Man kann in der Intimität des eigenen Kopfes einen Pornofilm ablaufen lassen – warum nicht? –, denn Phantasie ist in unseren HIV/AIDS-bewußten Zeiten unter anderem ein Synonym für sauberes sexuelles Verhalten geworden. Aber ist wirklich alles bestens und in Butter?
Während der Arbeit an diesem Buch wurde ich gebeten, eine Reportage über Sex-Hotlines für das britische Männermagazin XL zu schreiben. Ich sollte erklären, wie diese Telefondienste organisiert werden und Informationen über die Benutzer geben. Wahrscheinlich ist meine Mitteilung, daß neunundneunzig Prozent der Anrufer Männer sind,

von mäßigem Überraschungswert. Die letzten verfügbaren Schätzungen sprechen von über vierzig Millionen Anrufen im Jahr 1992. Die Männer berappen dabei in Deutschland eine Gebühr von etwa 2,40 DM pro Minute (die ersten zwei oder drei Minuten gehen dabei für Werbung und Informationen über Sittlichkeitsgesetze drauf). Das Dargebotene (phantasievoll mit »bums mich – große Titten« usw. angepriesen) ist eigentlich recht eintönig – wenn man endlich verbunden ist –, aber ich bin ja auch kein Mann. Vielleicht können diejenigen mehr mit heftigen Atemgeräuschen und einer gelangweilt klingenden Frauenstimme anfangen, die von Muschilippen und Gurken spricht (geht es dabei etwa um eine vegetarische Katze?). Das sind aber nur die zahmeren, bereits aufgenommenen Varianten. Angeboten werden auch sogenannte Rückrufe, wobei ein Mann eine Frau anruft, diese ihn zurückruft und die beiden dann ein schmutziges, einhändig unterstütztes Schwätzchen führen. Je länger sie ihn dabei in der Leitung hält, um so mehr Geld bekommt sie (und der männliche Sex-Hotline-Betreiber). Nichts dagegen einzuwenden, ist man versucht zu sagen, wenn Männer gerne ausgenommen werden wollen und die Frauen, mit denen sie sprechen, dabei Geld verdienen. Doch so einfach liegen die Dinge nicht immer.

Ich habe viele Briefe von Frauen bekommen, die darüber empört waren, daß ihre Freunde oder Partner Unsummen an Telefongebühren für diese Telefonsexdienste ausgaben. Damit konfrontiert, sagten die Männer, es sei ein kleines unschuldiges Vergnügen, besser als eine Affäre. Fairerweise muß man zugeben, daß sie auch keine haben. Es mag zwar Safer Sex und Phantasiesex sein – in dem Sinn, daß sie nicht in der Gegend herumbumsen –, doch er masturbiert, indem er einer körperlosen Instantstimme zuhört. Das ist nicht gerade dazu angetan, das Wohlbefinden seiner Partnerin zu fördern. Phantasien sind nicht unbedingt nur ein Teil der vielbeschworenen Intimsphäre. Sie sind auch ein millionenschweres Geschäft, noch dazu ein Geschäft, das Auswirkungen auf das Leben anderer Menschen hat. Männer, die diese Telefonsexdienste in Anspruch nehmen, geben große Summen Geldes dafür aus. Sie argumentieren, das sei ein harmloses Vergnügen, ein kleiner Spaß, einhändige Unterhaltung. Aber ganz abgesehen von der finanziellen Seite der Sache – einige Männer lassen sich von der Stimme am anderen Ende der Leitung den Kopf verdrehen und schicken der Frau, mit der sie sprechen, Geschenke. Nun kann man darin einen Beweis für das einfache Gemüt der Männer sehen – sich in eine Stimme (oder ein Phantasiebild) zu verlieben. Aber es ist eine Stimme, die genau die schmutzigen Gespräche mit ihnen führt, die sie lieben. Es ist Safer Sex und Phantasiesex, doch es ist männlicher Safer Sex und Phantasiesex. Gleiches gilt vom Cyberspace-Sex, von dem raschen Zuwachs an Oben-ohne-Bars in Großbritannien und in den Vereinigten Staaten (die amerikanische Frauenzeitschrift *Glamour* schrieb in ihrer Ausgabe vom Januar 1996 von einer Verdoppelung der Stripteaseclubs in Amerika seit 1992), der Lapdance-Manie und zu einem bestimmten Grad auch von der wachsenden Zahl an Satelliten-Pornofrequenzen. Das alles wird als Safer Sex angepriesen. Das ist es auch – doch wohin führt es uns?

Nach dem Anlaufen der beiden Hollywoodfilme *Showgirls* und *Striptease* verfolgte ich mit Interesse die zahlreichen Medienberichte über Lapdancing. Darin beschrieben amerikanische Lapdance-Girls, wieviel Geld sie durch ihre Arbeit verdienen. In einer Fernsehreportage beschrieben sie sich als Geschäftsfrauen (eine hatte sich mit ihrem Verdienst einen BMW gekauft). Sie scheffelten Geld und genossen bei der Lap- oder Tabledance-Arbeit das Gefühl der Macht über ihre Kunden, die bloß hinschauen, nicht aber zugreifen dürfen. Eine sagte, daß ihr angesichts der Schar von Kerlen, die ihr ständig zwischen die Beine gafften, etwas die Lust auf Männer vergangen sei. (Etwas?) Eine andere berichtete, daß ihre Beziehung kaputtgegangen sei, als sie diesen Job annahm: Ihr Freund war auf die anderen Männer eifersüchtig. Aber es sei eine nette Verdienstmöglichkeit, mit Hilfe der eigenen psychischen Kräfte silikongestützte 3-D-Phantasien an Männer zu verkaufen. (»Wenn ich tanze, schalte ich meine Gedanken völlig ab«, sagte eine Tänzerin.) Die Männer (und die wenigen Frauen) im Publikum schienen das Programm zu genießen. Im Interview bestätigten die Männer dies, sie sagten aber auch, sie wüßten, es sei nicht der richtige Ort, um die Ehefrau mitzubringen. Es ist verboten, und das macht das Erlebnis noch prickelnder. Außerdem, sagte einer, würde die Ehefrau auch profitieren, denn der Mann käme erregt nach Hause und würde mit ihr schlafen. Wer behauptet hier, die Romantik sei tot? Andere Männer hingegen beschrieben ihre Frustration, die gutaussehenden Tänzerinnen, die sie doch bezahlten, nicht berühren zu dürfen. Das sei, sagte einer von ihnen, die »ultimative Rache der Frauen«: Männer aufzugeilen und dann stehenzulassen.

Diese rätselhafte Welt der Sexualität, in der Männer anscheinend unkontrollierbare sexuelle Bedürfnisse haben und von sexuellen Abenteuern phantasieren, in der Lapdance-Girls zur Verkörperung männlicher Phantasien werden, in der Prozesse wegen sexueller Belästigung an der Tagesordnung sind, in der Männer einen Teil ihrer wirtschaftlichen Macht verlieren, in der BMW-fahrende Tänzerinnen mit Männern alles außer Sex machen und in der weibliche Phantasien zum Großteil nicht wirklich befriedigt werden – welche Botschaft gibt sie uns mit auf den Weg? Eine verworrene und frustrierende.

Was den Männern recht ist …

Natürlich genießen nicht nur Männer den Anblick von sexy gekleideten, tanzenden Mitgliedern des anderen Geschlechts. Manche Frauen kommen angesichts powackelnder, beachtliche Mengen an Babyöl verbrauchender Tänzer- oder Strippergruppen wie zum Beispiel der Chippendales oder der Dreamboys durchaus auf ihre Rechnung. Es ist vielleicht eine etwas grelle, derbe, plakative Art der Abendunterhaltung und entspricht nicht dem Geschmack jeder Frau. Es behaupten auch nicht alle Männer, der Anblick einer Stripteasetänzerin bereite ihnen Vergnügen (obwohl gesagt werden sollte, daß die ihnen gebotenen Möglichkeiten ungleich zahlreicher sind). Dann gibt es noch die Stripteasetänzer, die immer für Gelächter bei einer Party gut sind. Alles in allem werden männliche Stripper und Tänzer als kleiner Spaß, als Anlaß zum Kichern, als Aufputz für eine ausgelassene Sex-Toy-Party betrachtet. Nichts dagegen einzuwenden, doch es ist das Ohnsorg-Theater der weiblichen Phantasie: nur ein wenig Unterhaltung, ein kleiner Scherz. Wenn der männliche Körper auf diese Weise konsumiert wird – zur Erheiterung –, bedeutet das, daß er nicht wirklich dazu bestimmt ist, betrachtet oder sexualisiert zu werden. Manche Frauen sagen, sie würden viel lieber einen schönen weiblichen Körper ansehen – ein Männerkörper sei nicht besonders sexy. Das geht in die Richtung der bei Sex-Experten so beliebten These, die lautet, daß Männer eher von optischen und Frauen eher von akustischen Eindrücken erregt würden. Doch wie in aller Welt sollen wir das jemals genau wissen, wenn wir so wenig zu sehen kriegen? Ist der männliche Körper an sich irgendwie »unsexy« oder liegt es daran, daß unsere optische Genußfähigkeit durch die Werte der vergangenen Jahrhunderte geprägt wurde, in denen Männer bestimmten, was schön anzusehen ist? Erst wenn wir in einer Kultur aufwachsen, in der Frauen mehr Macht haben und in der auch der Mann als jemand gilt, den man ansehen kann (nicht als jemand mit Persönlichkeit und Humor, was im allgemeinen im Klartext heißt: »Er ist häßlich«), werden wir das sagen können.

Nichtsdestotrotz wird in unserer postfeministischen, rezessionsgeplagten Gesellschaft – in der mehr Frauen Geld haben und viele Männer weniger – der männliche Körper verstärkt unter die Lupe genommen. Er wird immer mehr zu einem Objekt des Begehrens, so wie der weibliche Körper das schon immer gewesen ist. Werbung und Medien zögerten nicht lange, die steigende Kaufkraft der Frauen anzuzapfen (und auch die sinkenden Jobchancen der Männer – wenn Sie einen schönen Körper haben, benützen Sie ihn!). Aus einem schönen Männerkörper wird nun ebenfalls Kapital geschlagen (nichts sorgte für mehr Gesprächsstoff als die Levis-Werbespots, die in den achtziger Jahren über die Bildschirme zu flimmern begannen, denn sie setzten den harten Männerkörper in den Mittelpunkt, der mit verliebten, sehnsüchtigen, bisher in der Werbung unbekannten Blicken seziert wurde). Das eröffnete die verschiedensten Vermarktungsmöglichkeiten, da Männer nun dazu ermuntert werden, sich mehr um ihr Äußeres zu kümmern (der Sektor Toilettenartikel/Kosmetik für Männer ist der Konsumindustriebereich mit den größten Wachstumsraten). Nun haben wir auch unsere Pin-up-Boys – im Fernsehen, auf Reklametafeln, Posters, Karten, in Zeitschriften für junge Frauen, und auch etwas gewagtere zum Beispiel in *For Women*.

Wir sollten dankbar sein für diese kleinen Veränderungen – die Alltagskultur hat sich genügend weiterentwickelt, so daß wir nun auch als Menschen mit Phantasien behandelt werden, doch es ist noch nicht das Nonplusultra. Ich habe noch immer das Gefühl, daß wir das bekommen, was Männer für unsere Phantasien halten (man denke nur an die Szene in dem Video *The Lover's Guide*, Tanzender Mann in Unterhose und Regenmantel).

Wo sind unsere Zwei-Männer-lieben-sich-Phantasien, unsere Junge-Männer-mit-durchtrainiertem-Körper-die-uns-offensichtlich-begehren-Phantasien, unsere voyeuristischen Phantasien von sich schlängelnden Männerkörpern, von männlichen Geschlechtsorganen, von ejakulierenden Männern, von Männern, die alle unsere sexuellen (und häuslichen?) Wünsche erfüllen? Nun, sie tauchen langsam (in jugendfreier Form) in manchen britischen Werbespots auf – zum Beispiel in jenem für eine Light-Eiscreme, in dem eine Frau (gastronomisch) von einem sonnengebräunten, durchtrainierten Geschöpf verwöhnt wird, das Geschirr spült und einkauft, während sie herumlümmelt, glänzend aussieht und Eis ißt. Es gibt noch einen für ein Brausegetränk, in dem sich jeden Morgen eine Gruppe Frauen trifft, um einen durchaus ansehnlichen jungen Bauarbeiter dabei zu beobachten, wie er sein T-Shirt abstreift und eine Dose Limo trinkt. Sie sind teilweise vertreten in Zeitschriften wie *For Women* und *Forum* (angeblich sind vierzig Prozent der Leserschaft dieses Softporno-Männermagazins weiblich) und in erotischer Literatur für Frauen wie den Serien Black Lace und X Libris. Da sind auch noch die Schwulenmagazine und Beschreibungen von Sex zwischen zwei Männern: Einige Leserinnen erwähnten in ihren Briefen, sie hätten Freude an Darstellungen à la »Tom of Finland«. Diese wie geklont wirkenden Schwulenbilder zeigen Männer mit knielangen Schwänzen in – oh – so enganliegenden Hosen, deren gestählte Körper und knackige Pos in schwarzes Leder gehüllt sind. Das ist kaum der Stoff, aus dem romantische Filme gemacht sind, von denen Frauen angeblich angetörnt werden –

es heißt, viele Frauen schalteten 1995 die BBC-Bearbeitung von *Pride and Prejudice* nur deswegen ein, um manch männliches Prachtexemplar in engen Reithosen betrachten zu können. Dann gab es natürlich die in den achtziger Jahren ausgestrahlte Serie *Brideshead Revisited*, die eine Beziehung zwischen zwei adretten jungen Männern zum Thema hatte und diese nackt und sonnenbadend zeigte.
In Kapitel 9 werde ich näher auf das Thema Erotika für Frauen eingehen; jedenfalls bekommen wir bis jetzt nur Probehäppchen serviert. Vielleicht werden sich die Dinge erst weiterentwickeln, wenn Frauen mehr Macht und Kontrolle über die Medien bekommen und ein wenig mehr Einfluß als Konsumenten ausüben können.

Phantasien ausleben

Ein weiterer wichtiger Punkt ist natürlich, sich darüber klarzuwerden, wo die Phantasien enden sollen. Die Schreiberin der Klophantasie sagte, sie wolle ihre Phantasie nicht nur als Masturbationshilfe verwenden, sondern sie ausleben. Und viele Frauen und Männer leben ihre Phantasien auch aus. In der *For-Women*-Umfrage über Phantasien gaben einundvierzig Prozent der Frauen an, sie hätten die ihren in die Realität umgesetzt. Die überwiegende Mehrheit von ihnen hatte das Erlebnis ausgesprochen genossen. Fast ein Viertel sagte aber, sie wollten ihre Phantasien nicht ausleben, auch wenn sie die Möglichkeit hätten. In *Women on Sex* von Susan Quilliam gaben fast sechzig Prozent der Frauen an, sie hätten Phantasien, doch die meisten davon waren fest überzeugt, daß sie diese Phantasien nicht wahr machen möchten. Es gibt gewiß Pro und Kontra. Die Chancen dafür, daß es eine Enttäuschung wird, stehen gut; man denke nur, wie groß oft

der Unterschied zwischen Traum und Wirklichkeit ist, zum Beispiel zwischen der Vorfreude auf Ferien oder ein Fest und dem tatsächlichen Ablauf des Ereignisses. Die Aussichten auf einen Flop sind gut, wenn man zu große Erwartungen aufbaut. Das gleiche gilt natürlich auch für Sex.
Es besteht eine enge Verbindung zum Beispiel zwischen zwanghaftem sexuellem Verhalten und Phantasie: Der Sexsüchtige lebt in einer Art immerwährender Phantasie. Wenn er diese Phantasien auslebt, ist er fast immer enttäuscht, aber gezwungen, sich den nächsten »Schuß« zu geben. Das unvermeidliche Problem des Sexsüchtigen ist, daß er nie verstehen kann, warum Phantasiesex und tatsächlicher Sex nicht identisch sind. Wir haben schon gesehen, daß im Bereich Tanz »ohne Anfassen« das Angebot für Männer größer ist als für Frauen. Doch viele Männer zahlen, um ihre Phantasien in der Wirklichkeit ausleben zu können, und gehen zu Prostituierten. Eine Anzahl von Frauen (niemand weiß, wie viele, denn für Sex zu zahlen ist nicht gerade das, womit man sich in der Öffentlichkeit brüstet) tut offenbar das gleiche mit männlichen Prostituierten. Man zahlt und hat seine Chance. Ich weiß zwar nicht, ob die reale Erfahrung der Phantasie standhalten kann, doch es ist »geil« und »unanständig«. Wenn man dafür bezahlt, seine Phantasien ausleben zu können, entsteht außerdem eine enorme Dynamik dadurch, daß man verlangen kann, was man sich wünscht, und es auch bekommt – ohne daß Fragen gestellt werden.
Es gibt natürlich andere Arten von »Phantasieverträgen«, in denen kein Geld im Spiel ist, wie zum Beispiel das »Swingen«. Das ist eine Art Tauschgeschäft mit Jugendverbot, bei dem man Menschen anstatt Spielzeug oder Eintrittskarten für den Fußballplatz austauscht. Wenn alle Beteiligten mit dem Handel einverstanden und sich der Risiken bewußt

sind, steht der Sache nichts im Wege. Auf ähnliche Weise genießen es viele Menschen, ihre speziellen Phantasien in SM-Clubs, Leder- und Fetischclubs bzw. -partys auszuleben. Viele Frauen berichten auch von einem Dreier (meist mit einer zweiten Frau und einem männlichen Partner, manchmal aber auch mit zwei Männern). Für viele ist das sehr erregend und kann eine großartige Erfahrung sein. Andere aber fühlen sich durch das Erlebnis erniedrigt und mißbilligen das Ausmaß an Aufmerksamkeit, das der Mann der anderen Frau zuteil werden läßt – auch wenn sie am Anfang dafür waren, es auszuprobieren. Schon manche Partnerschaft oder »beste Freundschaft« kam durch einen Dreier zu Schaden!

Die schlechteste aller möglichen Voraussetzungen besteht dann, wenn sich die Frau zum Mitspielen bei den Phantasien ihres Partners überreden läßt. Vielleicht zeigt sie kein Interesse an der Phantasie, oder sie sagt aus bloßer Höflichkeit, sie zu mögen (wozu Frauen ja erzogen worden sind). Ihr Partner interpretiert das dann möglicherweise als stillschweigendes Einverständnis. Das passierte einer Frau, die an mich schrieb. Einleitend schrieb sie, ihr Ehemann habe ihr immer gesagt, er wünsche sich, sie beim Sex mit einem anderen Mann zu beobachten. Er meinte, das würde ihr Sexleben pikanter machen und ihm eine neue Dimension verleihen. Er brachte Arbeitskollegen mit nach Hause, doch jedesmal weigerte sie sich, mit dem Betreffenden zu schlafen – sie hatte keine Lust. Ihr Mann versuchte es weiter, bis es ihm eines Abends gelang, sie betrunken zu machen und einer der Arbeitskollegen Sex mit ihr hatte. Sie war entsetzt darüber, was »sie« getan hatte, und fühlte sich schlecht. Ihr Mann indessen erzählte ihr, wie sehr er das Erlebnis genossen hatte, und fragte, wann sie es wiederholen könnten. Sie sagte, sie wolle das nicht mehr. Wenn sie ihn wirklich liebte, meinte dann der Mann, würde sie es für ihn tun. Sie liebe ihn, schrieb sie, doch sie wolle solche Dinge nicht machen. Sie fragte, was sie tun sollte.

Ja, was? Sie hat einen Ehemann, der erregt dabei zuschaut, wie seine Frau von einem Arbeitskollegen vergewaltigt wird. Sie liebt ihn, aber sie haßt das, was sie für ihn tun soll. Es ist ein einzelner schrecklicher Vorfall in einer sonst anscheinend guten Beziehung. Es ist ganz offensichtlich ein Mißbrauch einer Phantasie und ein Beweis für die ungleiche Machtverteilung in Beziehungen in der Sexualität und in den Phantasieabläufen. Der Vorfall ist ein Beispiel dafür, wie verhängnisvoll sich das Ausleben einer Phantasie auswirken kann, weil sie nur von einem Partner als normal empfunden wird, während sich der andere Partner unwohl fühlt, weil er sie nicht genießen kann oder sich nicht wie eine Art Zirkustier aufführen will.

Man mag einwenden, fast alles könne mißbraucht werden – auch Phantasien. Das stimmt sicherlich, doch das Problem bei manchen Phantasien ist, daß sie in einem Klima konsumiert bzw. ausgelebt werden, in dem viele Männer eine automatische Genehmigung für ihre Vorlieben zu haben glauben. Alle Männer haben potentiell die emotionale Macht, zu Frauen zu sagen: »Wenn du mich liebtest, würdest du meine Phantasien verwirklichen.« Frauen sind keine Opfer, und ich nehme an, der obige Fall ist ein extremes und isoliertes Beispiel. Doch wie groß ist die Anzahl der Männer, die Druck auf ihre Freundin oder Ehefrau ausüben, in etwas einzuwilligen, was sie nicht will?

Frauen sind im allgemeinen offener und toleranter gegenüber den Phantasien der Männer, als das umgekehrt der Fall ist – wahrscheinlich deshalb, weil sie von jeher gezwungen waren, es zu sein. In einer für das britische Männermagazin *Maxim* (Oktober 1995) aufgezeichneten Diskussionsrunde unter dem Motto »Was Frauen wirklich über sexuelle Phantasien denken«, wurde den Frauen die Frage nach der seltsamsten Phantasie gestellt, die ihnen ein Mann je anvertraut hatte. Eine sagte, ihr Mann habe sich gewünscht, als Frau gekleidet mit ihr zu schlafen (sie taten es; sie sagte, es sei besser als sonst gewesen). Der Partner einer anderen wollte, daß sie einen Pfennigabsatz in seinen Anus stecke (sie wagte es nicht, und er beharrte nicht darauf). Eine andere erzählte, sie habe sich gerade an die Idee ihres Freundes gewöhnt, auf ihn zu urinieren, als er sie eines Tages bat, zu furzen. Sie fühlte sich abgestoßen und weigerte sich. Das Paar trennte sich kurze Zeit danach.

Hier liegt das Problem für die Schreiberin des Verstopfungsphantasie-Briefes. Sie sollte sich nicht abnormal wegen dieser Phantasie fühlen, denn sie ist es nicht. Aber ich konnte ihr nicht den Rat geben, sie solle diese Phantasie mit einer anderen Frau ausprobieren (sie sagte ja auch, sie habe sich nie zu Frauen hingezogen gefühlt, was die Sache noch komplizierter macht), es würde sicherlich großartig werden. Ich sagte ihr, es könnte vielleicht großartig werden, doch sie sollte gründlich über die möglichen Auswirkungen ihrer Bitte nachdenken. (Ich gab ihr auch zu bedenken, daß jemand mit einer ähnlichen Phantasie antworten könnte und diese mit ihr ausleben möchte, wenn ihr Brief in *For Women* veröffentlicht werden würde. Der Schuß ging ins Leere, niemand antwortete.) Ich wünsche allen einen gemeinsamen Höhenflug auf Wolke sieben beim Ausleben von Phantasien, doch es kann auch sein, daß die erotischen Phantasien einer Frau – oder eines Mannes – für eine(n) andere(n) die allerperversesten und unerotischsten sind. Etwas anderes zu sagen, wäre eine fromme Lüge. Das heißt nicht, daß Frauen und Männer nicht gemeinsam Phantasien haben und erleben können. Sie können es und tun es auch. Sowohl Frauen als auch

Männer haben Phantasien, und sowohl Frauen als auch Männer haben hartnäckige und wiederkehrende Phantasien. Beide benützen Phantasien, um besseren Sex zu haben ... Der Unterschied ist der, daß Männern insgesamt gesehen mehr Spielraum zur Befriedigung ihrer Phantasien gewährt wird.

Vielleicht sollten wir nicht zu viel in zu kurzer Zeit erwarten. Schließlich ist das Angebot für Frauen jetzt so groß, wie es vor dreißig Jahren unvorstellbar war, und wir müssen zugeben, daß sich einiges verändert hat. Doch wir verlangen ja nur, daß unsere Phantasien und unsere Sexualität in der gleichen Weise toleriert werden, in der wir die der Männer toleriert haben. Frauen können durchaus traditionell »männliche« Phantasien genießen und sie teilen – wer weiß, vielleicht entdecken auch die Männer unsere Phantasien? Also, meine Herren, holt die enge Reithose aus dem Schrank, denkt nicht ständig an das Ding in eurer Hose und laßt eure Partnerin Eis essen, während ihr die Hausarbeit macht, kuschelt euch an einen guten Freund und laßt sie dabei zusehen, und sperrt vor allem abends den Hund raus – es könnte *eure* Nacht sein!

4 ER BETTELT DARUM

Liebe Jay Kay!
Bitte, bitte, können Sie mir helfen? Ich glaube, das macht mich noch verrückt, und keiner scheint eine Antwort zu wissen.
Ich bin nun schon fast vier Monate mit meinem Freund zusammen. Er ist 26 und ich bin 22. Er gibt ein Vermögen für mich aus – er schickt mir Blumen, lädt mich zum Abendessen ein, findet mich attraktiv und sagt, er wolle sich nie von mir trennen. Wir haben vier Nächte zusammen im selben Bett verbracht, doch er wollte nie mehr als küssen und kuscheln. Wir hatten in den vier Monaten sechsmal Sex, doch es passiert nur, wenn ich mich seiner bemächtige. Ich denke, er würde nie mit mir schlafen, wenn ich nicht dafür sorgen würde. Langsam nehme ich es ihm übel, obwohl wir uns außerhalb des Bettes gut verstehen.
Ich habe ihn gefragt, warum er nicht an Sex interessiert ist; er sagt, er sei zu müde. Ich übe keinen Druck auf ihn aus, doch einmal sagte ich im Spaß zu ihm, es ende immer damit, daß ich obenauf sei und die ganze Arbeit tue – er drehte sich bloß um und sagte, das Leben sei eben Scheiße. Was soll ich tun? Ich will ihn nicht verlieren, und ich will ihm helfen. Das komische dabei ist, daß ich selber keinen besonders starken Geschlechtstrieb habe – aber ich habe das Gefühl, als liege eine schwarze Wolke über allem. So abgedroschen es auch klingt, ich wäre Ihnen unendlich dankbar für eine Antwort.

Im Spätsommer 1995 gab das britische Boulevardblatt *Daily Star* einen kurzen Beitrag über Frauen, die für Sex zahlen, bei mir in Auftrag. Er sollte ein Feature über einen männlichen Prostituierten abrunden. Dieser Prostituierte sagte, er habe keinen Mangel an Kundinnen, und ich schrieb, ich kenne eine Handvoll Frauen, die verzweifelt auf der Suche nach, nun ja, einem netten Prostituieren seien. Mein Artikel erschien unter dem Titel »Wilde Mädchen haben nie genug«. An dem Morgen, als er erschien, hörte mein Telefon nicht auf zu klingeln, und eine Menge Zeitungsfritzen fragten mich, ob Frauen wirklich dazu bereit seien, für Sex zu zahlen. Ich sagte ihnen, ich würde nicht gerade überhäuft mit Anfragen nach Namen und Adressen von Männern, die Sex verkauften, doch daß ich nicht selten Briefe von Frauen bekäme, die mehr Sex als ihre Partner wünschten. Die meisten Männer lachten, als sie den Artikel im *Star* lasen und sagten mit der für Männer typischen schenkelklopfenden Fröhlichkeit Sätze wie: »Schick sie nur zu mir, ich werd es ihnen schon besorgen!« Die Zahl der »wilden Mädchen«, die für Sex zahlen wollen, ist gewiß äußerst klein im Vergleich zu den Scharen von Männern, die das tun. Doch im postfeministischen Großbritannien der neunziger Jahre scheint es tatsächlich ein immer häufiger werdendes Problem zu sein, daß Frauen sexuell kurzgehalten werden. Ja, ich sagte kurzgehalten! Das überrascht Sie? Mich auch.

Ich frage mich: Meine Herren, was ist los? Jahrhundertelang haben wir von eurem unkontrollierbaren Geschlechtstrieb gehört, doch jetzt, wo wir auf den Geschmack gekommen sind, geht rein gar nichts mehr. Was ist passiert? Hat es den allzeit bereiten Liebhaber überhaupt jemals gegeben, oder sind allein die Wünsche der Frauen die Ursache dafür, daß bei den erwachsenen Männern tote Hose herrscht? (Vielleicht hat es Havelock Ellis, der Sexualwissenschaftler aus der grauen Vorzeit am Anfang des Jahrhunderts, schon früher geahnt, als er feststellte, daß ein »gewisses Ausmaß an weiblicher Zurückhaltung« notwendig sei, damit ein Mann einen hochkriegt.) Wohin ist er entschwunden, der biologische

Drang, alle Frauen dieser Welt zu schwängern? Ist Neandertalersex in den neunziger Jahren out? Ist es den Männern zu blöd geworden, für den Fortbestand der genetischen Linie zu sorgen, oder hat die »postfeministische Freia mit ihrer schraubstockartigen Vagina und ihrem Sex-Terminkalender, in dem das nächste Opfer schon verzeichnet ist« schuld daran, daß ihnen die Luft ausgegangen ist? Ist der Geschlechtstrieb konjunkturbeständig, oder unterminiert die Furcht vor dem Wegrationalisiertwerden diese vitalen Bedürfnisse (weil sie Angst haben, einen weiteren Arbeitslosen oder jugendlichen Herumtreiber in die Welt zu setzen)? Oder liegt es an den Chemikalien, die aus dem Essen oder dem Verpackungsmaterial in unser Blut gelangen und Männer zu Frauen machen, während Frauen anscheinend männlicher werden? Wie die Schreiberin des obigen Briefes sagt: keiner scheint eine Antwort darauf zu wissen.

Doch vielleicht liegt es auch daran, daß diese Fragen noch nie zuvor gestellt worden sind. Die Männer würden uns natürlich lieber in dem Glauben lassen, sie seien noch immer die schwanzschwingenden, nicht zu bremsenden Sexmaschinen einer vergangenen Ära. Doch nun plaudern die Frauen alles aus: Aus Statistiken einer britischen Beratungsorganisation geht hervor, daß von den Männern, die Hilfe wegen sexueller Probleme suchten, nur vier Prozent über Lustlosigkeit klagten (im Vergleich zu fünfzig Prozent der Frauen). Doch nach Angaben der Psychotherapeutin und Autorin des Buches *»What to do When He Has a Headache«*, Janet Wolfe, ist es in fünfzig Prozent der Fälle die Frau, die darüber klagt, daß ihr Partner das Interesse am Sex verloren hat. Sie führt auch eine für die amerikanische Zeitschrift *Redbook* durchgeführte Umfrage unter hunderttausend verheirateten Frauen an, bei der achtunddreißig Prozent von ihnen meinten, sie hätten nicht oft genug Sex. Dies könnte ein ganz neues kulturelles Phänomen sein – vielleicht ist es aber auch so, daß es das immer schon gegeben hat, die Frauen aber erst jetzt zu vergleichen beginnen, so daß die Wahrheit ans Tageslicht kommt. Natürlich könnte es unsere Nemesis sein, eine Art göttliche Vergeltung: Die Männer sitzen da und denken: »Sie will Gleichheit, die hat sie nun – und ich habe Kopfschmerzen.« Was immer auch die Gründe dafür sind, ich war ehrlich überrascht, mehr und mehr Briefe von Frauen zu bekommen, in denen sie klagten, im Bett nur kurzgehalten zu werden. Anfangs dachte ich, das seien nur die Ergüsse einiger zügelloser, vergnügungssüchtiger alter Mädchen. Doch dann kamen immer mehr derartige Briefe herein: Frauen wollten mehr Sex, sie bekamen nicht genug davon von den Männern in ihrem Leben.

Wollen wilde Mädchen wirklich mehr?

Zuerst beachtete ich diese »Ich-will-mehr«-Briefe nicht allzusehr. *For Women* ist eine Zeitschrift über Sex, und es ist zu erwarten, daß der vermehrt an Sex interessierte Teil der weiblichen Bevölkerung sie kauft und sich vielleicht über zu wenig Sex beklagt. Doch Beweise aus anderen Quellen schienen darauf hinzudeuten, daß auch andere Frauen ein Problem damit hatten.

Einen ersten Hinweis lieferte eine Umfrage, die ich für die nicht mehr existierende Frauen-Wochenzeitschrift *Me* im März 1994 ausarbeitete. Zwei der Fragen lauteten: »Wie oft möchten Sie Sex?« bzw. »Denken Sie, Sie bekommen genug?« Über tausendsechshundert Frauen antworteten; zweiunddreißig Prozent erklärten, sie wollen mehr Sex als ihr Partner, und achtundzwanzig Prozent waren der Ansicht, sie hätten zu wenig. Zugegeben, das ist nicht die Mehrheit, aber immerhin mehr als ein Viertel – und diese Frauen waren vermutlich keine so »wilden Mädchen« wie die durchschnittliche *For-Women*-Leserin.

Ungefähr zur gleichen Zeit las ich Susan Quilliams Buch *Women on Sex*. Und siehe da – über zwei Drittel der von ihr befragten Frauen gaben an, Sex sei bei ihnen Mangelware. Eine Frau erzählt eine Geschichte, die derjenigen unserer Briefschreiberin recht ähnlich ist, über einen Partner, der so desinteressiert ist, daß sie oft den Reißverschluß seiner Hose öffnen, ihn erregen und sich auf ihn setzen mußte – auch wenn er dabei lachte.

Ich hörte nun von überallher derartige Geschichten.

Im Sommer 1995 arbeitete ich an der Gestaltung der Pilotsendung für eine neue Talkshow mit. Das Thema war: »Monogamie – funktioniert das?« Die Leute, die das Programm zusammenstellten, hatten gehofft, daß Paare kommen und über ihre Beziehung sprechen würden. Doch die Männer sagten ab und ließen die Frauen ihre Geschichten unzensiert vorbringen. Die drei Frauen, alle etwas über Zwanzig, um die sich die Show drehte, erzählten drei verschiedene Geschichten. Die eine war antimonogam und konnte den Gedanken an eine Beziehung, die länger als drei Monate dauerte (meistens waren sie kürzer), nicht aushalten, und auch während dieser Beziehungen beharrte sie auf ihrem Recht, mit anderen Männern zu schlafen. Sex werde nach längerer Zeit mit einem Mann fad, sagte sie, und das sei ein Stimulans, das bei ihr gut funktioniere. Eine andere Frau, deren derzeitige Beziehung seit sechs Monaten andauerte, war beunruhigt, weil ihr Freund nicht annähernd so oft Sex wollte wie sie. Um weiterhin eine monogame Beziehung zu ihm aufrechterhalten zu können, wollte sie diesen Zustand beseitigen. Sie versuchte, ihn diesbezüglich festzunageln, doch er wollte sich »nicht dazu äußern«. Sie war auf allen

Ebenen frustriert. Die dritte Frau lebte seit ungefähr sechs Jahren in einer Beziehung, und sie wünschte sich sehnlichst, daß sie funktionierte. Ihr Partner sei »der netteste Kerl, den sie je kennengelernt hatte«. Wenn sein Verlangen gegen Null absackte, war sie ärgerlich; doch sie war bereit zu warten, bis auch er endlich wieder einmal mehr wollte. Und irgendwann einmal war es auch wieder soweit. Drei Geschichten über Monogamie – oder nicht, je nach Fall –, jedenfalls drei nicht besonders geschickt getarnte Geschichten von Frauen, die mehr Sex wollten. Diese Frauen sagten nichts von intimen Dinners bei Kerzenschein, von der Notwendigkeit, die gleiche politische Anschauung wie der Partner zu haben oder die Marke seines Lieblingspuddings zu kennen. Sie sagten, Monogamie sei nicht an sich schlecht, sondern nur dann, wenn sie dazu führt, daß sie nicht genug Sex bekommen.

Sogar Justine Frischmann, die Popsängerin und Freundin von Damon Albarn (das ist der hübsche Leadsänger der beliebten britischen Popgruppe Blur), sagte über ihren singenden und tanzenden Liebhaber, er habe den geringsten Geschlechtstrieb von allen Jungen, die sie je getroffen habe. Die Phantasie einer Million junger Frauen wurde nun von dem Gedanken beflügelt, gerade sie könnten die Richtige sein, diesen Trieb zu stimulieren. Das Problem der versickernden männlichen Regungen ging auch nicht unbemerkt an der Presse vorüber. Im Dezember 1995 veröffentlichte die britische Zeitschrift *New Woman* einen Artikel zu dem Thema, und am Anfang des folgenden Jahres erschien in dem Teenie-Magazin *more!* eine Ich-Erzählung eines jungen Mannes, der erklärte, warum er nicht immer in Stimmung war, wenn seine Freundin Hand an ihn legte. Sogar in der Qualitätszeitung *Independent* erschien ein kurzer Beitrag, in dem bestätigt wurde, daß der männliche Geschlechtstrieb

ein Opfer der Rezession im Großbritannien der neunziger Jahre geworden ist.
Ich schrieb im Sommer 1995 auch eine Serie für den *Daily Star* unter dem Titel »Das Geschlechtsleben anderer Leute«. Das war im wesentlichen eine Art wöchentlicher Bericht über das Geschlechtsleben eines Paares von seiner und ihrer Warte aus gesehen. Eine der Fragen lautete: »Wie oft pro Woche haben Sie Sex? Männer und Frauen antworteten jeweils recht unterschiedlich. Meist (nicht immer) tendierte der Mann zur Angabe einer höheren Zahl (was recht seltsam ist, da sie es ja offensichtlich miteinander tun!), verräterisch war aber, daß die Frauen ihre Zahlenangabe »x-mal pro Woche« stets mit dem Zusatz »wenn ich Glück habe« versahen. Vielleicht meinten sie es spaßig, doch ein Körnchen Wahrheit mag durchaus darin liegen ...
Mit je mehr Frauen ich über dieses »Mangelsyndrom« sprach, um so mehr Geschichten über Sex, der ihnen verweigert wurde, bekam ich zu hören. Doch sie schlossen stets mit »aber ich bin eine Frau mit großen sexuellen Bedürfnissen«. Als ob sie irgendeine seltene oder vom Aussterben bedrohte Spezies wären.

Nimm's wie ein Mann

Nun waren das alles ganz verschiedene Frauen – eine Leserin eines Boulevardblattes ist sicherlich eine andere als die Leserin einer Frauenzeitschrift oder eines Sexheftes. Sie gehört auch nicht unbedingt zu diesem großstädtischen Typ, der bereit ist, alles in einem Fernsehstudio auszuplaudern. Sie ist auch kein Popstar. Doch sie sagten alle ähnliche Dinge, und das legt doch die Annahme nahe, daß sich etwas verändert hat. Nicht, daß alle Frauen mehr Sex wollen. Viele scheinen ganz zufrieden zu sein mit dem, was sie bekommen, manche wollen weniger und manche sind glücklich darüber, keinen zu haben. Das ist alles ganz in Ordnung. Es ist nicht meine Aufgabe, Frauen dazu zu bringen, sich unnormal zu fühlen, weil sie kein großes Bedürfnis danach haben, oder Männern ein schlechtes Gewissen zu machen, weil sie keine triebbesessenen Tiere sind. Doch ich erkenne einen Trend, einen, über den Männer offensichtlich Stillschweigen bewahren und der nicht mit der herrschenden sexualwissenschaftlichen Denkrichtung übereinstimmt, die postuliert, daß Männer biologisch dazu konditioniert sind, ihre »Saat wo weit wie möglich zu verbreiten« und daß Frauen die passiven Dulderinnen dieses Dranges sind.

Wenn das nun ein derartiger evolutionsbedingter/biologischer Drang ist, wie kommt es dann, daß die Frauen ihr Nähzeug weglegen und statt dessen den Männern an die Wäsche gehen? Wenn sie das passive Weibchen ist, wie kommt es, daß der Mann nun gejagt wird, anstatt selber zu jagen? Die Anhänger dieser biologistischen, evolutionären und sexualwissenschaftlichen Denkrichtung werden nun sagen, das sei allein die Schuld der Frauenbewegung. Die Frauen wären eben »maskuliner«. Doch die Männer schlüpfen nicht mit einem Schild mit der Aufschrift »Jäger« um den Hals und einer Nummer des Playboy unter dem Arm aus der Gebärmutter. Und Frauen werden nicht dazu geboren, ein Höschen mit Schlitz zu tragen und gejagt zu werden. Ein derartiges Verhalten ist kulturbedingt. Männer haben kein exklusives Jagd-, Fischerei- und Begattungsrecht. Doch sie haben die nötigen Mittel, um uns glauben zu machen, sie hätte es. So gesehen haben die Biologen, Evolutionstheoretiker und Sexualwissenschaftler recht, wenn sie behaupten, durch ihre »Maskulinisierung« (was grob übersetzt bedeutet, daß Frauen nun vermehrt über die Unabhängigkeit verfügen, für die wir gekämpft haben und die die Männer immer schon hatten) würden Frauen mehr und mehr traditionell männliches Verhalten annehmen.

Um auf Susan Quilliams Studie zurückzukommen: Aus ihr geht auch hervor, daß achtzig Prozent der Frauen, denen Sex verweigert wurde, negativ auf diese Zurückweisung reagierten: Die Frauen fühlten sich »zurückgestoßen ... verletzt ... zornig ... beschämt ... frustriert«.

Eine »wurde wütend und kriegte einen Koller«, eine andere »führte sich auf wie ein verzogenes Kind«, und eine dritte »schmiß ihn hinaus, als Tage zu Wochen wurden«. Wenn du nicht mit mir schläfst, dann ... Klingt das bekannt? Es ist die Art von Verhalten, das normalerweise die Männer stolz an den Tag legen –, eines, das dem häuslichen Klima kaum zuträglich sein dürfte –, das aber immer mehr Frauen nun auch im Repertoire haben.

Niemand sollte einen anderen Menschen mittels Druck zu sexuellen Aktivitäten anhalten, doch hat nicht die sexualwissenschaftliche Denkrichtung das Dogma von der aggressiven Sexualität und den unkontrollierbaren, unbedingt zu befriedigenden Trieben der Männer aufgestellt und beharrt immer noch darauf? Es sind aber auch die Sexualwissenschaftler in ihren weißen Kitteln, die die Wissenschaft bemühten, um uns zu zeigen, daß Männer und Frauen offenbar die gleichen physiologischen Phasen von Erregung, Plateau, Orgasmus und Auflösung durchmachen und daß der Körper bis zu vierundzwanzig Stunden braucht, um in den unerregten Normalzustand zurückzukehren, wenn der Orgasmus übersprungen wird. Wie gehen sie nun mit der »passiven« Frau um, die aktiv wird oder sich auf die Theorie beruft, um zu zeigen, daß auch sie sexuell befriedigt werden muß, um nicht krank zu werden (ja doch, diese alte Leier!)?

In einer Gesprächsrunde aus acht zufällig ausgewählten jungen Frauen, die (als Teil einer Studie für eine neue Zeitschrift, bei der ich mitarbeitete) über Orgasmus diskutierten, beschrieb eine, wie zornig sie sei, wenn ihr Partner sie erregte, seinen Orgasmus hatte und sich dann zurückzog. Sie drückte es so aus: »Ich denke mir: nun komm zurück und mach fertig, was du angefangen hast!« Eine andere beschrieb, wie zornig und frustriert sie sich fühle, wenn sie keinen Orgasmus habe, »so als ob ich die nächsten vierundzwanzig Stunden am prämenstruellen Syndrom leiden würde«. Ungefähr dies drückte auch eine *For-Women*-Leserin aus, die mir sehr besorgt schrieb, ihr Mann habe gesagt, sie sei eine sehr egoistische Frau, weil sie so oft kommen wolle wie er. Sie erklärte:

Ich mag es nicht, wenn ich so stark stimuliert werde und dann nicht komme, denn mein Körper ist dann tagelang erregt, und ich hasse das. Ich möchte wissen, ob ich wirklich so egoistisch bin, wie die Männer sagen?

Natürlich nicht. Die »passive« Frau dreht mit Vergnügen einmal den Spieß um. Vielleicht würde das auch der »aggressive« Mann gerne tun?

Angebot und Nachfrage

Wenn manche Frauen weniger Sex bekommen, als sie möchten, liegt das nun daran, daß Männer plötzlich lustlos werden oder Frauen plötzlich mehr wollen? Die Sexualwissenschaft kann keine Antwort auf diese Frage liefern, denn sie sagt wenig oder nichts darüber aus, was außerhalb des Schlafzimmers geschieht. Gleichheit der Geschlechter besteht nicht darin, daß beide Partner die gleichen vier Phasen des »menschlichen Reaktionszyklus« nach Masters und Johnson durchmachen, sondern in kultureller, wirtschaftlicher und gesellschaftlicher Gleichheit. Frauen stellen nun fünfundvierzig Prozent der Arbeitskräfte in Großbritannien (oft in schlecht bezahlten und/oder Teilzeitjobs, aber nicht immer). Das heißt, daß fünfundfünfzig Prozent der Männer im Berufsleben stehen; doch viele Männer tun das nicht, haben einen unsicheren Job oder sind mit einer neuen Arbeitsweise konfrontiert (z. B. Teilzeit oder zu Hause). Den Arbeitsplatz auf Lebenszeit gibt es nicht mehr, es bilden sich neue Arbeitsformen. Vielseitigkeit ist gefragt, angefangen von der Ausbildungszeit bis zum Hochklettern der Karriereleiter in dem gewählten Beruf. Wer seine beruflichen Strategien den Anforderungen der Mitte der neunziger Jahre anpassen kann, hat eine bessere Chance – wirtschaftlich und sexuell.

Psychiater haben ein neues Syndrom identifiziert: den Geschlechterrollenstreß! Manche Männer machen sich offenbar krank, weil sie an ihrer alten Rolle als Familienerhalter, Karrierewunder und Jäger festhalten. Streß verursacht bekanntlich unter anderem Libidoverlust. Nun begrüßen die meisten Männer durchaus das vom Feminismus aufgebrachte Konzept (und die Realität) der Geschlechtergleichheit, denn es bedeutet, daß sie nur die Hälfte des Abendessens bezahlen müssen und trotzdem bumsen können. Sie begrüßen das Konzept der sexuell mündigen Frau, die verlangt, was sie will, denn es nimmt ihnen die Verletzlichkeit, die mit einer eventuellen Zurückweisung und der Pflicht, herauszufinden, was die Frau im Bett will, verbunden ist. Eine der häufigsten Männerphantasien – und auch das Thema vieler gängiger Männer- und Pin-up-Zeitschriften – ist es, von einer Frau verführt zu werden. Geschlechtergleichheit? Ja bitte! Doch womit viele Männer Probleme zu haben

scheinen, das ist die wachsende wirtschaftliche Unabhängigkeit der Frauen. Das scheint ihre Standfestigkeit zu untergraben.
Deshalb also wollen die Männer weniger Sex? Nicht unbedingt, doch es könnte sich möglicherweise bei *manchen* Männern so auswirken (anscheinend bei den jüngeren, nicht bei den in den sechziger Jahren aufgewachsenen, über Vierzigjährigen). Hole ich nun das alte Argument »Männer-fürchten-sich-vor-starken-Frauen« aus der Schublade, um die Lustlosigkeit mancher Männer zu erklären? Nein, ich will vielmehr sagen, daß wirtschaftliche Ursachen Veränderungen zwischen Männern und Frauen forcieren und daß diese begreiflicherweise auch Auswirkungen auf das traditionelle Sexualverhalten haben können. Laut Angaben der Gleichbehandlungskommission werden bald mehr Frauen als Männer im Arbeitsleben stehen (obwohl erstere immer noch um zwanzig Prozent weniger als die Männer verdienen). Doch nun, wo die Frauen wirtschaftlich unabhängiger werden und auch mehr Selbstbewußtsein haben, um zu verlangen, was sie wollen, werden sie auch allmählich mehr zu sagen haben. Sowohl Männer als auch Frauen müssen sich an diese Veränderungen gewöhnen. Manche Männer stehen auf unabhängige Frauen, manche nicht. Manche Frauen wollen auch nicht unbedingt die Verantwortung, die mit größerer Unabhängigkeit einhergeht. Es ist für beide nicht immer einfach, und Veränderungen sind manchmal unerwünscht, beängstigend, verwirrend – manchmal aber auch gewinnbringend für beide.
Man bedenke: Da Frauen imstande sind, sich selbst zu erhalten, brauchen sie keinen Mann mehr dazu. Ich würde meinen, das ist positiv für beide. Frauen gehen auswärts einer Arbeit nach, so haben sie mehr Möglichkeiten, andere Männer zu treffen, und mehr Möglichkeiten zu Sex. Das be-

inhaltet meiner Meinung nach ebenfalls ein positives Potential für beide Geschlechter.
Natürlich haben Frauen ein besonderes, begründetes Interesse an diesen Veränderungen – denn mit ihnen bekommen sie ein Leben. Sie haben den Fuß in der Tür – und verschaffen sich auch vermehrt Zutritt. Frauen fühlen sich bestätigt und ermutigt von der Zufriedenheit oder Unzufriedenheit anderer Frauen (sei es am Arbeitsplatz, in der Küche oder im Schlafzimmer). In diesem Sinn kann man sagen, daß Frauen mehr Sex (und besseren Sex) wollen, weil Frauen jetzt die Mittel haben, ihre Bedürfnisse durchzusetzen. Das macht alles so neu und auch aufregender. Die Männer könnten davon profitieren – doch manche weigern sich hartnäckig. Das wirft notwendigerweise die Frage auf: warum?
Einige werden sagen, Sex sei die Waffe der Männer – die benützt oder niedergelegt wird, wenn es nicht nach seinem Geschmack läuft. Das kann sich als sexuelle Gewalt oder als sexuelle Verweigerung äußern. Wenn ein Mann glücklich mit dem sexuellen Verhaltensmuster ist, das ihm Sexualwissenschaftler und Evolutionstheoretiker vorgeben, ändert er es wahrscheinlich nur widerstrebend. Er will der sexuell Aktive sein und schreckt davor zurück, in eine »passive« Rolle zu schlüpfen, da er sich dann nicht mehr als Mann fühlen würde. Hat er dazu noch Sorgen bezüglich der Sicherheit seines Arbeitsplatzes und Schwierigkeiten dabei, sich mit einer neuen beruflichen (und/oder) sexuellen Identität abzufinden, ist er höchst verletzlich und unsicher bezüglich seines Verhaltens. Wenn man seine Identität aus seiner beruflichen Stellung bezieht und dann entlassen wird, Arbeitszeitkürzungen hinnehmen muß oder der Betrieb keine Aufträge mehr hat, dann könnte Pamela Anderson an seinem Schwanz knabbern – das würde ihn zwar seine Probleme für einen Moment vergessen lassen, aber nicht für lange. Wenn

Pamela bei ihm lebte, ihn in Atem hielte und ihn ständig daran erinnerte, daß sie eine Multimillionärin ist, während er gerade entlassen oder von seinem Chefsessel vertrieben wurde, dann würde er ihr wahrscheinlich auch mit »heute nicht, Pamela, ich habe Kopfschmerzen« absagen. Er würde diesen Stand der Dinge natürlich nicht der Öffentlichkeit preisgeben – wahrscheinlich würde er seinen Kollegen erzählen, er hätte es Pamela richtig besorgt. Doch Pamela hätte vielleicht etwas anderes zu sagen.

Wie besorgt man es einem Mann?

Es gibt natürlich keine so simple Korrelation zwischen der Wirtschaftslage und der Geschlechterbeziehung. Doch man kann dazu stehen wie man will, Feminismus, unsichere Wirtschaftslage und Rezession haben gehörig an der Fassade des traditionellen Sexualverhaltens gekratzt. Es ist gewiß keine Übertreibung zu behaupten, daß die Mehrheit der Männer heute sexmüde ist. Sicherlich werden jetzt landauf, landab die Männer ihre Gegenargumente vorbringen, um mir zu beweisen, daß sie sehr wohl in der Lage sind, eine Frau zu verwöhnen. Damit aber haben sie sich schon die längste Zeit gebrüstet – aber wenn nun die Männer so verschwenderisch Freude spenden, wie kommt es dann, daß so viele Frauen ein klaffendes Loch in dieser Argumentation finden? Unklar ist auch, wie die Frauen nun damit umgehen sollen.

Sehen wir uns an, was die Experten zu diesem Thema wissen:

Es überrascht wohl kaum, daß traditionelle Ratgeber vergleichsweise wenig über den geringen oder sinkenden männlichen Geschlechtstrieb zu sagen haben. Fast so, als ob

es das nicht gäbe. Der führende Experte Dr. David Delvin schreibt in seinem Buch *How to Improve Your Sex Life* (New English Library, 1983), Libidoverlust bei Männern sei »in der Liste der in psychosexuellen Kliniken beobachteten Störungen recht gut vertreten«. Ich zweifle keinen Augenblick daran. Wenn es das Phänomen bis in die Sexbücher schafft, wird ihm ein kleiner Prozentsatz der Aufmerksamkeit geschenkt, der weiblicher Lustlosigkeit immer schon gezollt wurde. In dem von Dr. Philip Cauthery, Dr. Andrew Stanway und Faye Cooper herausgegebenen Ratgeber *The Complete Guide to Sexual Fulfillment* (*Your Questions Answered*, Vermillion, 1992) findet sich ein kurzes Kapitel mit der Überschrift »Männer, die Sex vermeiden«. Darin erklären die Autoren, daß Männer durch ihr (weitgehend unbewußtes) Frauenbild als »reine« oder »strafende« Wesen (die alte Zweiteilung Madonna – Hure) von sexuellen Aktivitäten abgehalten werden. Diese unbewußten Ängste können beim Sex Besitz von einem Mann ergreifen und an die Oberfläche kommen, besonders wenn »die Frau spöttisch oder emotional aufgewühlt ist und ihm vorwirft, sie nicht zu lieben oder zu begehren«. Die Autoren erklären weiter: »Auch wenn sich die Frau gut benimmt, so wie das die meisten tun, kann der Mann so aufgebracht sein, daß er fast alles, was sie sagt, gegen ihn interpretiert.« Wir bekommen keine brauchbare Antwort darauf, was mit sexverweigernden Männer zu tun ist. Aber wir erfahren zwischen den Zeilen, daß lustlose Männer einfach psychisch gestört oder das Resultat von schlechtem Benehmen der Frau sind. O je.
Etwas weiter hinten finden wir in dem Buch auch ein Kapitel über »Libidoverlust«, das eine Art Einheitsgeschlecht behandelt. Es wird nicht großartig zwischen Männern und Frauen unterschieden; und wir erfahren, daß unser Geschlechtstrieb »etwa das gleiche Niveau« aufweise, mit

freundlichen Grüßen bereitgestellt vom männlichen Hormon Testosteron, das wir aber »in unterschiedlichem Ausmaß unterdrücken oder hemmen«. Es wird auch ein wenig darüber geplaudert, wie schwierig es sei, von Normen beim Geschlechtstrieb zu sprechen, da wir nicht wissen, was normal ist und was nicht – deshalb sollten wir uns nicht darum kümmern. Manche junge Männer brächten es auf zehn Orgasmen pro Tag, und manche fünfzigjährige Männer seien »sexuell so aktiv wie Zwanzigjährige«. Eine Diskussion über den weiblichen Geschlechtstrieb bringe noch »Besorgniserregenderes« ans Tageslicht, lesen wir, da »einige, die nicht besonders neurotisch zu sein scheinen, sagen, sie könnten zwanzig Orgasmen pro Tag haben«. Wie? Und ich dachte, »sexuell aktive Frau = neurotisch« sei ein Konzept des neunzehnten Jahrhunderts, nicht eines aus den neunziger Jahren unseres Jahrhunderts. Wie sehr man sich irren kann. Die Autoren teilen uns mit, die weibliche Kapazität an sexueller Genußfähigkeit sei »fast unbegrenzt«, und wir als Inhaberinnen dieses enormen Lustkapitals könnten diese Fähigkeit auch *ausbeuten*, wie sie in Kursivschrift anmerken. Darf man uns überhaupt lebend auf die Menschheit loslassen?

Nun, anscheinend nicht. Wir erfahren aus diesem Buch nicht viel darüber, was konkret mit einem Mann zu tun ist, dessen Libido offensichtlich im Fundbüro abgeben wurde. Aber wir finden allgemeine Ratschläge für »Paare«, unter anderem dafür, wie man sein Leben »erotischer« gestalten kann. Dazu gibt es ein lehrreiches Bild, das einen Mann zeigt, der die Autotür für seine Beifahrerin öffnet – diese spreizt die Beine und hat anscheinend vergessen, eine Unterhose anzuziehen. In der Bildunterschrift wird uns mitgeteilt: »Dadurch, daß sie sich absichtlich oder ›zufällig‹ entblößt, macht diese Frau ihr Leben gewiß erotischer. Darüber hinaus wird dadurch gewährleistet, daß er ihr in Zukunft die Wagentür öffnet.« Ja, gewiß! Aber ich weiß nicht, warum sich eine Frau, die ihre Vulva in einem Volvo entblößt, wünschen sollte, daß ihr Partner in Zukunft die Wagentür für sie öffne.

Fassen wir zusammen: Wenn wir die schlafenden Triebe eines Mannes wecken wollen, dürfen wir uns nicht schlecht benehmen, aber wir dürfen uns beim Aussteigen aus dem Auto zwischen die Beine schauen lassen. Wir sollten nicht spöttisch sein, und wenn wir es auf zwanzig Orgasmen pro Tag bringen, obwohl wir nicht neurotisch aussehen, sollten wir uns davor hüten, unsere grenzenlosen sexuellen Fähigkeiten auszuschlachten. Aber was ist, wenn wir überhaupt keinen Sex bekommen? Da könnte das alte Problem der ungleichen geschlechtlichen Bedürfnisse dahinterstehen – ein offenbar hartnäckiger Zustand, dem aber abgeholfen werden kann, indem die Frau auf alle ihr nur mögliche Weise versucht, ihren Mann zu erregen (das gemeinhin unter der Bezeichnung »Blow-job« bekannte Verfahren ist eine häufig empfohlene und erfolgversprechende Methode). Die Autoren des *Complete Guide to Sexual Fulfillment* schlagen auch vor, den Mann von Zeit zu Zeit zu verführen oder für ihn zu strippen, wobei »per Kassettenrecorder im Schlafzimmer Musik, die Sie beide mögen«, verwendet werden sollte. Interessant!

In seinem Buch *How to Improve Your Sex Life* nennt Dr. Delvin als häufigste Ursachen für Libidoverlust bei Männern Depressionen, Überarbeitung, Streß, Schwinden der Liebe zur Partnerin oder die Tatsache, daß »sich die Partnerin hat gehen lassen und (zum Beispiel) dick oder auf andere Weise unattraktiv geworden ist«. Überraschenderweise wird diese Vermutung nicht auch umgekehrt formuliert und als Grund genannt, warum Frauen ihrer Männer überdrüssig werden.

Männer glauben offenbar ernsthaft, Sex mit ihnen habe nichts mit ihrem Aussehen zu tun. Und für manche Frauen scheint das tatsächlich so zu sein, denn warum würde sonst manch gutaussehende Frau ausgerechnet mit einem bierbäuchigen Gorilla schlafen? Doch abgesehen davon wird auch Überarbeitung nicht als Grund für weibliche Lustlosigkeit genannt, obwohl diese oft als Begründung für die Verweigerung der Männer herhalten muß. Auch ist nichts davon zu lesen, daß Frauen verdammt hart arbeiten – zu Hause, am Arbeitsplatz und in den meisten Fällen an beiden Orten. Hingegen weist Dr. Delvin darauf hin, daß für Freudsche Psychiater das Haus ein Symbol für die Vagina ist. Wenn eine Frau umzieht und das neue Heim nicht wirklich mag, »kann sie das in Form mangelnden Interesses an ihrer Vagina ausdrücken«. Ja, das ist es! Und bei Männern äußert es sich als Mangel an Interesse an ihrem Penis, wenn sie genug davon haben, mit der U-Bahn durch dunkle Tunnels zu fahren. Na bitte.

An anderer Stelle erklärt Dr. Delvin (wie das auch andere Sex-Experten tun), Müdigkeit, übermäßiger Alkoholgenuß, Drogen, Hormonprobleme, Krankheiten und Medikamente seien mögliche Gründe für das sexuelle Desinteresse eines Partners. Okay, all das kann natürlich tatsächlich hinter dem dahinsiechenden Geschlechtstrieb des Partners stehen. Aber was dann, wenn diese Liste abgehakt und nichts Passendes gefunden wurde? In dem Buch *Sexual Happiness for Men* von Maurice Yaffé und Elizabeth Fenwick (Dorling Kindersley, 1986) lesen wir, es könne schwer für eine Frau sein, zu verstehen, wie verwundbar Männer auf sexuellem Gebiet sind, da Sex sooft unter dem Gesichtspunkt Jäger und Beute betrachtet werde. Absolut richtig. Doch was sollen wir angesichts dieser Sachlage nun tun? Laut Yaffé und Fenwick müssen wir den Männern ihre überragende Tüchtigkeit im

Schlafzimmer bestätigen und auch bereit sein, die sexuelle Verantwortung gelegentlich zu teilen. Aber wir sollten nicht »zudringlich oder aggressiv sein … denn das sind für die meisten Männer noch immer negative Eigenschaften bei einer Frau«. Wir dürfen also die sexuelle Verantwortung »gelegentlich« teilen, aber wir sollten unsere Wünsche nicht allzu offen äußern.

Die bei Sex-Experten beliebteste Ursache für sinkendes sexuelles Interesse ist Langeweile. Die ist leicht zu behandeln. Der Experte verschreibt eine Diät aus neuen und erregenden Positionen, Szenarien, Phantasien, Reizwäsche, Sexspielzeug, schwanzschmeichelnden Lotionen und erotischer Massage. Diese Kombimethode bringt oft tatsächlich ein ermattetes Geschlechtsleben wieder auf Vordermann, eröffnet ein neues Repertoire an Möglichkeiten und macht eine offensichtlich uninteressante Person wieder sexy. Aber wenn die allererotischste Massage und die allerexotischste Position sein Interesse auch nicht wiedererweckt, was dann? Dann müssen Sie darüber *sprechen*, sagen die Sex-Experten.

Mangelnde Mitteilsamkeit auf der Matratze

Und wenn der Typ partout nicht darüber sprechen will? Ich werde die »Männer-scheuen-Intimität-und-können-nicht-über-ihre-Gefühle-sprechen«-Theorie nicht aus dem Kasten holen, denn die ist schon bis zum Überdruß wiedergekäut worden. Außerdem denke ich nicht, daß Männer Angst vor Intimität haben oder nicht über ihre Gefühle sprechen können, nur weil es schon vorkam, daß manche Männer schneller zu handgreiflichem Sex übergehen wollten und bei Frauen die Tendenz beobachtet wurde, ihre Gefühle und Emotionen bezüglich Sex haarklein zu analysieren. Wer das

Gegenteil behauptet, den fordere ich auf, einen Abend mit einem Mann in der Kneipe zu verbringen, der von seiner Freundin gerade den Laufpaß bekommen hat. Aber meiner Meinung nach lassen sich Männer und Frauen in unterschiedlichem Ausmaß auf Psychogelaber ein (das gilt nicht für Amerika; dort scheinen es auch die Männer lastwagenweise zu schlucken). Aus diesem Grund reagieren die Männer wahrscheinlich nicht positiv auf die Diskussionstherapie, wenn sie lieber eine Pizza essen als Sex haben würden. Vor allem: Wenn man darüber spricht, wird die Tatsache ins Licht gerückt, daß er ihn nicht hochbringt oder nicht hochbringen will. Das macht das Problem doppelt so schlimm. Es ist so, als ob in neonfarbener Leuchtschrift aufblinken würde: Seht her, was für ein Schlaffi! Genausogut könnten Sie sein runzliges Glied auf Plakatgröße vergrößeren und mit dem Begleittext: Hallo, Jungs, könnt ihr es besser? an die nächste Litfaßsäule kleben. Doch diese Art sanfter Überredungstaktik würde vielleicht nur den Jünglingen zu später Schadenfreude verhelfen, die in der Schule ständig »frigide Schreckschraube« oder »zugenähtes Loch« hinter einem herriefen, weil man ihnen nicht erlaubte, ihre Hände in unsere Jeans oder unter unseren Pullover zu stecken – sie wird aber kaum unser aktuelles Problem lösen, wie wir mehr Sex bekommen.

Natürlich sollten Frauen nicht hingehen und zu ihrem Mann sagen: »Mach dir keine Gedanken, Schatz, es ist mein Fehler, nicht deiner«, denn das macht Männer noch selbstgefälliger, als sie ohnehin schon sind. Eine Frau sollte sich niemals dafür verantwortlich fühlen, daß er dem Fernsehprogramm mehr Aufmerksamkeit als seinem Geschlechtsleben widmet. Ich sage das, weil Frauen die masochistische Tendenz haben, die Schuld bei sich zu suchen. Wir denken: »Ich bin nicht sexy genug … Ich bin nicht gut im Bett … er hat eine andere.« (Ja, ja, wir bekennen uns der Emotionalität, der Vorwürfe und des Spottes schuldig, wovor uns die Sex-Experten so eindringlich gewarnt haben.) Allerdings ist die Manie des Ausdiskutierens nicht unbedingt immer hilfreich. Ein Mann ist imstande, sich umzudrehen und zu sagen, natürlich sei sie sexy; das ist sein Problem; doch es hat wahrscheinlich den gleichen Zuspruchswert, als wenn eine Frau fragte, wie sie aussehe, und er sagte »fabelhaft«, ohne auch nur den Kopf zu wenden oder von der Zeitung aufzublicken. Genauso wird wahrscheinlich eine Frau, die seine mangelnde Aktivität unterhalb der Gürtellinie diskutieren will, auf eisiges Schweigen stoßen.

Es mag zwar ein für eine ehemalige Kummerkastentante etwas ungewöhnlicher Standpunkt sein, doch ich bin nicht unbedingt eine glühende Verfechterin des Durchkauens von Gefühlen – Probleme zu formulieren, bedeutet noch lange nicht, sie zu lösen. Es wird nur heiße Luft erzeugt. Ausführlich über den Mangel an Länge oder Willen zu sprechen, faßt die Angelegenheit zwar in Worte, paßt aber schlecht zum Selbstbild des starken Mannes. Der Mann in dem Brief am Anfang dieses Kapitels rafft sich zu einem lapidaren »Leben ist Scheiße« auf, wenn sich seine Freundin darüber beklagt, daß sie seinen Motor ständig ölen und mit Treibstoff versehen müsse, um ihn am Laufen zu halten. Er gibt Müdigkeit als Erklärung an – doch er hat keine Lust, eine Dissertation darüber zu schreiben. Sollte er das denn? Die Therapeuten würden sagen: ja, doch würde eine gründliche Analyse des Problems dazu beitragen, es zu lösen? Ich denke nicht, daß es immer hilft. Ich denke sogar, es könnte helfen, nichts zu sagen. Auf diese Weise trägt man dazu bei, die Situation zu normalisieren.

Was schlage ich nun der Schreiberin des »Ich-will-mehr«-Briefes vor? Sollte sie ihrem Partner eine Ohrfeige geben und sagen, er habe geradezu darum gebettelt? Sollte sie es ihm besorgen, egal, ob er es will oder nicht? Nein. Sie sollte aber auch nicht unbedingt sein Verhalten für unnormal halten. Diese junge Frau bekommt Wein, teure Abendessen, Blumen und hat überdies einen Mann, der ihr sagt, er sei Hals über Kopf in sie verliebt, finde sie attraktiv und wolle sich nie von ihr trennen. Und dafür erwartet er nicht einmal Sex. Aber sie nimmt ihm sein geringes sexuelles Interesse übel. Warum? Meiner Meinung nach legt er kein unzumutbares Verhalten an den Tag. Außer man ist ein Verfechter der Idee, Männer müßten pausenlos zu Sex bereit sein. Ich weiß, daß ist kompliziert, denn wir leben in einer Kultur, in der das die vorherrschende Denkrichtung ist – und alle Signale um uns herum geben uns zu verstehen, wir müßten sexuell aktiv sein. Männer, heißt es, wollen immer, und mittels Sex wird unsere Identität als sexuell begehrtes Wesen bestätigt. Diese junge Frau hat Sex (sechsmal in vier Monaten bedeutet nicht gerade eine sexuelle Hungerkatastrophe – auch wenn offenbar überall zu lesen ist, daß besonders in der ersten Zeit einer Beziehung ausschweifende Orgien gefeiert werden sollten). Dieser Mann küßt sie und kuschelt sich ins Bett mit ihr. Sie hat Körperkontakt mit ihm und versteht sich außerhalb des Bettes gut mit ihm. Trotzdem sagt sie, sein offenbar geringes Interesse an Geschlechtsverkehr lege »eine schwarze Wolke über alles«. Sie sagt, sie werde »noch verrückt«, und sie wolle ihm helfen. Sie fügt auch hinzu, sie habe selber keinen starken Geschlechtstrieb. Warum also ist sie so beunruhigt? Warum ist das ein so großes Problem für sie?

Ich bin sicher, ein Teil der Schwierigkeiten stammt vor allem daher, daß die Sprache der Sexualwissenschaft, Evolutionstheorie und Biologie die sexuelle Dynamik durch einander entgegengesetzte, klar abgegrenzte Begriffe beschreibt. Das Männchen der Spezies jagt, nimmt, schwängert, das Weibchen wird gejagt, genommen und geschwängert. Natürlich nimmt diese junge Frau das nicht unbedingt unbesehen hin – es sind schließlich dreißig Jahre Feminismus ins Land gezogen, die die Angelegenheit relativiert und Frauen dazu ermutigt haben, den Sex zu fordern, den sie wollen. Doch diese Frau hat nicht die Art von Sex, die sie sich erhofft hat. Sie akzeptiert vielleicht nicht die Jäger-Theorie, doch sie erwartet von ihrem Freund, daß er »Bedürfnisse« und »Triebe« hat wie jeder normale Mann. Die Entdeckung, daß dem nicht so ist, erschüttert ihr Selbstbewußtsein als Frau.
Wie wir aus den Ratschlägen mancher »Sexperten« herauslesen können, werden darüber hinaus mangelnde oder geringe sexuelle Bedürfnisse bei Männern (wenn sie überhaupt zugegeben werden) oft als etwas hingestellt, für das Frauen verantwortlich sind. Unser »Spott«, unsere »Vorwürfe«, unser »schlechtes Benehmen« oder die Tatsache, daß wir uns zum Beispiel haben »gehen lassen« und »fett und unattraktiv« geworden sind, haben Männer anscheinend lustlos gemacht. Nicht einmal unsere angebliche unerhörte Fähigkeit zu sexuellem Genuß dürfen wir »ausbeuten« – als ob wir die Männer dadurch verhöhnen wollten (und als ob sie uns nie um ihres eigenen sexuellen Genusses willen ausgebeutet hätten). Und doch wird uns in den Frauenzeitschriften gesagt, wie wir unsere Sexualität ausnützen sollten, um zu bekommen, was wir wollen. Sie erklären uns, wie wir einen Mann verführen sollen und wie ihm das gefallen wird, weil das seine Leib-und-Magen-Phantasie ist. Die Männerzeitschriften (die gängige Ware als auch die harten Pornoma-

gazine) scheinen das zu bestätigen. So gesehen wird klar, warum diese Frau das mangelnde sexuelle Interesse ihres Partners als Problem empfindet – und daß sie möglicherweise der Katalysator ist. Sie ist von widersprüchlichen Informationen umgeben.

Sie ist nicht das Problem – aber er auch nicht. Ich könnte ihr raten, die Kombi-Methode zu versuchen. Vielleicht funktioniert sie, vielleicht aber auch nicht. Doch wenn sie so unglücklich mit dem Ausmaß an Sex ist, das sie bekommt, dann wird sie sich am Ende entscheiden müssen, ob sie bei diesem Mann bleibt oder nicht. Sie hat die Wahl. Ich rate ihr nicht, Druck auf ihn auszuüben, da ich nie einer Person empfehlen werde, jemand anderen zum Sex zu zwingen. Wenn er nicht mehr will, dann will er eben nicht mehr. Zwei falsche Verhaltensweisen ergeben nicht plötzlich eine richtige, und dieser Mann sollte nicht für Jahrhunderte männlicher Unterdrückung und Dominanz bestraft werden, wenn sein Verhalten völlig in Ordnung ist. Wenn wir nicht den Mythos von dem unkontrollierbaren männlichen Geschlechtstrieb endlich zerstören, werden Männer und Frauen weiterhin diese »schwarze Wolke« sehen – Männer werden sich unnormal fühlen, und Frauen werden nicht verstehen können, warum der Mann, mit dem sie zusammen sind, nicht die ganze Zeit mit ihnen schlafen will. Die Informationen um uns schaffen Verhaltensnormen, die uns vorgaukeln, es gäbe ein Problem, wenn sie auf unser Leben nicht zutreffen.

Man könnte nun sagen, Männer stellten diese Verhaltensnormen auf, um ihre Privilegien zu sichern, und es sei ihr Fehler, wenn sie ihnen nicht gerecht würden. Man könnte sagen, es liege in ihrem Interesse, diese Normen aufrechtzuerhalten. Ich aber sage, wenn sie diese Normen aufrechterhalten, geben sie sich auch der Lächerlichkeit preis, wenn sie die Latte zu hoch legen. Sollen sie sich doch zum Idioten machen, denken Sie nun vielleicht – doch es wird sich so lange nichts verändern, solange wir nicht den Männern das Recht zugestehen, nein zu sagen oder zu zeigen, daß sie nicht diese allzeit bereiten Sexmaschinen sind. Erst wenn wir eine Umgebung schaffen, in der sexuelle Verhaltensnormen aufgebrochen oder neu definiert werden (eine Umgebung, in der Männer, die nicht immer Sex wollen, nicht als Schlappis und Frauen, die immer wollen, nicht als abnorm angesehen werden), erst dann können wir sagen, daß Sexualität nicht biologisch determiniert, sondern ein fließendes, sich veränderndes Phänomen ist. Erst dann können wir auch damit umgehen, daß ein Mann kein aufblasbarer Plastikphallus auf Beinen ist. Tut mir leid, daß ich schlechte Nachrichten überbringe!

Vielleicht täusche ich mich – doch das Interessante an dem Brief ist, daß der Mann offensichtlich nichts dagegen hat, der »passivere« Partner zu sein und den Steuerknüppel seiner Freundin zu überlassen. Diese Art Lenkung nimmt den Druck von ihm. Seine Partnerin ist keine unersättliche Kreatur, die ihren Freund hohnlachend aufstachelt, um ihr grenzenloses sexuelles Potential auszubeuten, wie uns manche Sex-Experten wahrscheinlich weismachen möchten. Sie ist ganz einfach eine sexuell aktive Frau, die genug Selbstvertrauen besitzt, um die Sache in die Hand zu nehmen und sich zu holen, was sie will. Es gelingt ihr offenbar, ihn zu erregen, denn es ist sehr schwierig, sich eines schlaffen Penis' »zu bemächtigen«. Vor dreißig Jahren würde es einer Frau wahrscheinlich nicht in den Sinn gekommen sein, so etwas zu tun (außer sie wäre dafür bezahlt worden). Hier aber handelt es sich um eine Frau, die sexuell selbstsicher geworden ist und weiß, was sie will. Vor dreißig Jahren hätte es ein Mann wahrscheinlich auch nicht angenehm gefunden (oder er hätte sich gehütet, das zuzugeben), wenn es ihm »besorgt« worden wäre. Hier aber haben wir, scheint es, ein Paar aus der postfeministischen Ära – sie ist sexuell initiativ, und er scheint es zu genießen, das Objekt ihrer Avancen zu sein. Handelt es sich hier um ein Problem oder bloß um ein Mißverständnis? Es ist sicherlich eine Abweichung von herkömmlichen heterosexuellen Verhaltensweisen, doch wahrscheinlich eine notwendige Abweichung, wenn etwas vorwärtsgehen soll.

5 KUMMER MIT DEM KÖRPER

Liebe Jay Kay,
Mein Problem ist vielleicht etwas seltsam, doch es verdirbt mir die Lust auf Sex. Bei mir stimmt folgendes nicht: Meine Schamlippen sind ungleich – die eine ist viel dicker und hängt weiter nach unten als die andere. Ich kann den Gedanken, daß jemand sie berührt oder ansieht, nicht aushalten. Gibt es eine Operation, die ich machen lassen könnte, damit sie symmetrischer werden? Denn im Moment fühle ich mich wie eine Mißgeburt.
Ich habe derzeit eine Beziehung, doch ich mag mit meinem Freund nicht bei Licht schlafen, aber auch wenn es dunkel ist, muß er doch spüren, daß meine Geschlechtsorgane unnormal sind. Was schlagen Sie vor?

Für den Esquire-Bericht 1992 (John Nicolson und Fiona Thompson, Vermillion) wurden mehr als achthundert britische Mittelschichtmänner zwischen achtzehn und fünfundvierzig Jahren gebeten, detaillierte Fragebögen auszufüllen oder an kleinen Diskussionsgruppen teilzunehmen. Eine der Fragen lautete: »Wie ist Ihre Idealfrau?« Vier von fünf Männern der Studie gaben an, eine gute Figur sei das wichtigste bei einer Frau. Aus einer Aufzählung von fünfzehn Eigenschaften war ein hübsches Gesicht das zweitwichtigste Kriterium. An dritter Stelle wurde Humor genannt, an vierter Stelle standen Beine und Augen und an sechster Stelle Brüste, Gesäß und Intelligenz (leg also dieses Philosophiebuch weg, Mädchen!). Am wenigsten attraktiv war eine Frau mit Erfolg und Geld (vierzehnte bzw. fünfzehnte Position).

Diese Attribute wurden als weniger wichtig erachtet als geschmackvolle Kleidung, schönes Haar, ein hübscher Mund und eine passende Größe. In Ordnung, sie sollten ja angeben, wie Ihre Idealfrau beschaffen sein sollte – doch es handelte sich um gebildete, erfolgreiche Männer der neunziger Jahre, Männer, von denen man nicht erwartet hätte, daß sie so großes Gewicht auf Aussehen legten und auch nicht, daß sie Sätze von sich gäben wie zum Beispiel, daß das Potential an Häßlichkeit bei Frauen weit größer sei als bei Männern, wie einer der Befragten verlauten ließ. Dieser junge Mann, dessen kritische Fähigkeiten schärfer als ein Gilette-Rasierer waren, meinte: »Prozentual gibt es weit mehr häßliche Frauen als häßliche, unattraktive Männer ... In der weiblichen Bevölkerung gibt es einige wahrhaftige Monster.« Vielen Dank für die Blumen – der Inhaber eines Gruselkabinetts könnte es nicht besser formuliert haben.

Es verwundert also nicht, daß in einer Umfrage für die Zeitschrift *Me* im Jahr 1994 zwei Drittel der Frauen sagten, am wenigsten sexuelles Selbstvertrauen bezögen sie aus ihrem Körper. Oder daß in der Umfrage *Women on Sex* von Susan Quilliam nahezu fünfundneunzig Prozent der Frauen angaben, sie wünschten, ein Teil ihres Körpers sei anders als jetzt. Frauen hatten schon immer ein getrübtes Verhältnis zu ihrem Körper (insbesondere wenn er beim Sex ganz entblößt wird), und es ist nicht schwer, zu erraten, warum das so ist, wenn wir von unserem ersten Schrei in dieser Welt an immer danach beurteilt werden, ob wir hübsch sind oder nicht, und wenn wir uns von diesem Zeitpunkt an von jedem Mann, mit dem wir in Kontakt kommen, anhören müssen, wen er hübsch findet und warum. Ich komme nicht dahinter, warum Männer denken, Frauen seien ganz versessen auf diese Informationen, aber vielleicht teilen sie uns diese Gedanken mit, damit wir unseren Rang auf der Monsterskala kennen. Oder aber sie haben Freude an Frauen auf Traubendiät oder mit Eßstörungen. Vielen Dank, meine Herren!

Ein Nebenprodukt der umfassenden Informationen und der größeren Offenheit im Bereich der Sexualität ist, daß Frauen neue Komplexe bezüglich ihres Körpers entwickeln. Oder zumindest, daß die Frauen diese nun vermehrt artikulieren, wenn wir voraussetzen, daß es die Komplexe schon immer gab, wie zum Beispiel das Problem der ungleichen Schamlippen. Nicht genug mit der Unsicherheit bezüglich der Größe unseres Bauches, der Länge unserer Oberarme, des Umfangs unseres Hinterns und unserer Brust – wir haben jetzt neue Sorgen: unsere Geschlechtsorgane.

Nun ist angesichts der unrealistischen Maßstäbe weiblicher Schönheit in Fernsehen, Werbung, Zeitschriften und Film sehr leicht zu erkennen, woher diese Unsicherheit kommt, aber die Unsicherheit bezüglich unserer Genitalien? Was ist deren Ursache?

Der Feminismus hat uns gelehrt, daß wir unseren Körper lieben, die idealisierten Schönheitsbegriffe der Männer ignorieren und ihm eine heftige Ohrfeige sowie einen Vortrag über patriarchalisches Machtgehabe verpassen sollten, wenn er es wagt, die Frage, ob wir zugenommen hätten, zu bejahen. Der Feminismus hat uns auch dazu ermutigt, unsere Genitalien lieben zu lernen und den Kampf mit einem den Teufel herausfordernden »wenn du mich liebst, dann liebst du auch meine Schamlippen« aufzunehmen. Darum ging es ja bei diesen Genital-Workshops, bei denen die Frauen auf Sitzsäcken saßen und mit Hilfe eines Spiegels erforschten, was sich zwischen ihren Beinen befindet: Unsere Genitalien lieben zu lernen, einen Blick auf die Geschlechtsorgane anderer Frauen werfen zu können und die Gewißheit zu bekommen, daß die unseren normal sind.

Nicht gerade meine Vorstellung von einem netten Tag mit Freundinnen, doch jeder das ihre. Solche Workshops waren in den siebziger Jahren gang und gäbe. Doch es gibt sie offenbar noch immer, diese Tage unter dem Motto »nimm Kontakt mit deinen Genitalien auf«. Als ich an einer Sexsendung für HTV mitarbeitete, erzählte mir ein Reporter, wie er einen dieser amerikanischen Workshops filmte. Die Leiterin (die Klitorisschwester, Vagina-Inspektorin oder wie immer sie genannt wird) geht herum und prüft, was die Frauen zu bieten haben. Dabei ruft sie: »Was für eine süße kleine Klitoris«, usw. Ich weiß nicht, ob es ähnliches in Großbritannien gibt, doch ich habe den Verdacht, es gibt da kulturelle Unterschiede, aufgrund derer wir Briten weniger Nutzen daraus ziehen (da wir manches möglicherweise etwas weniger leicht über die Schamlippen bringen usw.), obwohl hierzulande Frauen, die einen Sexualtherapeuten zwecks Orgasmustraining aufsuchen, zu Beginn der Behandlung dazu aufgefordert werden, lang und aufmerksam ihre Genitalien zu betrachten. Dahinter liegt die eigenartige Auffassung, dadurch, daß man seine Geschlechtsorgane liebgewinne, lerne man, einen Orgasmus zu erreichen.
Dann gab es auch die Verherrlichung der weiblichen Geschlechtsorgane in der Kunst – am bekanntesten sind die Blumenbilder von Georgia O'Keefe aus den zwanziger Jahren, die man wiederentdeckte und in denen man symbolisch dargestellte weibliche Genitalien erkannte, sowie die Teller in Form von Genitalien auf einem Tisch als Teil der Ausstellung »The Dinner Party« von Judy Garland (1979). Diesen vaginalen Enthüllungen in der Hochkultur schienen keine Grenzen gesetzt zu sein. Ich bin durchaus für die Entmystifizierung des weiblichen Körpers und der weiblichen Genitalien, doch das Abendessen von einem Teller in Vaginaform einnehmen zu müssen, könnte einem jungen Mädchen sehr

wohl die Lust auf den Vanillepudding verderben. Es ist mir durchaus klar, wovon diese Frauen geprägt sind – der frühe Feminismus stellte die weibliche Sexualität geräuschvoll und stolz zur Schau und wollte die »Phalluszentriertheit« der Kunstwelt (Stichwort Hochkultur mit Latte) aufzeigen –, doch durch die Darstellung der weiblichen Genitalien als Blumen, Muschel o. ä. machten sich die Frauen dann vielleicht Gedanken darüber, ob ihre Vagina etwa einer Dahlie ähneln sollte. Ich weiß aber nicht, ob das von irgendeinem Nutzen ist, wenn wir uns mit einem Mann in einer Hose-runter-Situation befinden. Die Sexanleitungsbücher mit ihrer Aufforderung zur Betrachtung unserer Geschlechtsorgane mit dem Spiegel und zum Lobpreis ihres natürlichen Reizes sind diesbezüglich auch nicht besonders hilfreich. In *A Woman's Guide to Loving Sex* von Tricia Barnes und Lee Rodwell (Boxtree, 1992) zwingen uns die Autoren, einen Spiegel zur Hand zu nehmen und den bewährten Blick hineinzutun. Sie versichern uns, daß keines der beiden Schamlippenpaare (wir haben zwei Paar – die inneren und die äußeren) unbedingt immer symmetrisch ist, daß die Ränder der inneren Schamlippen »gewellt oder gekräuselt« sind und ihre Farben »Schattierungen von dunkelbraun, rosa, grau oder gelbbraun« sind. Anfangs könnte es schwierig sein, unsere Schamlippen als »schön« zu empfinden, warnen sie, doch sie schlagen vor, nochmals hinzusehen und darauf zu achten, ob wir die Ähnlichkeit mit einer Orchidee, einer Rose oder einer Muschel erkennen könnten. Man bekommt direkt Lust, sich ein Paar Schamlippen zu häkeln oder das Schlafzimmer mit diesen farbenfrohen Dingen zu schmücken, oder? Das würde einen äußerst positiven Effekt haben, ich versichere es Ihnen!

Dr. David Delvin liefert ebenfalls seinen Beitrag zu den »köstlichen Regionen da unten« in seinem Buch *How to Im-*

prove Your Sex Life. »Und sie sind auch wirklich köstlich. Ich bin entsetzt darüber, daß viele Frauen denken, ihre Vulva sei »häßlich«, »eklig« oder »schmutzig«. Vulva und Vagina sind nichts von alledem, sondern sie bilden zusammen eine der bemerkenswertesten – und am schönsten gestalteten – Strukturen auf der Erde.« Na sehen Sie, die weiblichen Geschlechtsorgane könnten auch in *Schöner Wohnen* keine vorteilhaftere Erwähnung finden, doch noch immer ist es fraglich, ob diese Art Huldigung und Verehrung hilfreich ist. Der Weg vom Hehren zum Lächerlichen ist kurz!

Die Zurschaustellung weiblicher Genitalien ist ein relativ neues Phänomen, zumindest was die zeitgenössische westliche Hochkultur und die Sexualwissenschaft betrifft. Ein Bereich, in dem sie jahraus, jahrein schon immer gefeiert wurden, ist natürlich die männliche Pornographie. Die einschlägigen Männermagazine auf dem obersten Regalbrett beim Zeitschriftenhändler sind voll von Frauen, die sich auf die verschiedensten Arten strecken und wenden, so daß sogar ein Gynäkologe neue Einblicke gewinnen könnte. Ihr Schamhaar ist zu einem perfekten Dreieck rasiert, und ihre Geschlechtsorgane können von jedem betrachtet werden, der gewillt ist, den Preis für das Heft zu bezahlen. Doch diese Bereiche – Sex-Informationsbücher, Genital-Workshops, bildende Kunst und Pornohefte oder -videos –, so verschieden sie auch sein mögen, sind die einzigen Möglichkeiten für Frauen, Genitalien anderer Frauen zu sehen. Wir haben ja kaum die Gelegenheit, im Pissoir verstohlen auf die Muschi der Frau neben uns zu schielen, obwohl wir vielleicht im öffentlichen Bad oder in der Sauna das eine oder andere Mal einen Blick darauf werfen konnten.

Die Auswahl ist nicht umwerfend. Daher ist es sicherlich verständlich, warum die Briefschreiberin (und auch einige weitere) befürchtet, ihre Geschlechtsorgane seien unnormal:

Sie hat nicht viele Vergleichsmöglichkeiten, oder aber sie glaubt, sie seien unnormal, gerade weil sie sie mit den Organen einer anderen Frau verglichen hat. Vergleichen und Gegenüberstellen kann, muß aber nicht unbedingt beruhigend sein, wie jede Frau versichern kann, die schon einmal in einem öffentlichen Umkleideraum gewesen ist.
Ein anderes Problem ist, daß die weiblichen Geschlechtsorgane, wie immer sie auch beschaffen sein mögen, nicht zu sehen sind – sofern man nicht mit weit gespreizten Beinen und ohne Unterwäsche dasitzt (und natürlich hat man uns gelehrt, anständig mit geschlossenen Beinen zu sitzen und eine saubere Unterhose zu tragen – für den Fall, daß wir in einen Unfall verwickelt werden). Die Tatsache, daß sie nicht direkt sichtbar sind (sie bilden keine Erhebung wie die männlichen Geschlechtsorgane), schafft natürlich eine gewisse Mystik rund um die weiblichen Organe (was Sharon Stone in *Basic Instinct* sicherlich nicht geschadet hat, als die Bevölkerung scharenweise ins Kino strömte, um diese infame Szene mit gespreizten Beinen und ohne Höschen zu sehen, aber vielleicht war es auch die Handlung, die die Leute lockte ...). Wenn nun etwas so mystisch verschleiert ist, dann wird es zu etwas Exotischem und Geheimnisvollem.
Es gibt noch weitere Facetten der Einstellung zu weiblichen Genitalien in unserer Kultur: Es ist fast so etwas wie ein Initiationsritus, daß die Jungen Pornohefte in die Schule mitbringen, darüber kichern und dafür sorgen, daß sich die Mädchen unbehaglich fühlen. Der Anblick verstreuter, herausgerissener Seiten mit Körperteilen nackter Frauen auf dem Schulhof hat sich den meisten von uns ebenso fest in das Gedächtnis gegraben wie das Anstellen für die Tuberkuloseimpfung oder das Sezieren von Schweinsaugen im Biologieunterricht. (Treiben Sie sich nur in der Nähe einer Schule herum, und ich garantiere Ihnen, daß Sie Seiten aus

Pornoheften sanft im Wind dahinsegeln sehen.) Ein anderer beliebter Trick der Jungen ist natürlich, Mädchen unter den Rock zu schauen. Was sie da zu finden hoffen, weiß ich nicht genau, doch das Gaffen, die Pornohefte und das Kichern können dazu führen, daß wir uns schon in sehr zartem Alter unbehaglich fühlen mit dem, was zwischen unseren Beinen ist. Dazu tragen auch die Vokabeln bei, die zur Beschreibung herangezogen werden: Loch, Schlitz, Spalte, Fotze – Begriffe, die etwas mit Wunde, Verletzung, Mangel oder Leere zu tun haben. Wenn nun so vieles dazu beiträgt, daß wir uns nicht wohl mit unseren Geschlechtsorganen fühlen, ist es verständlich, warum viele Frauen nicht wollen, daß jemand sie sieht. Dr. Delvin ist entsetzt darüber, daß viele Frauen denken, ihre Vulva sei »häßlich«, »eklig« oder »schmutzig« – und das ist auch wirklich erschreckend –, doch er kann wohl kaum erstaunt darüber sein. Wir werden mit diesen Gefühlen zu unseren Genitalien nicht geboren, sie werden rund um uns erzeugt. Doch in diesem Kontext wird es klar, warum uns Sexbücher und Sex-Experten dazu auffordern, zu schauen, was wo ist und es als etwas Schönes zu akzeptieren. Auf ähnliche Weise wird auch manche Künstlerin versuchen wollen, ein Gleichgewicht herzustellen, indem sie sie auf positivere Weise darstellt.

Es kann nun schwierig zu erkennen sein, wie sich die sogenannte »positivere« Darstellung weiblicher Genitalien von derjenigen in Pornoheften unterscheidet (viele Männer, und vielleicht auch Frauen, entgegnen vielleicht, dies sei ebenfalls eine positive Darstellung). Man könnte sagen, diese Dinge würden auf unterschiedliche Weise und in unterschiedlichem Kontext konsumiert – was auch der Fall ist. Der Besucher einer Galerie oder der Leser eines Kunstbuches ist ein anderer als der Käufer eines Pornomagazins. Die Besucher von Ausstellungen, in der weibliche Genitalien gefeiert werden, sind vermutlich zu einem großen Teil Frauen, während die Leser eines Pornoheftes mehrheitlich männlich sind. Doch in beiden Fällen machen die augenscheinliche Huldigung und Betrachtung die weiblichen Genitalien zu einem Objekt und festigen den Mythos, diese seien etwas zu Verehrendes und/oder Mystisches, die Mutter Natur, die Exotik und Erotik pur. Die Bilder an den Wänden der Galerie sagen: »Sieh mich an, huldige mir, ich bin schön. Ich bin eine exotische Blume, eine Muschel, ich bin die Natur.« Die Bilder an der Kastenwand sagen: »Sieh mich an, huldige mir, ich bin schön, ich bin natürlich, ich bin exotisch.« In beiden Fällen wird unfehlbar zur Verteidigung vorgebracht, daß weibliche Genitalien natürlich und von natürlicher Schönheit seien.

Das Weibliche und die Natur

Wie Sie vielleicht schon bemerkt haben, wurden Frauen lange Zeit mit dem Begriff »Natur« verknüpft – wir werden als der Natur näherstehend betrachtet, weil wir Kinder gebären können, weil wir menstruieren und weil wir intuitiv sind (doch was blieb uns als Kapital außer unserer »Intuition«, ohne wirtschaftliche Macht und ohne Bildung?). Die Natur war, wie viele wohl auch schon bemerkt haben dürften, nicht wirklich die mächtigste Verbündete der Frauen in Gesellschaft und Politik. Zwar spannten gewisse Teile der Frauenbewegung die Macht der Natur für ihre Zwecke ein, um zu sagen, Frauen seien den Männern aufgrund ihrer Gebärfähigkeit überlegen. Doch das ist von ebenso großem Nutzen, wie wenn man argumentierte, Männer seien *von Natur aus* sexuell aggressiv und im Haushalt ungeschickt. Es entbehrt auch nicht der Ironie, wenn man bedenkt, daß vor hundert

Jahren unser Menstruationszyklus und unsere Fortpflanzungsfähigkeit Anlaß genug waren, uns vom öffentlichen Leben auszuschließen. Ein Jahrhundert und ein oder zwei Frauenbewegungen später benützen Männer (und auch einige Frauen) die Natur als Waffe – in Form des prämenstruellen Syndroms oder der Gebärfähigkeit, als Beweis, daß wir dem Job nicht gewachsen sind. Und sollten wir es doch sein, dann stehen wir eines Tages vielleicht auf und schmeißen alles hin, um ein Kind zu kriegen oder auch einen prämenstruellen Koller. In Anbetracht dessen bin ich nicht der Meinung, daß die Verbindung Frau und Natur die bestmögliche Marketingstrategie ist, wenn wir unsere Chance wahrnehmen wollen.

Es ist sehr schwierig, weibliche Genitalien und auch den gesamten weiblichen Körper darzustellen, daß diese kulturelle und historisch mit äußerst widersprüchlichen Bedeutungen behaftet sind. Im Juni 1995 erschien im Männermagazin *XL* ein Artikel von mir unter dem Titel »Gebrauchsanweisung für die Klitoris«. Er war illustriert mit einer Zeichnung eines weiblichen Geschlechtsorgans mit vielen kühnen, kurvigen Strichen, die die Schamlippen darstellten, und Massen von wilden, ungezähmten Schamhaaren. Die Zeichnung war in gelbbraunen und rosa Farbtönen ausgeführt, und das Haar ähnelte Flammen, die rund um die Genitalien emporzüngelten. Die weiblichen Geschlechtsorgane waren als etwas Feuriges, Ungebremstes dargestellt – mit windgepeitschtem, wildem Schamhaar, weiblich, naturverbunden. Viele Männer im *XL*-Büro mochten das Bild nicht; die wenigen Frauen, die dort arbeiteten, fanden es schön. Jemand sagte, die männliche Reaktion sei typisch – die Männer hätten Angst vor weiblichen Genitalien. Ich zweifle stark daran, daß sich jemand vor weiblichen Genitalien fürchtet – man kann fasziniert, neugierig, erregt, vielleicht abgestoßen sein –, aber sich fürchten – nein. Ich habe den Verdacht, sie mochten das Bild nicht, weil es wie eine von einem brennenden roten Toupet umgebene, höhlenförmige Hölle aussah. Mir gefiel es auch nicht, aber ich weiß nicht, was ich an seine Stelle gesetzt hätte. (Obwohl ich vorschlug, man könnte das Bild eines Radiergummis am Ende eines Bleistifts nehmen, mit dem Text: Die Klitoris sieht etwa so aus, aber suchen Sie sie nicht an Ihrem Bleistift!)

Wir sind umgeben von einander widersprechenden und verwirrenden Bildern und Vorstellungen vom weiblichen Körper und den weiblichen Genitalien. In ihrem Buch *The Big »O«* (Hodder & Stoughton, 1995) weisen Dr. David Delvin und Christine Webber darauf hin, daß Frauen ihre Genitalien bei ärztlichen Untersuchungen zur Schau stellen müssen – für Krebsabstriche, beim Einsetzen einer Spirale oder eines Pessars oder während der Schwangerschaft. In diesem Zusammenhang sind die Genitalien mit keiner sexuellen Bedeutung behaftet, und doch berührt sie der Arzt an Stellen, an denen das ein Liebhaber tun würde. Ein Arzt sucht nach Abnormalitäten. Berührung und Blick des Arztes sind klinisch – etwas, was man über sich ergehen lassen muß. Berührung und Blick eines Liebhabers werden als sexuell und bewundernd empfunden. Etwas, was man genießen kann. Es kann verwirrend für eine Frau sein, zwischen diesen beiden Aspekten zu wechseln, und, wie Delvin und Webber fragen: »Ist es ein Wunder, daß sie verwirrt ist?« Gewiß nicht.

Die Schwierigkeit liegt darin, ein Gleichgewicht zwischen der Bereitstellung von Informationen und der bloßen Huldigung der Existenz der weiblichen Genitalien zu finden. Ebenso wie es falsch ist, die Existenz der weiblichen Geschlechtsorgane zu ignorieren oder vorzugeben, sie existierten nur als von Männern zu konsumierendes Objekt, ist es meiner Meinung nach auch destruktiv, sie unter dem Motto »Naturverbundenheit«, die »Frau als Göttin« oder »schöne Muschel« zu feiern. Es gab vielleicht einmal eine Zeit, die geeigneter war für Verherrlichungen dieser Art – doch diese Zeiten sind vorbei. Ich weiß nicht, wie das zu bewerkstelligen sein wird, aber es ist notwendig, Frauen das Gefühl zu geben, daß ihre Geschlechtsorgane normal sind, einfach da sind. Sie sind weder besser noch schlechter als die männlichen. Sie können einer Frau intensive sexuelle Lust verschaffen – mit sich allein, mit Männern oder mit anderen Frauen. Sie sind, was sie sind – ist das Geschwätz über Orchideen, Muscheln und die Freuden der Natur wirklich notwendig? Keine von uns ergeht sich in lyrischen Ergüssen über den männlichen Penis als Fossil, Raupe (oh, Verzeihung, Schlange) oder köstliche Marzipanfrucht, oder? Der Unterschied liegt aber auch darin, daß sich Männer kaum über ihren Schwanz beklagen, sie scheinen ihn bedingungslos zu lieben. Sie fühlen sich in ausgeprägterer, selbstsicherer Weise als Besitzer, während Frauen noch immer eher das Gefühl haben, ihre Genitalien seien für andere da. Frauen müssen lernen, ihre Geschlechtsorgane primär als etwas zu betrachten, das für sie und nicht für andere existiert. Und da sich Hand in Hand damit auch die Frauen vermehrt über die Maße und Eigenschaften des männlichen Gliedes – und über die männlichen Unzulänglichkeiten im allgemeinen – äußern werden, scheint sich allmählich ein grundlegender Wandel anzubahnen. Doch später mehr darüber.

Suchen Sie sich Ihre Schamlippen aus!

Es ist schwierig zu sagen, ob sich die Einstellung der Frauen zu ihren Genitalien in der postfeministischen Ära wirklich so dramatisch verändert hat, denn wir wissen nicht viel über ihre Einstellung in präfeministischen Zeiten. Vielleicht haben sich die Frauen die ganze Zeit über wohl mit ihnen gefühlt, doch ich zweifle daran. Wenn man sich nicht in der Lage fühlt, über etwas zu sprechen, wird ein Tabu, eine geheimnisvolle Aura darumherum geschaffen. Oder es wird zumindest außer Reichweite gebracht – auf das oberste Regalbrett eines Zeitschriftenhändlers oder Videoshops. Es ist kein Zufall, daß die Lust (oder der Schock, die Faszination), die Männer oder Jungen beim Anblick weiblicher Genitalien verspüren, so eng mit dem Gedanken verquickt ist, das sei »schmutzig« und »verboten«, etwas, was man nicht tut, über das man kichert oder im geheimen masturbiert. Ein großer Teil heterosexueller männlicher Phantasien scheint um eben diesen Anblick von weiblichen Geschlechtsorganen herum aufgebaut zu sein. Genau dagegen protestieren Frauen, wenn sie das geheime *Fiestas*-Lager ihres Partners in der Garage entdecken (es handelt sich hier um Zeitschriften, nicht um Autos!). Was bleibt, wenn man diese Dynamik wegnimmt? Wenn weibliche Genitalien nicht als etwas Verbotenes, sondern als etwas Normales, Alltägliches betrachtet würden, müßte vielleicht die Form, in der sich heterosexuelle Wünsche und Begierden äußern, neu definiert werden. Ich meine damit nicht, daß die sexuelle Dynamik nicht auf der Spannung zwischen unanständig und anständig aufgebaut werden sollte. Genau das kann Sex so aufregend machen. Doch wir haben alle eine Änderung der Einstellung nötig.

Vielleicht ist diese ja schon in Gang. Sexbücher, Frauenzeitschriften, Aufklärungsvideos und -sendungen im Fernsehen rufen Männer und Frauen dazu auf, sich darüber zu informieren, wo es bei der weiblichen Anatomie langgeht. Es wird erwartet, daß man darüber Bescheid weiß, wo die Klitoris ist, vielleicht sogar der G-Punkt oder ein anderer Lustpunkt. Frau und Herr Jedermann haben nun eine ungefähre Vorstellung davon, wie es »da unten« aussieht und wozu das alles gut ist (z. B. um Frauen Lust zu verschaffen), was natürlich über kurz oder lang dazu führen muß, daß sich der mystische Nebel rund um die weiblichen Geschlechtsorgane lichtet.

Darüber hinaus sind derzeit grundlegende Änderungen in der Einstellung junger Menschen zur Sexualität zu beobachten. Sie haben Zugang zu einer Unzahl von Informationen, die sie auch zu nutzen scheinen. Manche junge Frauen konsumieren nun ähnlich wie junge Männer herkömmliche männliche Pornographie. Somit dringen die Mädchen in die männliche Domäne des Genusses optischer Anreize ein, die dadurch ihre Exklusivität verliert, und manchmal sehen sie sich solche Produkte sogar gemeinsam an.

Meines Wissens gibt es keine Studie über die gegenwärtige Einstellung der Männer zu weiblichen Geschlechtsorganen, doch es ist erfrischend, zu lesen, daß über fünfundvierzig Prozent der Frauen in der Umfrage *Women on Sex* von Susan Quilliam angaben, ihre Genitalien »schön« zu finden – sowohl was das Aussehen als auch die damit erzeugte Lust betrifft. Andere hegen diesbezüglich keine besonderen Emotionen, doch sie haben auch keine nennenswerten Komplexe. Vierunddreißig Prozent gaben völlig neutrale Gefühle zu Protokoll: »Sie sind normal, eben ein Teil von mir … ich habe nie besonders an sie gedacht … man kann sie nicht sehen, wen kümmern sie also?« Jene, die negativ empfinden, scheinen sich an der Vorgabe der »untenherum« zurechtgezupften und -gestylten Pin-up-Mädchen in den Pornomagazinen zu messen: »Ich habe nicht genug Schamhaar … ich bin zu behaart … meine Schamlippen sind zu groß …«

Da haben wir's wieder – die alte Geschichte über die XL-

Schamlippen. »Zu groß« im Vergleich zu was? Zu einigen Frauen in Aufklärungsbüchern, Sexvideos oder Pornoheften? Angenommen, eine Frau hat statistisch gesehen etwas größere Schamlippen als andere Frauen, oder bei einer Frau ist eine Schamlippe größer als die andere wie zum Beispiel bei der Schreiberin des Briefes am Kapitelanfang – was tut das zur Sache? Nicht alle Schamlippen sind gleich. Woher beziehen Frauen diesen Maßstab, der sie glauben macht, sie hätten ein Problem? Aus sich selbst? Von Männern?

Zugegeben, Männer sind diesbezüglich nicht immer die hilfreichsten Individuen. Ein Beispiel: Eine Frau aus Kalifornien schrieb mir, ihr Freund habe ihr erzählt, wenn sie mit einem anderen Mann schliefe, würde sich ihre Vagina dehnen und er würde es sofort bemerken. Sie berichtete mir, er sei nicht besonders gut bestückt und bisher ihr einziger Mann gewesen. Daher war sie sicher, sie würde »sich dehnen«, wenn sie mit einem anderen Mann schliefe (was sie in Erwägung zog). Sie wollte von mir die Bestätigung, daß es wahr sei, was ihr Freund sagte. Ich fragte, ob ihr Freund das ernst meine, und schrieb ihr, als nächstes würde er ihr vielleicht weismachen wollen, daß sie Ringe um ihre Vagina bekommen würde, die die Anzahl ihrer Liebhaber anzeigen. Sie war Anfang Zwanzig, und er war, wie sie erklärte, »viel älter«. Zumindest sie war jung und unerfahren. Sie hatte eine Entschuldigung, er nicht. Er vermittelte ihr absurde Informationen, um Macht über sie ausüben zu können und sie daran zu hindern, ihn zu verlassen oder mit anderen Männern zu schlafen.

Wir können jedoch nicht alle Männer zu Sündenböcken stempeln. Das Unbehagen der Frauen mag zum Teil in Darstellungen weiblicher Genitalien in der männlich geprägten Pornographie seinen Ursprung nehmen, doch wie viele Männer zeichnen verantwortlich dafür? Sie sagen nun vielleicht, alle Männer seien Mittäter, weil sie nichts verändern wollen, doch vielleicht möchten sie es. Vielleicht erkennen die Männer, daß sie davon profitieren, wenn sie den Frauen helfen, sich in ihrem Körper wohler zu fühlen. Denn wenn sich die Frauen in ihrem Körper wohler fühlen, haben sie auch ein besseres Gefühl beim Sex. Ganz abgesehen davon untersuchen die meisten heterosexuellen Männer nicht die Genitalien ihrer Frau, wenn sie zur Sache kommen, und geben ihnen Noten von 1 bis 10 auf der Symmetrieskala (die Mehrheit von ihnen würde es ja auch nicht merken, wenn man einen neuen Haarschnitt oder eine frische Dauerwelle oder die Haare mit den Wurzeln ausgerissen hätte – wo Männer doch angeblich so stark auf optische Reize ansprechen!). Viele Männer sagen, sie liebten die weiblichen Geschlechtsorgane.

Doch auch Frauen können sehr streng zu sich sein. Ich will damit nicht sagen, daß Frauen neurotisch sind, und auch nicht, daß es keine handfesten Gründe gibt, sich mit den eigenen Geschlechtsorganen oder dem eigenen Körper im allgemeinen nicht wohl zu fühlen, doch wir tendieren dazu, uns selbst viel kritischer zu beurteilen, als wir sollten. Wir alle tun das bis zu einem gewissen Ausmaß. Man hat schon von Supermodels gehört, die mit der schockierenden Beichte, sie hätten häßliche Füße, an die Öffentlichkeit getreten sind. Ja, Füße! Himmel, erhöre uns! Wir alle wollen einen flacheren Bauch, schlankere Oberschenkel, einen schmäleren Hintern, längere Beine, größere oder festere Brüste, eine keckere Nase, größere Augen, keine Zellulitis. Unsymmetrische Genitalien bereiten nun ebenfalls Kummer – Gott sei Dank können wir keine Zellulitis an den Schamlippen kriegen.

Die Briefschreiberin fragt, ob es ein chirurgisches Verfahren für ihr »Problem« gäbe. Nun gibt es tatsächlich eine kosmetische Operation (mit der Bezeichnung Labioplastik), so wie es anscheinend für jeden anderen Quadratzentimeter unseres Körpers eine Operationsmöglichkeit gibt. Man sagt, die »Cheerleader«-Nase à la Christie Brinkley sei ein wenig zu typisch für die achtziger Jahre und sei nun in den Nasenkatalogen der kosmetischen Chirurgie durch die Neunzigerjahrenase des Supermodels Claudia Schiffer ersetzt worden. Werden wir uns als nächstes passende Schamlippen auswählen können? Welche Berühmtheiten könnten da Vorbild sein? Wenn sie wissen will, wo sie ein wenig an ihren Geschlechtsorganen herumschnipseln lassen könnte, so würde sie das sicherlich nicht von mir erfahren, teilte ich der Briefschreiberin mit. Ich schrieb ihr auch nicht, sie sollte sich ihre Schamlippen als wunderschöne Blütenblätter vorstellen oder eine Liste von zwanzig Punkten machen, was gut an ihnen sei. Sie könnte ja ihr Schamhaar färben, es zu einer interessanten Form zurechtschneiden oder es mit kleinen Plüschtieren schmücken, um von ihren Schamlippen abzulenken – doch ich sagte, sie solle relaxen und sie stolz zur Schau stellen. Sind männliche Penisse und Hodensäcke Sujets, die sich dekorativ auf einem Gemälde ausnehmen? Ich denke nicht. Halten Sie mich nicht für verständnislos – doch mit wie vielen Körperkomplexen sollte eine Frau während ihres langen Lebens noch zurechtkommen müssen?

Schlupfwarzen, Körbchengrößen und andere Kümmernisse

Obwohl die Brust eine recht große Rolle bei der Erregung und beim sexuellen Genuß spielt, wurde ich während meiner Zeit bei *For Women* nur zweimal mit diesbezüglichen Problemen konfrontiert. Einmal von einer Frau mit Schlupfwarzen und einmal von einer Frau, deren Brüste nach der Geburt ihres Babys schlaffer und kleiner geworden waren. Die Frau mit den Schlupfwarzen wollte am Strand nicht oben ohne gehen und fühlte sich mit Partnern gehemmt. In der Apotheke gibt es eine Art Saugvorrichtung zu kaufen, mit deren Hilfe man angeblich die Schlupfwarze(n) innerhalb von drei Monaten »herausziehen« kann. Das teilte ich der Briefschreiberin mit. Ich versuchte auch, sie zu beruhigen, indem ich ihr sagte, eine von zehn Frauen habe Schlupfwarzen – sie sollte sich also nicht unnormal fühlen.

Ich schrieb ihr auch die wahre Geschichte von einem Mädchen in meiner Schule, das einige Jahre älter war als ich. Von einem Mädchen mit Schlupfwarzen. Diese junge Frau nutzte das, was manche vielleicht als körperlichen Makel ansehen würden, zu ihrem Vorteil. Wie? Sie forderte die Jungen auf, zu versuchen, ihre nach innen gewölbten Warzen »herauszusaugen«. Die Jungen waren begierig darauf, zu erfahren – es war eine Art Herausforderung für sie –, wer das Mädchen ausreichend erregen und ihre Nippel zum »Hervorhüpfen« bringen könne. Natürlich schaffte das keiner, doch sie hatte ihren Spaß, als die Jungen es versuchten. Und die Jungen kamen auch auf ihre Kosten. Auf diese Weise verwandelte sie ihre Schlupfwarzen in eine höchst aufregende Sache.

Natürlich besitzt nicht jede Frau die Dreistigkeit, das zu tun, was dieses Mädchen tat – unsere Komplexe entstehen durch den Anblick anscheinend perfekter Brüste in Film, Fernsehen usw. und durch die Tatsache, daß Männer nahezu besessen davon sind –, aber das ist doch eine witzige, positive Geschichte, oder?

Heutzutage, wo sich so viele Frauen für Operation und Silikon entscheiden, um einen der Schwerkraft trotzenden Busen zu bekommen (von Menschen/Männern geschaffene, künstliche Brüste werden als die »perfektesten« angesehen), ist es schwer, Frauen davon zu überzeugen, daß ihre eigenen, natürlichen, »hausgemachten« Brüste durchaus einem Vergleich standhalten können. Laut dem britischen chirurgischen Beratungsdienst stieg im Jahr 1995 das Interesse an brustvergrößernden Operationen um dreihundert Prozent im Vergleich zum Vorjahr; in Großbritannien ist diese Operation offenbar der häufigste chirurgische Eingriff bei Frauen. Es heißt, der Anstieg sei teils auf den Trend zu den neuen »weiblichen« Formen zurückzuführen (seltsam, daß unsere natürlichen weiblichen Formen nie ganz der aktuellen Mode entsprechen), teils auf neue medizinische Erkenntnisse, die den vermuteten Zusammenhang zwischen Silikonimplantaten und Krankheiten (einschließlich Krebs) weitgehend widerlegten, und auf den medizinischen Fortschritt, durch den neue, »körperfreundlichere« Implantate entwickelt wurden.

Nun bin ich nicht gegen die kosmetische Chirurgie *per se* – im Lauf der Jahre habe ich mit einer Schar von Frauen gesprochen, die sich ein Implantat einsetzen ließen und nun überglücklich damit sind. Manche beschreiben die Operation als schmerzhaft und unangenehm, andere wiederum meinen, sie hätten keine wirklichen Schmerzen verspürt – aber alle sagen, die größeren und angehobenen Brüste seien ein paar Wochen oder sogar Monate Schmerzen oder Unannehmlichkeiten wert. Sie fühlen sich attraktiver und selbstsicherer. Manche machen sich auch danach weniger Sorgen um ihr Gewicht – mit kleinen Brüsten habe man stets das Gefühl, radikal abnehmen zu müssen, um die Proportionen zu wahren (einige litten vor dem Eingriff an Eßstörungen, während sie nachher normal aßen). Mit einer größeren Brust dürfe man nun überall etwas rundlicher sein.

Viele mögen einwenden, Frauen würden durch die Wünsche der Männer zu Brustoperationen gedrängt. Aber alle Frauen, die ich interviewte, waren felsenfest davon überzeugt, daß sie es für sich selber getan hatten; ihre Partner seien fast immer gegen die Operation gewesen – wenn sie überhaupt einen Partner hatten. Sie taten es nicht für Männer (und wenn der Chirurg oder die Chirurgin diesen Verdacht hat, würde er bzw. sie wahrscheinlich die Operation verweigern). Sie sagen, eine Frau, die immer mit der Größe ihrer Brust zufrieden gewesen sei, könne nicht verstehen, was es heißt, sich nicht wie andere Frauen zu fühlen. Manche Feministinnen meinen, Frauen würden durch ideologische Gehirnwäsche zu solch umfangreichen chirurgischen Eingriffen getrieben – doch trat nicht der Feminismus auch immer für das Recht der Frauen ein, mit ihrem Körper machen zu können, was sie wollten? Man kann nicht in zwei Richtungen gleichzeitig laufen!

Meiner Meinung nach ist eine Brustvergrößerung oder ein Brustlifting eine sehr drastische Maßnahme, und es wundert mich, wie jemand sich freiwillig einer unnötigen Operation unterziehen kann, noch dazu an einem so empfindlichen Körperteil wie der Brust. Ich meine auch, daß Frauen nicht immun sind gegen den Druck, der durch den Anblick anderer Frauen mit wundervollen, hochgehievten Brüsten und die bewundernden Männerblicke ausgeübt wird. Doch das heißt nicht, daß Frauen, die sich zu einer Operation entschließen, einer Gehirnwäsche unterzogen wurden oder dumm sind. Viele verdienen dann mehr bei der Arbeit – für eine Schauspielerin, eine Tänzerin oder ein Model zahlt es sich gewiß aus. Ja, es ist ein trauriges Faktum, daß Frauen mit chirurgisch veränderten Brüsten mehr Geld verdienen. Doch so ist es nun einmal; und wenn sich Frauen mächtiger fühlen, wenn sie das Spiel mitspielen und einem weiblichen Einheitsbild entsprechen, so werde ich diesen Trend

zwar nicht fördern, doch ich werde auch nicht völlig dagegen sein.
Es ist übrigens ein Fehler, zu glauben, alle Frauen, die sich für ein Brustimplantat entscheiden, täten das, um Pamela-Anderson-Maße zu bekommen. In Wirklichkeit lassen sich die Frauen nicht deshalb operieren, um die Brüste einer anderen zu erhalten, sondern um ihre eigenen zurückzubekommen – genauer gesagt die, die sie vor oder während einer Schwangerschaft hatten. Sie lassen sich die Brust vielleicht um ein oder zwei Körbchengrößen vergrößern. Kaum jemals sind das radikale Veränderungen, in der eine bügelbrettflache Brust zu Anna-Nicole-Smith-Dimensionen aufgeblasen wird. Es handelt sich um eine kleine Brust, die ein winziges bißchen größer gemacht wird. »Wozu dann der ganze Aufwand?« mag man einwenden, doch für diese Frauen bedeutet diese kleine Veränderung den entscheidenden Schritt zum Wohlbefinden. Es sind nicht unbedingt reiche oder wohlhabende Frauen, sie sparen und borgen Geld für die Operation. Diese ist wichtig für sie, und sie fühlen sich dadurch attraktiver und selbstbewußter.
Man könnte auch andere kosmetische Verfahren anwenden – so wie ich es der Frau vorschlug, die in ihrem Brief über ihre hängenden Brüste klagte. Es gibt Cremes, die an der Oberfläche wirken, so daß sich die Haut an den Brüsten fester und straffer anfühlt. Doch das ist nicht wirklich die Lösung, oder? Diese Cremes kosten eine Menge Geld, müssen täglich angewendet werden, und es wäre übertrieben, zu behaupten, sie hätten eine umwerfende Wirkung. Ich riet ihr, kaltes Wasser auf die Brüste zu spritzen, was einen ähnlichen Effekt wie die im Handel erhältlichen Cremes hat, aber billiger ist. Ich schrieb ihr auch über Kosmetikprodukte, die die Mikrozirkulation stimulieren, um die Brust oder einen anderen Körperteil zu »liften«. Aber auch diese ko-

sten viel Geld und Zeit. Ich hätte ihr auch raten können, sie solle lernen, mit ihren Brüsten zu leben und sie zu lieben. Aber das tut sie nicht. Sie haßt sie und fühlt sich mit ihnen nicht sexy. Wenn sie das Für und Wider einer kosmetischen Operation gegeneinander abwägen will und sich für einen Eingriff entscheidet, steht es mir nicht zu, sie davon abzuhalten. Es ist ihr Körper.

Mikropimmel und Monsterschwänze

Es wäre jedoch ein Irrtum, zu glauben, die Frauen hätten in ihren Briefen nur über ihre eigenen Genitalien und ihren eigenen Körper geschrieben. In Wahrheit erhielt ich weit mehr Briefe über männliche Geschlechtsorgane als über weibliche, zum Beispiel jenes glühende Bekenntnis einer Leserin, die ihren Brief mit den Worten *»Mein Geliebter hat einen wunderschönen Penis«* einleitete und erklärte, dieser sei in erigiertem Zustand neunzehn Zentimeter lang und habe einen Umfang von fünfzehn Zentimetern; sie liebe ihn so, wie er sei, und werde niemals müde, ihn zu berühren, küssen und an ihm zu saugen. Wo, so werden Sie nun fragen, liegt ihr Problem? Ihr Problem war folgendes: Sie hatte im Tagebuch ihres Liebhabers gelesen, daß er sich ein Gerät zur Penisvergrößerung zugelegt hatte, und nun machte sie sich wegen eines eventuellen Größenzuwachses Sorgen. Sie schloß ihren Brief wie folgt: *»Wie mache ich ihm klar, daß ich nicht von einem 22-cm- oder 25-cm-Monsterschwanz aufgespießt werden will – auch wenn er davon träumt, so einen zu haben?«*
Eine schwierige Frage, doch ich beruhigte sie mit den Worten, es sei höchst unwahrscheinlich, daß das Penisvergrößerungsgerät irgendeine Veränderung in Länge und Umfang bewirken werde. Vergrößernd werde das Gerät höch-

stens in dem Sinn wirken, daß er eine Erektion bekommen wird, wenn er seinen Pimmel in die zylinderförmige Vorrichtung steckt und zu pumpen beginnt (mit der Pumpe natürlich), doch seine Maße würden sich in keiner Weise verändern. Dieser Brief lehrt uns nun (außer daß man nicht in anderer Leute Tagebuch schnüffeln sollte), daß die Größe des Penis tatsächlich ein Thema für Männer und auch für Frauen ist.

Diese Größendebatte wird wahrscheinlich noch länger auf dem Programm stehen als die Mausefalle, doch Tatsache ist, daß Frauen sehr wohl Vorlieben hinsichtlich der Größe des Penis äußern. Das widerspricht der Aussage von sechzig Prozent der Männer in der Esquire-Umfrage *Men on Sex*, die glaubten, die Größe sei nicht wichtig. Ein etwa zwanzigjähriger Mann erklärte: »Es wird uns eingehämmert – wenn man Kummerseiten oder was auch immer liest –, daß das nicht wichtig ist.« (Er hat offensichtlich die meine nicht gelesen.)

Geht man von den Briefen aus, die ich bekommen habe, so bevorzugen Frauen einen Penis, der nicht zu klein, aber auch nicht zu groß ist – wobei der Umfang eine größere Rolle spielt als die Länge. Frauen machen wohl Scherze wie »je größer, desto besser«, doch in Wirklichkeit scheinen sie es nicht zu mögen, wenn er allzu groß ist. So schrieb zum Beispiel eine Frau am Anfang ihres Briefes: »Mein Freund hat einen Monsterschwanz.« Sie fuhr fort, er sei fünfundzwanzig Zentimeter lang und »unheimlich dick« (der Schwanz, nicht er). Ihr Problem war, daß eine Penetration unerhört schmerzhaft war, obwohl ihr Liebhaber äußerst sanft vorging. Am anderen Ende der Skala steht eine Schottin, die mir schrieb, keiner könne sich mit ihrem früheren, gut bestückten Freund messen, und sämtliche Männer, mit denen sie nach ihm Sex gehabt hätte, seien im Besitz von »winzigen, spindeldürren Pimmeln« gewesen. Ja, spindeldürr! Es hätte auch nicht viel geholfen, sich vorzustellen, mit Mel Gibson zu schlafen. Sie schrieb abschließend: *»Ich weiß, man sagt, es ist nicht die Größe, die zählt, sondern das, was sie damit machen – aber was, zum Teufel, können sie schon damit machen?«* Ich selber könnte es nicht treffender formuliert haben. Wir Frauen können die Logik dieses »Wichtig-ist-was-er-damit-tut«-Arguments nicht nachvollziehen. Ich kann mir genauso wenig wie die schottische Leserin vorstellen, was sich ein Mann mit einem kleinen, dünnen Penis einfallen lassen könnte, um uns in unseren bewährten Zonen Genuß zu verschaffen. Wenn er nicht einmal die Seiten berührt, wie soll er dann die Gegenden erreichen, in die andere Männer vorgedrungen sind? Gut, wenn jemand sagen würde, es zähle nicht die Größe, sondern das, was er tue, um sie wettzumachen, so ist das etwas anderes. Wie wir gesehen haben, empfinden viele Frauen sexuelle Befriedigung nicht nur durch die Penetration allein, und so gesehen ist ein Mann mit eher mäßiger Ausstattung nicht von vornherein aus dem Rennen, denn ein Mann mit einem kleinen Penis hat schließlich auch Hände und eine Zunge. Weiß er diese geschickt einzusetzen, ist er womöglich ein besserer Liebhaber als ein gutbestückter Mann, der glaubt, er könne sich auf seinen diesbezüglichen Lorbeeren ausruhen.

Nur müssen wir hier vorsichtig sein. Männer mögen es nicht, wenn man ihre »Männlichkeit« (so nennen es viele Sex-Experten) mit dem Röntgenblick betrachtet. Die Journalistin Imogen Edwards-Jones veröffentlichte in der britischen Männerzeitschrift *Arena* (Oktober 1995) einen einseitigen Beitrag unter dem Titel »Mehr ist mehr – warum es nicht großartig ist, klein zu sein«. Darin behandelt Edwards-Jones einige potentielle Probleme mit der Penisgröße, von der weiblichen Perspektive aus betrachtet. Auch sie stellt Umfang über Länge und begründet das damit, es sei »erregender, auf einem Bleistift zu sitzen, als eine lange Spaghettinudel zu fühlen, die sich in dem Bestreben, uns auf Touren zu bringen, verzweifelt krümmt und windet«. Sie beschreibt die »traurigen, tragischen Willis, so groß wie ein Flaschenkorken und so antörnend wie ein Flaschenkorken«, und die übergroßen Varianten, deren Inhaber einer Frau einreden: »Wenn du dich draufsetzt, kommt die Spitze bei deinem Mund raus.« Nun muß ich gestehen, daß mir dieser Artikel ein Schmunzeln entlockte, doch einige Leser der *Arena* waren »not amused«.

Den Vogel schoß der Brief eines erbosten Mannes ab, der in der folgenden Ausgabe erschien. Darin klagte er, außer einer schmerzhaften Operation hätte ein Kerl nicht viele Möglichkeiten, seine Maße zu ändern. Er läßt sich dann lang (Verzeihung) und breit darüber aus, daß Männer ihre Genitalien nicht wirklich verändern, Frauen jedoch sehr wohl etwas gegen ihre »schwabbeligen Mösen« tun könnten. Seine Schlußworte sind eine Aufforderung an männliche Journalisten, »einige Artikel zu dem schwabbeligen Zustand der Vaginen des Landes« zu schreiben. O je! In einem anderen zornsprühenden Brief an Edwards-Jones heißt es: »Ich weiß nicht, ob Sie sich selbst als Feministin bezeichnen, doch ich finde die Art Ihrer Behandlung des Themas in dem derzeitigen gesellschaftlichen und kulturellen Klima bedenklich. Männer sind nicht nur Fleischstücke, die man danach beurteilen kann, ob sie es einer Frau ordentlich besorgen können oder nicht.« Auf rührende Weise beschreibt er dann, wie er sich als junger Mann ein Gerät zur Penisvergrößerung kaufte, um einen ansehnlichen Pimmel zu bekommen, denn er dachte, seiner sei kleiner als der anderer Männer. Auch jetzt noch meint er, im Vergleich zu anderen nicht besonders gut abzuschneiden. Er fragt, wie sie sich wohl fühlen würde, wenn sie in einem Trendmagazin einen von einem Mann geschriebenen Artikel läse, in dem sich dieser über Frauen mit ausgebeulten Löchern und hängenden Titten lustig macht. Würde ein derartiges Pamphlet denn überhaupt von einem Herausgeber angenommen werden? Abschließend schreibt er, mit einem solchen Artikel würde sie nicht »den Spielstand ausgleichen«, sondern »der Sache der Geschlechtergleichheit den Todesstoß versetzen«.

Rührend, nicht wahr? Aber er hat recht: Wenn ein ähnlicher Beitrag über Frauen erschiene, wäre ich (und sicherlich auch Edwards-Jones) empört, das heißt, wenn ein Zeitschriftenherausgeber einen solchen Artikel überhaupt veröffentlichen würde, wie dieser Mann richtig einwendet. Doch allein dadurch, daß wir ein Sortiment von Komplexen gegen ein anderes austauschen (oder zumindest Männer und Frauen gleich anfällig für Komplexe bezüglich ihrer Genitalien machen), gleichen wir den Spielstand noch lange nicht aus. Ein kleiner Artikel, der die Männer wachrüttelt und ihnen vor Augen führt, daß Frauen sehr wohl eine Meinung zu dem Ding haben, macht nicht Jahrhunderte herablassender Betrachtungen über den Zustand des weiblichen Körpers wett. Es ist nicht unsere Sache, über die Maße der intimen männlichen Körperteile zu sticheln und damit den Anspruch auf gleiches Recht für alle zu begründen. Doch es ist beruhigend, zu wissen, daß Männer auf diesem Gebiet genauso verwundbar sein können wie Frauen. Männer müssen auch verstehen, daß Frauen seit vielen Jahren mit Männern leben, die Kommentare über ihre »schwammigen Mösen« abgeben und von denen sie sich anhören müssen, Penetration sei, wie ein Würstchen in einen U-Bahn-Schacht zu werfen oder ein Würstchen im Olympiastadion zu schwenken – und andere herzerwärmende Vergleiche mehr. Mehr oder weniger direkt geben sie uns damit zu verstehen, daß es stets unser Fehler ist, wenn sie nicht die erwünschte sexuelle Befriedigung bekommen, und daß es ebenfalls unser Fehler ist, wenn wir nichts spüren. Unter dem Motto »besserer Sex für alle« wollen wir einfach die Männer darauf aufmerksam machen, daß nicht unbedingt die Frauen die schlaffesten Mitstreiter bei diesem Match sind. Männer müssen auch verstehen, daß es ein relativ neues Phänomen ist, daß Frauen über männliche Anatomie schreiben und daß das auch publiziert wird. Ich höre schon, was sie sagen: Gebt einer heterosexuellen Feministin den kleinen Finger und ... nun, sie will mehr.

Interessant ist jedoch die Anmerkung des *Arena*-Lesers, die Kommentare von Edwards-Jones seien »in dem derzeitigen gesellschaftlichen und kulturellen Klima« unangebracht. Was meint er damit? Im Klima des postfeministischen Großbritannien, in dem die Stellung des Mannes ein wenig unsicherer geworden ist? Oder will er den noch immer auf Veränderung drängenden Frauen damit drohen, sie würden diese nicht durch Späße über Schwänze erreichen? Er sagt, Männer seien keine bloßen Fleischstücke, die danach beurteilt werden dürften, ob sie im Bett den Ansprüchen der Frauen gerecht würden. Wenn Ihnen dieses Argument bekannt vorkommt, so deshalb, weil es eine Zeitlang von Frauen im Zusammenhang mit männlichem Verhalten eingesetzt wurde. Hätten die Männer, die diesen kurzen Artikel lasen und sich darüber ärgerten, bloß einen Bruchteil der Erfahrung der Frauen gemacht, die wissen, was es heißt, ständig zum Objekt degradiert zu werden, so würden sie verstehen, warum Frauen das Bedürfnis haben, solche Artikel zu schreiben. Natürlich ist es nicht fair. Es ist kein Beweis für Emanzipation, doch vielleicht haben die Männer jetzt nicht länger ein Monopol darauf, die Welt wissen zu lassen, welche Art von Sex sie wollen.

Hinzuzufügen ist noch, daß sich Frauen nicht unbedingt nur unfreundlich über das Anhängsel ihres Partners äußern, auch wenn sie die Gelegenheit dazu – und möglicherweise gute Gründe dafür – haben. Sogar die Frau, die mir schrieb, das Ding ihres Partners sei nicht gerade mächtig – eineinhalb Zentimeter im schlaffen und knapp zehn Zentimeter im erigierten Zustand –, machte kein großes Aufheben um diesen Mangel an Größe (oder um das, was in der Medizin als »Mikropenis« bezeichnet wird). Er jedoch wünschte sich das anscheinend; es machte ihn an, wenn sie ihn deswegen demütigte. Es törnte ihn auch an, wenn sie ihm von ihren früheren sexuellen Erfahrungen mit besser ausgestatteten Liebhabern erzählte. Sie wollte das nicht tun, und sie fragte, ob so etwas bei »kleinen Männern« normal sei.

Was die Demütigung betrifft, so würde ich eher »nein« sagen. Das ist nicht das Verhalten eines durchschnittlichen »Mikromannes«. Ein solcher würde vielmehr in einer Ecke vor sich hin schimmeln oder über eine Penisverlängerung nachdenken.

Man kann (und wird sicherlich) nun einwenden, Frauen würden Männer zu einer Penisverlängerung drängen. Schließlich gibt es heutzutage Bilder und Videos, in denen Pimmel (wenigstens ein paar) dem Blick der Öffentlichkeit preisgegeben werden. Die Frauen können diese betrachten und denken nun vielleicht: »Also, mein Michael sieht nicht so aus.« Frauen scheinen heute auch über mehr sexuelle Erfahrung und vielleicht mehr Partner zum Vergleichen zu verfügen. Zeitungsartikel, in denen es heißt, die Penisgröße spiele sehr wohl eine Rolle, mögen Frauen nachdenklich machen. Ich erhielt einen Brief von einem jungen Mann, der mir zu verstehen geben wollte, es sei seine Freundin, die gewollt hatte, daß er sich einer Penisvergrößerung unterziehe – obwohl er seltsamerweise schrieb, seiner Freundin und *seiner Familie* sei mehr daran gelegen gewesen, daß er es tue. Was sich seine Familie davon erhoffte, weiß ich nicht genau. Dieser junge Mann kam aus Tasmanien in Australien und wollte mehr über die Operation wissen. Es gibt ein paar unterschiedliche (jedoch alle grausig klingende) Verfahren, über die ich ihm berichtete. Er wollte auch, daß ich dem Chirurgen, den er aufgesucht hatte, mehr Informationen über die Operation beschaffte, denn diese war in Australien noch nicht besonders oft durchgeführt worden. Nun mag man mich altmodisch nennen, doch wenn mein Chirurg sich von einem Journalisten oder einer Journalistin Ratschläge geben ließe, würde ich ihn gewiß nicht in die Reichweite meiner Geschlechtsorgane lassen. Der junge Mann schien jedoch bereit, das Risiko auf sich zu nehmen.

Offensichtlich entscheiden sich immer mehr Männer zu einer Operation, um ihrem guten Stück ein paar Zentimeter an Länge und/oder Umfang hinzuzufügen. Es ist heute anscheinend nicht möglich, eine Männerzeitschrift zur Hand zu nehmen, ohne auf einen Artikel zu stoßen, in dem jemand den an ihm durchgeführten Eingriff sowie das erfreuliche oder katastrophale Resultat in leuchtenden Farben beschreibt. In Wahrheit ist die Anzahl der britischen Männer, die sich einer penisvergrößernden Operation unterzogen, noch immer relativ gering. Es ist schwierig, Statistiken zu finden, doch in den vergangenen drei Jahren scheinen es keine fünfhundert gewesen zu sein. Auffallend ist darüber hinaus auch, daß die Männer das anscheinend nicht für die Frauen tun, sondern eher für andere Männer. (Das verleiht der Theorie vom »Penisneid« ganz neue Dimensionen, nicht?) Diejenigen, die ihre Operation in Zeitschriften beschreiben, sprechen davon, sich nicht wie andere Männer gefühlt zu haben. Wie die Frauen, die sich ein Brustimplantat einsetzen lassen, entschließen sich die Männer zu einer Operation, weil sie glauben, nicht wie ihre Geschlechtsgenossen zu sein, und nicht, weil sie dem anderen Geschlecht gefallen wollen (obwohl das ein Nebenprodukt der Operation sein könnte). Männer können sich über den Penis anderer Männer ebenso unhöflich äußern wie über weibliche Genitalien. Ich habe noch nie von einer Frau (zumindest von keiner nüchternen) gehört, sie suche einen Mann mit einem Pimmel »so dick wie ein Babyarm«, doch ich habe sehr wohl Männer sagen hören, sie hätten einen anzubieten. Wenn man als Mann über keinen derartigen Prügel in Babyarmdimensionen verfügt, fühlt man sich vielleicht etwas mangelhaft ausgestattet, doch dieses Mangelgefühl kommt eher von der Art, wie ein Mann sich selbst sieht, als von den Worten einer Frau.

Wenn nun das im Verborgenen existierende und kamerascheue männliche Glied plötzlich an die Öffentlichkeit tritt – wie das im Jahr 1990 in der Zeitschrift *For Women* geschah –, so kann es passieren, daß Männer darauf seltsam reagieren. Einige finden es empörend, daß so eine Zeitschrift überhaupt erlaubt ist. Sie fühlen sich verletzt, weil ihre Partnerin begehrlich auf das nicht zu verachtende Ding hinschielt, das der hübsche Junge da enthüllt. Oft strapazieren sie auch das alte Argument, es sei »unnatürlich« für Frauen, so etwas ansehen zu wollen. Einige Männer kommen gut damit zurecht. Andere werfen einen Blick darauf und denken: »Ich bin ganz gut bestückt; ich könnte da auch mithalten.« Sie senden lastwagenweise Fotos von ihren monströsen Schwengeln und wollen sie veröffentlicht haben. Es herrscht eine eigenartige Ungleichheit in diesem Land, in dem die großen Zeitschriftenvertriebsketten penibel darauf bedacht sind, daß Kinder keine Bilder von nackten Männern zu Gesicht bekommen, während es vollkommen zulässig erscheint, Frauen mit weit gespreizten Beinen in demselben Geschäft zur Schau zu stellen. So gesehen überrascht es nicht, daß in einer Kultur, in der die männlichen Genitalien streng unter Verschluß gehalten, die weiblichen aber zur Veröffentlichung freigegeben sind, leichtes Unbehagen in den Männern aufkeimt, wenn auch sie plötzlich den Blicken der Öffentlichkeit ausgesetzt sind. Oder wenn Frauen nun darüber zu sprechen beginnen. Die Männer haben sich vor uns stets als knüppelschwingende Helden mit stählerner Rute präsentiert – mir ist nicht klar, wie sie sich die Reaktion der Frauen auf die Entdeckung, daß dem nicht so ist, vorgestellt haben. Wir Frauen lieben einen kleinen Tratsch, wenn wir einander treffen, und auf diese Weise mußte die Wahrheit über unsere ganze offensichtlich ins Wanken geratene, phallozentrische Kultur ja einmal ans Tageslicht kommen. Kurz und gut – eine offenere und aufgeklärtere Haltung zur Sexualität setzt auch offenere und aufgeklärtere Männer voraus. Die Frauen sind in Veränderung begriffen, das bedeutet, daß dieses Gespenst der Veränderung auch den Männern immer dichter auf den Leib rückt. Es liegt an ihnen, ob sie der Lage gewachsen sein werden oder nicht.

Denn letzten Endes beeinflußt die Art unserer Gefühle in bezug auf Körper und Genitalien unseren Genuß beim Geschlechtsverkehr – und entscheidet darüber, ob dieser Geschlechtsverkehr zu einem Orgasmus führt oder nicht. Es liegt im Interesse der Männer, dafür zu sorgen, daß wir uns in und mit unserem Körper sicherer fühlen, und nicht unsicherer. Die Frau mit den »unsymmetrischen« Schamlippen schreibt unverblümt, daß es ihr »die Lust auf Sex verdirbt«. Wiederholt und vehement geben Frauen an, ihr Äußeres hindere sie daran, Sex zu genießen. Bei meinen Studien sagten sie mir oft, sie seien nicht gerne »oben«, obwohl sie in dieser Position mehr Einfluß auf das Geschehen hätten und leichter zum Orgasmus kämen, denn sie schämten sich wegen ihrer hängenden Brüste oder ihres »vorquellenden Bauches« – weil sie seinen Blicken ausgesetzt sind. Auf ähnliche Weise geben die meisten Frauen an, passiven oralen Sex zu lieben und dabei fast immer einen Orgasmus zu haben. Einige hingegen sagen, sie könnten sich nicht entspannen, wenn es ihnen gemacht werde, weil sie sich zu viele Gedanken über das Aussehen (und den Geruch) ihrer Geschlechtsorgane machten.

Wie können wir die Frauen dazu bringen, sich mit ihrem Körper besser zu fühlen? Die Frauenbewegung hat es versucht, doch das Problem ist bekanntlich nicht so einfach zu lösen. Jahrhundertelang wurden Frauen als dekoratives Zubehör und/oder als asexuelle Wesen, die es zu unterdrücken gilt, betrachtet. Da gibt es das unaufhörliche Geschwätz der Männer darüber, wer hübsch ist und wer nicht, da gibt es am obersten Regalbrett beim Zeitschriftenhändler diese schmollippigen Süßen mit zurechtgetrimmtem Schamhaar und der Schwerkraft trotzenden Brüsten, und da gibt es einen Sack voll selbstkritischer Normen, die uns durch den Anblick schöner Frauen rund um uns im Fernsehen, im Kino, in Zeitschriften und im wirklichen Leben eingeimpft werden. Ich kann dazu nur eines sagen: Wir müssen weiterhin versuchen – so schwer es auch sein mag –, uns mit unserem eigenen Körper wohl zu fühlen und die Männer mit kritischeren Augen zu betrachten, damit es zu einer Veränderung kommt: Denn nur wenn immer mehr Frauen sagen, was ihnen gefällt und was nicht, werden die Männer ihre Position verlassen müssen, in der sie das Recht zu haben glauben, von Sonnenauf- bis Sonnenuntergang unser Äußeres kommentieren zu dürfen.

6 WEG MIT DEN STRAPSEN, HER MIT DEM PULLOVER

Liebe Jay!
Ich weiß nicht, ob es anderen Frauen auch so ergeht wie mir, doch ich fühle mich billig und gehemmt, wenn mein Freund mich bittet, für ihn Strümpfe und Strapse zu tragen. Bin ich anders als andere? Und warum mögen es die Männer, wenn wir uns so kleiden?

Liebe Jay!
Im Sommer lernte ich bei einer Singleparty einen wunderbaren Mann kennen, der fünf Jahre jünger ist als ich (ich bin vierzig) und in den ich mich verliebt habe. Als die Nächte dann kühler wurden, begann ich meine Zopfmusterpullis zu tragen, nach denen er vollkommen verrückt wurde – ich hatte zwei, aber jetzt besitze ich für jeden Tag einen in einer anderen Farbe.
Ich kann irgendwie ahnen, warum sie ihm so gefallen, denn meine Brüste sehen sehr hübsch und wohlgeformt aus, wenn ich diese Pullis trage.
Vor einigen Wochen nun, als wir eine unserer kleinen Kissenschlachten auf der Couch hatten, hatte ich plötzlich ein Stück Kette um meine Handgelenke und Arme (damit ich meinen Pulli nicht ausziehen konnte). Ich war ungemein erregt, und wir hatten den wunderbarsten Orgasmus in der Geschichte der Menschheit. Bisher kam mir sein Pulloverfetischismus seltsam vor, doch nun muß ich entdecken, daß wir beide recht abartig veranlagt sind.
Benehmen wir uns verantwortungslos? Kann uns dieses Verhalten schaden? Machen andere Leute so etwas auch? Ich wußte nicht, daß Sex so toll sein kann. Bitte sagen Sie mir, was Sie darüber denken!

Wonderbras, Wonderpants, String-Tangas, Reizwäsche, Strapse, Strümpfe, transparente Höschen, geschlitzte Höschen – sehen Frauen in derartigen Kleidungsstücken sexy aus? Fühlen sich Frauen in ihnen sexy? Müssen wir sexy aussehen, bevor wir uns sexy fühlen können? In den Sex-Informationsbüchern werden derartige Sujets bis zum Überdruß abgehandelt, doch wie weit ist die Sexualität einer Frau an die Kleidungsstücke gebunden, die sie trägt?
Dem Thema Frau und Kleidung wurde von den verschiedensten Seiten besondere Beachtung geschenkt. Eines der zentralen Dogmen feministischen Denkens ist, daß es einer Frau gestattet sein müsse, sich so zu kleiden, wie immer sie wolle, und daß sie nicht von Männern der Provokation bezichtigt werden dürfe, sollte sie etwa einen Minirock oder ein Kleidungsstück mit großzügigem Dekolleté tragen. Das problematische an der Theorie der »provozierenden« Kleidung ist ja – wie viele Feministinnen ganz richtig erkannten – nicht die Kleidung an sich, sondern das Postulat, daß Männer diese als provozierend erleben. Denn dadurch wird unausweichlich der Mythos am Leben erhalten, dem zufolge die Männer von unkontrollierbaren Trieben gepeitscht werden, wenn sie einer sexy angezogenen Frau gegenüberstehen. Die zugrundeliegende Annahme dabei ist, daß eine spärlich Frau »es will« – sie ist Freiwild. Wenn sie »nein« sagt, meint sie das natürlich nicht wirklich, denn ihre Kleidung ruft doch »ja«.
Dieses Argument wurde während der letzten zehn oder zwanzig Jahre von den obersten Instanzen unseres Rechtssystems und anderen tragenden Säulen unserer Gesellschaft bemüht. Kecke Kleidung an einer Frau mit Vergangenheit – das ist der unwiderlegbare, jedes Schwurgericht überzeugende Beweis dafür, daß man es hier mit einer Schlampe zu tun hat, die auszog, die Männer des Landes zu verschlingen.

Wenn sie aber Anklage wegen sexueller Nötigung oder Vergewaltigung erhebt – nun, man kann es doch dem armen Kerl nicht verdenken, den sie so provoziert hat, er handelte doch gemäß seinem Instinkt, und der ist schließlich unkontrollierbar. Die Feministinnen taten ihr Bestes, den Mythos vom anarchistischen männlichen Geschlechtstrieb und der Frau, die es »haben will«, wenn sie enganliegende, kurze oder durchsichtige Kleidung trägt, zu zerstören. Doch die Assoziationen zwischen bestimmten Kleidungsstücken und sexueller Verfügbarkeit sind nach wie vor recht wirr und werden wohl noch längere Zeit aufrechterhalten bleiben.

In der postfeministischen Zeit scheinen es nun immer mehr Frauen als gegeben zu nehmen, daß sie fast alles tragen können, was sie wollen und wann sie wollen (so es die gesellschaftliche Situation zuläßt). Wenn sie beschließen, in einen Mikromini oder ein Chiffonshirt mit Leopardenmuster zu schlüpfen, in dem sich die wippenden Brüste gut abzeichnen, so geht das niemanden etwas an – außer sie selbst. Auch viele junge Männer nehmen das als gegeben hin. Während sexy Kleidung früher als etwas angesehen wurde, das eine Frau einzig zu dem Zweck trug, Männer anzulocken, so tragen viele Frauen diese nun für »sich« – sie sagen, sie fühlen sich mächtiger und sexy in Kleidung, die ausdrückt, daß sie sexuelle Geschöpfe sind, die über ihre Sexualität selbst bestimmen. Das hat die Frauen jedoch bis jetzt weder daran gehindert, sich den Kopf darüber zu zerbrechen, was sie anziehen sollten, noch daran, die Kleidung anderer Frauen zu kommentieren.

Man betrachte zum Beispiel die verbale Schlammschlacht zwischen den beiden früheren *Guardian*-Kolumnistinnen Germaine Greer und Suzanne Moore im Frühjahr 1995. Als Moore schrieb, Greer habe sich als junge Frau die Gebärmutter entfernen lassen (was sie irgendwo gelesen hatte, aber nicht den Tatsachen entsprach), schlug Greer ebenso tief unter der Gürtellinie zurück. Sie kommentierte zuerst Moores Äußeres – und dann ihre Intelligenz. »Ihr Haar ist das reinste Vogelnest, sie trägt Bums-mich-Schuhe, ihre Brüste hängen acht Zentimeter weit aus dem Ausschnitt ... und unter so viel Lippenstift muß das Gehirn ja verfaulen.« Das war natürlich kein Argument, das die Nation erschütterte – die Leser der Qualitätszeitung verschluckten sich wahrscheinlich bloß kurz am Kaffee. Doch das bemerkenswerte hier ist, daß die »Mutter des Feminismus« Moore nicht vorwarf, sich bezüglich irgendwelcher Fakten zu irren, sondern sie bezichtigte, wie eine Nutte auszusehen. Es war die »unschwesterliche« Häme, die die Leute stutzig machte. Wir alle haben schon das eine oder andere Mal recht unfreundliche Kommentare über die Kleidung anderer Frauen abgegeben, da wir wissen, wie das schmerzt. Auch wenn wir nichts sagen, machen wir uns wahrscheinlich darüber Gedanken, was sie wohl vorhat, wenn wir eine Frau sehen, die auf fünfzehn Zentimeter hohen Absätzen daherwankt, einen bis zum Nabel reichenden Rock trägt und ihre Brüste so weit heraushängen läßt, daß man befürchten muß, sie würden sich gleich selbständig machen.

In Wahrheit ist es nicht die Kleidung anderer Frauen, gegen die wir Einwände haben, sondern das Verhalten, das damit einhergehen kann. Wir können Frauen nicht leiden, die sich im allgemeinen leger anziehen, in Gegenwart eines Mannes jedoch aufgeputzt wie ein Weihnachtsbaum daherkommen, denn wir haben das Gefühl, daß diese Frauen ihre Geschlechtsgenossinnen verraten. Es ist ganz in Ordnung, wenn sie Kleidung trägt, die in die Spalte zwischen ihren Beinen hineinkriecht, Brustwarzen und Hintern zur Schau stellt, mehr Haut als Stoff am Körper trägt und dabei die Männer mit einem Zungenschnalzen oder einem Wink mit dem Lohnsäckchen in die Knie zwingt – doch wenn sie in dieser Aufmachung kichernd und wimpernklimpernd den Ausführungen der Männer über ihre »Herrenabende, an denen sie ordentlich auf den Putz gehauen haben«, lauscht, dann ist sie eben nicht gerade die beste Kollegin. Das mag unfair und überkritisch sein, doch wir können nicht die Augen davor verschließen, daß es so etwas noch immer gibt. Tatsache ist, daß manche Kleider einen bestimmten geschichtlichen Hintergrund haben. Wenn man es fertigbringt, diese Kleidung zu tragen und ihre Bedeutung in ihr Gegenteil umzukehren, so wie das Madonna mit großem Effekt getan hat – großartig. Sie betritt die Bühne in kegelförmigem BH, Strapsen und Strümpfen – all dem Drum und Dran einer lebendig gewordenen Männerphantasie –, wiegt ihr Becken und sieht nach der Vorstellung ebenso gut aus wie vorher. Frauen bewundern sie, weil sie eine Künstlerin ist, die ihr Leben im Griff hat – eine Frau, die sich anzieht, wie es ihr gefällt. Daß viele Männer behaupten, sie sei nicht sexy, kommt vielleicht daher, daß sie sich nicht für sie anzieht. Sie trägt all den sexy Aufputz einer herkömmlichen Männerphantasie – doch die Botschaft ist, daß sie das tut, um *sich selbst* sexy zu fühlen. Allerdings ist sie eine Multimillionärin, was die Sache vereinfacht. Bei einer Frau, die nicht so viel Geld hat wie sie und sich in der traditionellen Männerfangausstattung nicht allmächtig fühlt, sind die Dinge womöglich weniger klar. Die Frau, die mir schrieb, sie fühle sich unwohl und »billig«, wenn sie Strümpfe und Strapse für ihren Freund trägt, ist ein gutes Beispiel dafür. Sie fragte mich, warum die Männer es mögen, wenn sich die Frauen so kleiden.

Strümpfe und Strapse werden in unseren Köpfen meist mit einer etwas anrüchigen Vorgeschichte in Verbindung gebracht. Sie sind Gegenstand der Softpornohefte und -videos für Männer – Gegenstand des ersten erotischen Erlebnisses für viele heterosexuelle Männer. Ich weiß nicht genau, wie lange diese Dinge schon mit einer derartigen sexuellen Bedeutung besetzt sind und wie es dazu kam, doch ich denke, es hat viel damit zu tun, daß diese Wäschestücke die Aufmerksamkeit auf die Beine lenken, ihnen einen schimmernden Glanz verleihen und dabei doch an den Oberschenkeln genug nackte Haut freilassen, um erahnen zu lassen, was danach kommt. Auch die Form des Strumpfhalters lenkt die Aufmerksamkeit auf die Geschlechtsorgane der Frau – diese werden umrahmt von Satin oder Spitze und dem spitzenbesetzten oberen Ende der Strümpfe. Dann spielt auch der Tastsinn eine Rolle: einerseits das seidige Material der Strümpfe an wohlgeformten Beinen (von denen selbstverständlich jedes Härchen durch Wachs, Zupfen oder Rasieren sorgfältig entfernt wurde), andererseits die erotisierende Entdeckung von nacktem Fleisch an den Oberschenkeln. Das Kommende wird in der Phantasie erlebt, wenn die Frau die Strümpfe vom Strumpfhalter löst. Es erhöht die sexuelle Spannung. Ja, Strümpfe und Strapse sind sicherlich mit sexueller Bedeutung erfüllt – sie sind ein wahres Fest für die Sinne.

Als in den sechziger Jahren die Strumpfhose ihren Siegeszug antrat, wurde sie als Befreierin der Frauen gefeiert. Eine Frau konnte nun auf Bäume klettern, sich von Felswänden abseilen und Autobusse lenken, ohne daß sie ständig darauf achten mußte, daß ihr die Männer nicht unter den Rock starrten oder daß dieser nicht vom Wind hochgeweht wurde.

Eine Freizeithose aus festem Stoff hätte diesen Zweck zwar weit besser erfüllt, doch für Frauen, die nicht gerne Hosen, sondern lieber Röcke und Kleider trugen, waren die Strumpfhosen viel wärmer und praktischer. Die Männer waren – wie leicht zu erraten war – nicht begeistert, denn sie erschwerten den »Zugang« und erzeugten nicht diese sexuell aufgeladenen Oberschwingungen. Es war ihnen nicht ganz geheuer, daß sie aus demselben Material wie die Strümpfe waren, die Frauen jedoch verhüllten. Sie betonten nicht auf diese archetypische und übertriebene Weise das Weibliche. Alex Comfort, der Autor des Siebzigerjahre-Bestsellers *The Joy of Sex**, schreibt in der überarbeiteten Version für die Neunziger, *The New Joy of Sex*: »Strumpfhosen sind ein Hindernis, sofern sie nicht im Schritt offen sind, und für die meisten Männer nur erotisch, wenn sie deutlich sichtbar ohne Unterhose getragen werden.« Nein, nein, Strumpfhosen sind nicht männerfreundlich. Wie Comfort hervorhebt, sind Strümpfe und Strapse weit besser: »Am besten sind altmodische schwarze Strümpfe, die prossy aussehen.« »Prossy« bedeutet »wie eine Prostituierte«, vermute ich. Deshalb, so scheint es, mögen es die Männer, wenn eine Frau Strümpfe und Strapse trägt.
Was soll nun eine Frau heutzutage mit Strümpfen? Sie passen nicht zu einer Garderobe der neunziger Jahre – außer man leidet gerade an einer Blasenentzündung und soll Nylonunterhosen und -strümpfe meiden. Viele Frauen tragen heute Jeans und andere lange Hosen, und unter diesen trägt man üblicherweise keine Strapse. Auch besteht die Gefahr, daß man den Strumpfhalter unter diesen neuen Lycra-versetzten Kleidungsstücken sieht, was keinen guten Eindruck macht. Man kann auch »Selbsthalter« tragen, wobei die

* dt.: *Die Spiele der Liebe,* Stuttgart 1980

Oberschenkel mit einem bandähnlichen Ding umwickelt werden und so hübsch wie eine zu gut gefüllte Knackwurst aussehen. Doch wenige Frauen wagen es, in Selbsthaltern außer Haus zu gehen, denn sie müssen stets befürchten, daß die Strümpfe rutschen oder die Füße wegen der mangelhaften Blutzirkulation zu kribbeln beginnen. Selbsthaltende Strümpfe mögen vielleicht für sexuelle Aktivitäten zweckdienlich sein, doch sicher nicht für andere. Vielleicht liegt ein Paar Strümpfe in der untersten Schublade mit der Aufschrift »sexy Sachen, zu tragen nach 15 Cola-Rum und einem Schlangenbiß«, doch wir verwenden sie selten. Und wenn wir sie nach 15 Cola-Rum und einem Schlangenbiß anzuziehen versuchten, würden wir sie wahrscheinlich eher über den Kopf als über die Beine ziehen.

Wir Frauen wissen aber, daß Männer auf Strapse und Strümpfe abfahren und verstehen das auch durchaus zu nützen. Wir können etwa diese Utensilien zu unserem Vorteil einsetzen, wenn wir auf Aufriß gehen oder wenn er keinen Sex will, wir aber schon. Wir sind auch nicht dagegen immun, von dem Anblick unserer eigenen Person oder einer anderen Frau in Strümpfen erregt zu werden: Sie können sexuelle Gefühle in uns wecken, weil eben auch wir mit den Bildern von bestrumpften Sexbomben in Pornoheften aufgewachsen sind und weil wir uns vorstellen, einen Mann damit anzutörnen. Viele Frauen berichten von starken Gefühlen der Erregung, wenn sie Strümpfe und Strapse unter ihrer normalen Alltagskleidung oder abends beim Ausgehen tragen. Sie fühlen sich »verrucht« und »sexy« bei dem Gedanken, etwas Aufreizendes zu tragen, von dem niemand etwas weiß. Andere Frauen geben an, Strümpfe und sexy Wäsche zum Masturbieren anzuziehen. Es erregt sie, sich selbst in dieser Aufmachung zu sehen. Frauen ziehen sich also nicht immer unbedingt nur für einen Mann sexy an.

Frauen, die es schwierig finden, sexuell die Initiative zu ergreifen, können Strümpfe, Strapse und sexy Unterwäsche auch als Signal einsetzen. Bei vielen heterosexuellen Paaren ist das eine Symbolsprache, die zu funktionieren scheint – wenn sie ein bestimmtes Nachthemd oder zum Ausgehen am Abend Strümpfe und Strapse wählt, kann das ein unausgesprochenes Zeichen an ihren Partner sein, daß sie sexuell interessiert ist. Das Problem bei dieser Zeichensprache ist nur, daß die Frau die Meinung ändern oder das Signal mißverstanden werden kann.

Die Schreiberin des obigen Briefes beginnt mit den Worten: »Ich weiß nicht, ob es anderen Frauen auch so ergeht wie mir, doch ich fühle mich billig und gehemmt, wenn mein Freund mich bittet, für ihn Strümpfe und Strapse zu tragen.« Ich nehme an, es geht einer ganzen Menge Frauen genauso. Ja, wir wissen, wenn wir uns in die Nylonstrümpfe zwängen, bringen wir ihn mächtig auf Touren, und wir fühlen uns möglicherweise gut dabei. Doch wir denken vielleicht auch, er möchte, daß wir uns so zurechtmachen wie die Frauen in den Pornoheften, damit er sich dann vorstellen kann, wir seien eine von diesen. Manche unter uns fühlt sich auch nicht wohl bei der Verbindung zwischen Frauen, Strapsen und dem übrigen herkömmlichen Softporno-Zubehör (der Kopf einer Feministin auf dem Körper einer heterosexuellen Frau – das kann recht verwirrend sein). Das Gefühl, zum Objekt gemacht zu werden, kann verunsichern – wie die Briefschreiberin sagt. Unmöglich scheint es uns aber wohl, einen Mann zu bitten, ein entsprechendes Wäschestück mit sexueller Konnotation anzuziehen, das uns antörnt. So etwas funktioniert nur einseitig, und eine Frau fühlt sich dabei unbehaglich. Sicherlich würden viele Männer sagen: »Klar trage ich, was du willst«, doch nichts hat auf Frauen diese anscheinend universelle Reizwirkung, die

Strümpfe und Wäsche auf Männer ausüben. Wir können nicht sagen: »Nimm für mich heute nacht deine Sockenhalter, Schatz« oder: »Wenn du mich wirklich liebtest, würdest du deine vorne/hinten offene Pyjamahose anziehen.« Nun, vielleicht könnten wir es sagen, doch die Chancen stehen gut, daß wir diese Dinge nicht im geringsten sexy finden – sofern es sie überhaupt gibt. Das liegt nicht daran, daß Frauen etwa nicht durch Kleidung erregt werden könnten, oder daran, daß ein Männerkörper nicht sexy sein kann. Der Grund ist der, daß wir nie die Gelegenheit hatten, ein solches Repertoire an Kleidungsstücken mit sexueller Konnotation aufzubauen wie ein Mann. Selbstverständlich antworten viele Frauen auf Umfragen in Frauenmagazinen und geben an, sie sähen einen Mann am liebsten in Jeans oder Anzug – aber da gibt es keine große Auswahl, oder? Im großen und ganzen scheinen in einer Welt, in der Männer Jeans, Anzüge, bequeme Freizeithosen oder Trainingsanzüge tragen, die beiden ersten am günstigsten zu sein, wenn wir beurteilen sollen, wie er wohl unter seiner Alltagskleidung aussieht.

Natürlich ziehen viele Paare in der Intimität ihres Heimes bestimmte Sachen für den anderen an. Eine Frau mag für ihren Partner diese neuartigen »Panties«, eine Art enganliegender halblanger Unterhosen aus Lycra, kaufen (klingt das nicht sexy: Zieh deine Panty für mich an, Liebling?). Ein schöner Mann in einem hübschen Slip ist nicht gerade das, was Frauen abstößt. Viele Frauen sagen auch, sie fänden Männer in Uniform anziehend. Manchen gefällt ein Priestertalar, andere mögen Latex oder Leder. Darstellungen von Männern in Uniform findet man in Zeitschriften wie *For Women* oder *Desire*, einer Zeitschrift für Paare. 1995 erschien auch ein für heterosexuelle Paare bestimmtes Video mit dem Titel *Real Lives, Real Sex Lives* (Astrion), in dem ein Paar über seine Lieblingsphantasien spricht und diese ausführt (der Mann liebt Frauen im Busineßkostüm, die Frau Männer in Uniform). Aber so wie die Dinge im Moment stehen, wird das Angebot an Darstellungen mit sexuellem Inhalt klar von dem bestimmt, was heterosexuelle Männer gerne sehen.

Wie ich schon an anderer Stelle sagte, wählen manche Frauen die Option, erotische Bilder von Männern in der Schwulenpornographie zu suchen. Hier geht es oft darum, Männerkörper in Kleidung zu hüllen, in der sie am vorteilhaftesten aussehen. Viele schwule Männer werden von Männern in Uniform angetörnt – wie viele heterosexuelle Frauen auch. Es ist auch kein Monopol der Schwulen, den Anblick eines Mannes mit gestähltem Oberkörper und muskulösen Armen in einem engen T-Shirt zu genießen – oder denjenigen von Leder oder Latex über einem festen Hintern oder einem einsatzbereiten Penis. Wir sehen auch nicht ungern Pobacken, die aus »chaps« herauslugen (das ist ein Kleidungsstück, das von einem Mitglied der Popgruppe Take That bei einem Auftritt getragen wurde und das unter Eltern eine gewisse Uneinigkeit darüber schuf, ob diese Aufmachung für ein hauptsächlich aus weiblichen Teenagern bestehendes Publikum geeignet sei). Und es ist auch kein Zufall, daß Frauen die männlichen Sportstars in *For Women* am allerliebsten möglichst unbedeckt abgebildet sehen. Das sind gut trainierte Männer im enganliegenden Dreß oder in knappen Shorts, Männer, deren Körper und körperbetonende Kleidung von Frauen betrachtet und bewundert wird. *For Women* und Schwulenmagazine sind zwei Möglichkeiten, graphische Darstellungen von Männern in sexy Kleidung sehen zu können – doch wo findet man sonst noch Männer, die sich ihrer Garderobe entledigen, damit es ein wenig in unserem Bauch kribbelt?

Kleidung und Sex

Interessanterweise haben nur wenige Sexbücher etwas über die Beziehung zwischen Frauen, Kleidung und Sex zu sagen. Es gibt Fotos und Zeichnungen von Frauen in der kompletten Ausrüstung – Unterhosen in der Größe von Puppenwäsche, spitzenbesetzten Strümpfen, bis zu den Oberschenkeln reichenden Stiefeln, Pumps mit bleistiftdünnem Absatz, transparenter Bluse, bis zum Nabel hochgezogenem Minirock. Vielleicht bekommt man auch einmal eine heruntergezogene Hose und einen Männerarsch von hinten zu sehen. Doch es steht sehr wenig über Sex und Kleidung geschrieben. Es gilt als selbstverständlich, als unausgesprochene Norm – Frauen ziehen sich für Sex an, richtige Männer ziehen sich aus. Die Bücher erklären uns genau, wie wir uns mit nacktem Körper wohl fühlen, wie wir lernen, sexuell auf x, y und z zu reagieren, doch wenige erwähnen die unleugbare Beziehung zwischen heterosexueller weiblicher und männlicher Sexualität und Kleidung. Alex Comfort geht in *The New Joy of Sex* jedoch darauf ein. In dem Kapitel mit dem treffenden Titel »Kleidung« führt er aus, daß Kleidungsstücke, biologisch gesehen, »Auslöser« sind, und daß es diese Auslöser sind, die uns erregen. »Auslöser für den Mann sind Kleidungsstücke, die die Brüste und das Gesäß betonen, oder die wie enge Hosen die ›Umrisse der Frau vereinfachen‹. Frauen sind von dieser Art konkreter Signale nicht so abhängig – den richtigen Mann zu haben, ist der wichtigste soziale und emotionale Auslöser für sie.« Da haben wir's wieder. Männer werden durch optische Reize stimuliert, Frauen brauchen bloß den »richtigen Mann«. Wenn dem so ist, warum sehen so viele Frauen dann ihren Mann gerne in diesen enganliegenden Slips? Warum verlangen so viele Leserinnen von *For Women* Sportler im penis- und po-

ponachzeichnenden Lycra-Dreß? Warum kommentierten so viele Frauen das, was der Athlet Linford Christie in seinem »Proviantbeutel« hat? Warum sagten so viele Frauen, sie hätten den Anblick des prächtigen Darcy in seiner engen Reithose in der BBC-Bearbeitung von *Pride and Prejudice* aus dem Jahr 1995 genossen? Diese Kleidungsstücke »betonen« und »vereinfachen die Umrisse« der männlichen Genitalien; sie sagen uns nicht, ob es sich dabei um einen Mann handelt, der seine Gefühle zeigt und seinen Beitrag zur Kindererziehung leistet.

Comfort beschreibt dann, wie manche Menschen von Kleidung im Naß-Look, von Pelz, Latex, Plastik und Leder angetörnt werden. Doch sind es seinen Ausführungen zufolge »meist Männer, weniger Frauen«, die darauf reagieren. In dem Buch *Female Fetishism: A New Look* (Lawrence & Wishart, 1994) schreiben Lorraine Gamman und Merja Makinen, das britische »Fetischmagazin« *Skin Two* schätze den Frauenanteil seiner Leserschaft auf vierzig Prozent (obwohl man sich dessen nicht sicher ist, denn einige Leser, die unter einem weiblichen Namen abonnieren, könnten Transvestiten sein). Selbstverständlich können Frauen durch verschiedene Textilien erregt werden, und Gegenstände können zu Fetischen für sie werden. Wir alle gehen doch gerne einkaufen, oder? Unsere Lust am Einkaufen hängt nicht zuletzt damit zusammen, daß das Befühlen der Materialien etwas Sinnliches an sich hat. Wir lieben das Gefühl von seidigem Satin, wir streichen gerne mit der Hand über flauschige Pelzimitate, hartes oder weiches Leder und manchmal Latex oder PVC. Wir lieben den Geruch von manchen Materialien – Velours, Leder, Latex. Und wir genießen es, diese Materialien an einem Mann zu sehen oder zu fühlen. Doch Comfort setzt seine Ausführungen zum Thema Kleidung als Auslöser für Männer folgendermaßen fort: »Winzige, enganliegende String-Tangas betonen ihre Vulva und verbergen sie gleichzeitig; sie halten ihren Duft zurück, so daß man sie durch den Stoff hindurch küssen kann. Man denkt dabei an wilde, sexy Mädchen, nicht an keusche Schwesterfiguren.« Sehr interessant. Viele Frauen, schreibt er, würden sich deshalb unwohl beim Tragen von sexy Wäsche oder was auch immer fühlen, weil sie glauben, der Mann sei pervers oder ziehe das Wäsche- oder Kleidungsstück der Person darin vor. Aber wir müssen uns nicht so fühlen, teilt er uns mit: »Was einen antörnt, kann man sich nicht aussuchen – es tut es oder tut es nicht … Wenn er langes Haar mag, lassen Sie es wachsen – Sie könnten auch versuchen, schlanker zu werden oder sich blondieren zu lassen, um attraktiv für ihn zu sein.« Als Alternative könnte man ihm ja auch sagen, er solle sich eine solche suchen und Sie in Ruhe lassen, falls er eine schlanke und blonde Frau möchte, Sie aber weder das eine noch das andere sind. Ich erinnere Sie daran, das ist *The New Joy of Sex*, die überarbeitete Version der neunziger Jahre; daher fügt Comfort am Ende des Kapitels hinzu: »Wenn auch Sie durch etwas angetörnt werden, sagen Sie es und benutzen Sie es.« Natürlich verliert er kein Wort darüber, wovon Frauen angetörnt werden könnten.

Fesselung und Zopfmusterpullis

Das Interessante an dem zweiten Brief zu Beginn dieses Kapitels ist, daß er zeigt, daß fast jedes Kleidungsstück potentiell sexy sein kann. Es ist leicht zu verstehen, warum viele Männer Strümpfe und Strapse so sexy finden und warum viele Frauen aufgrund ihrer Vorgeschichte diesbezüglich ambivalente Gefühle haben. Aber Zopfmusterpullis? Die Schreiberin sagt, sie habe am Anfang nicht verstanden, warum ihr jüngerer Liebhaber so vernarrt in ihre Lieblingspullis ist. Es ist auch kein Wunder, daß sie etwas verwirrt war – bei den Präferenzen der Männer denken wir eher an Wäsche, Strapse, zarte Négligés, Babydolls, Miniröcke und hohe Absätze. Sexy Unterwäsche, nicht Strickware! Dann aber schreibt sie: »Meine Brüste sehen sehr hübsch und wohlgeformt aus, wenn ich diese Pullis trage.« Ich bin sicher, das tun sie, und wenn er sie mag, um so besser! Das zeigt uns, daß die Männer keine homogene Gruppe mit identischen Geschmäckern, Wünschen und Trieben sind. Darstellungen mit sexueller Konnotation für die Zielgruppe der heterosexuellen Männer sind zwar vorwiegend nach dem Strümpfe-Wäsche-Muster gestrickt (wer einen Beweis dafür will, der werfe einen Blick in die gängigen britischen Männermagazine: Fast alle veröffentlichten um Weihnachten 1995 einen Artikel über den Einkauf von Wäsche für die Partnerin – ein recht fadenscheiniger Vorwand, Frauen in Strapsen und Unterwäsche abbilden zu können, und eigentlich eher ein Geschenk für die Männer als für uns), doch das heißt nicht, daß alle Männer darauf abfahren. Manche Männer fühlen sich manipuliert wie der Pawlowsche Hund – es soll ihnen auf Knopfdruck der Speichel triefen, wenn sie eines Bildes einer Frau in Dirnenaufmachung ansichtig werden. Nicht alle törnt das an.

Während der siebziger und achtziger Jahre, als viele Frauen gegen diese sexuellen Stereotype protestierten, indem sie sich weigerten, ihre Beine zu rasieren, schwere Schuhe und Männerjacken trugen und ihr Haar kurz schoren, sagten interessanter- und ironischerweise viele aufgeklärte und gebildete Männer, daß sie diesen Look mochten. Sie liebten behaarte Frauen. Das kurze Haar gefiel ihnen, weil man den Nacken der Frau sah und sich vorstellen konnte, an ihren Ohren zu knabbern. Sie mochten sogar die klobigen Schuhe an den Frauenbeinen. Nun war das möglicherweise eine kleine Kriegslist, die den Feministinnen den Wind aus den Segeln nehmen sollte, vielleicht aber auch nicht. Sicherlich war eine kurzgeschorene Frau in schweren Stiefeln mit einem trockenen »Pfoten weg« auf den Lippen neu und aufregend. Die Lehre, die wir daraus ziehen können, ist jedoch folgende: Was sexy ist und was nicht, ist durch Konvention festgelegt und durchaus nicht zu allen Zeiten das gleiche.

In *Pleasure: The Truth about Female Sexuality* (HarperCollins, 1993) streicht Margaret Leroy heraus, daß Unterwäsche von vielen Männern mit einer erotischen Bedeutung versehen wird, weil sie diese (bewußt oder unbewußt) mit ihrem ersten Blick auf eine nackte Frau assoziieren. Das ist in den meisten Fällen ihre Mutter. Leroy schreibt: »Prostituierten zufolge finden die meisten Männer nicht die Unterwäsche sexy, die gerade in Mode ist, sondern die, die ihre Mutter trug, als sie ein kleiner Junge waren«, und im London der sechziger Jahre berichteten Prostituierte über »eine plötzliche Nachfrage nach Gasmasken und Bademänteln, den Dingen, die die Mütter in den Luftschutzkellern trugen, als die Fetischisten mittleren Alters kleine vier- oder fünfjährige Jungen waren«. (Leroy zitiert aus dem Buch *Female Perversions* von Louise Kaplan, dt.: *Weibliche Perversionen: von befleckter Unschuld und verweigerter Unterwerfung,* Hamburg 1991.) Vielleicht hatte der Zopfmusterpulli-Liebhaber sein erstes erotisches Erlebnis mit einer Frau in solch winterlicher Wollware.

Die Schreiberin dieses Briefes teilt uns mit, ihr Freund wolle nicht, daß sie ihren Winterpulli beim Geschlechtsverkehr ausziehe. Er hindert sie sogar daran, indem er ihre Handgelenke zusammenkettet. (Er fesselt auch ihre Knöchel, schreibt sie im ungekürzten Brief). Natürlich steckt da mehr dahinter als bloße Lust an Damenpullis. Zu der grobgestrickten Maschenware kommen Ketten – es ist ein wahres Fesselungs- und Zopfpullifest, Herrschaft und Unterwerfung in einem Pullover. Und die Frau sagt, sie genieße es, sie hätte den »wunderbarsten Orgasmus in der Geschichte der Menschheit« gehabt.

Was ist das nun genau? Nun, es könnte der Alptraum einer Feministin sein: Eine Frau, die für ihren Mann einen Zopfpulli trägt, und ein Mann, der ihre Handgelenke und Knöchel fesselt, so daß er sie beherrschen und in eine Position sexueller Unterwerfung zwingen kann. Und eine Frau, die vorgibt, das zu lieben. Uh-oh.

Die Briefschreiberin fragt, ob ihr sexuelles Verhalten verantwortungslos sei, doch ich kann mir nicht denken, warum. Wenn sie eine radikale Feministin fragte, bekäme sie wahrscheinlich eine anderslautende Antwort. Und von einem männlichen Sex-Experten bekäme sie vielleicht wieder etwas anderes zu hören.

Sie fragt, ob ihnen diese sexuelle Gewohnheit schaden könnte. Das wird es nicht, außer sie entwickelt eine Allergie gegen Zopfpullis, oder ihr Freund verliert den Schlüssel für die Kette und sie muß sie mit den Zähnen öffnen. Sie fragt mich, ob »andere Leute so etwas auch machen«. Ich bin sicher, daß sie das tun – viele Frauen tragen Pullis, die ihre Brüste betonen, und vielen Männern gefällt das. Viele Paare genießen es, einander zu fesseln und unterwürfige/dominante Rollen beim Geschlechtsverkehr einzunehmen. Das ist eines der geläufigsten Themen erotischer Romane.

Den Sex-Anleitungsbüchern zufolge ist Fesselung im allgemeinen eine gute Methode, dem Geschlechtsleben etwas zusätzlichen Kitzel zu verleihen, sofern es sich dabei um zwei Erwachsene handelt, die das beide wollen. Alex Comfort schreibt in *The New Joy of Sex*, viele Frauen würden die

Hilflosigkeit und die vorübergehende Überbetonung der männlichen Macht genießen. Für manche Frauen ist Fesselung eine ziemlich krasse Form männlicher Dominanz, doch es ist auch eine Form, die viele Frauen aktiv wünschen, fördern und genießen. Unsere Frau erlebte Himmel und Erde bewegende Orgasmen – sexuelle Befriedigung durch einen Mann, der sie fesselte. Sie sagte, sie hätte nicht gewußt, daß »Sex so toll sein kann«.

Was sollen wir darüber denken, daß etwas, wobei wir uns vielleicht unbehaglich fühlen, für jemand anderen so ungeheuer lustvoll sein kann? Die Briefschreiberin selbst ist offenbar – mehr oder weniger – beunruhigt, denn sonst hätte sie nicht die Mühe des Briefschreibens auf sich genommen und meine Meinung zu diesem Thema eingeholt.

Ihr Freund sieht sie gern in Zopfmusterpullis, daher hat sie sich einen für jeden Tag der Woche gekauft. Das Wissen, daß er diese Pullis liebt, bereitet ihr Lust, und sie fühlt Lust, weil er mächtig darauf abfährt. Doch vielleicht hat sie das Gefühl, eine Art Anziehpuppe zu sein. Die Sexbücher sind in dieser Hinsicht nicht besonders hilfreich; sie verbreiten weiter die herkömmliche Ansicht, daß sich Frauen für Männer zurechtmachen *sollten*. Männern, so scheinen sie zu postulieren, ist es biologisch vorbestimmt, gewisse Kleidungsstücke sexy zu finden. So als ob sie beim Herauskrabbeln aus der Babytragetasche bereits wüßten, daß enge »Höschen« und »String-Tangas« die Formen einer Frau perfekt enthüllen. Frauen haben tatsächlich, wie wir wissen, weniger Macht als Männer – es ist durchaus nicht überflüssig, daß Feministinnen, welcher Richtung auch immer, ständig darauf hinweisen. Frauen werden auch, wie wir wissen, dazu ermuntert, sich für Männer zurechtzumachen und das zu tragen, was Männer lieben, um sie zu erregen. Es wird uns auch nahegelegt, es zu akzeptieren, wenn ein Mann

Frauenkleidung anzieht und ihn das erregt. Und wie wir weiter wissen, gibt es nicht viel Geschriebenes über die Sexualität der Frau, über ihre Wünsche und die Kleidung, die sie gerne an einem Mann sieht. Möglicherweise ist es das Gefühl, sich stets für ihren Mann anziehen zu müssen, das in unserer Briefschreiberin gewisse Vorbehalte gegenüber dieser Art von Sex weckt. Ähnlich empfinden wir, wenn ein Mann in der Küche den Unfähigen spielt (vielleicht spielt er es auch nicht, aber er *könnte ja kochen lernen!*) oder Sätze von sich gibt wie: »Aber du kannst doch viel besser Wasser heiß machen als ich.« Der springende Punkt liegt hier darin, daß wir wollen, daß er es versucht, und daß er sich ein wenig Mühe gibt, etwas zu tun, was uns gefällt. Auf vergleichbare Weise sind wir nicht immer scharf darauf, den kampferprobten Zopfpulli auszugraben, nur damit der Kerl sein Freitagabendvergnügen hat. Er soll auch einmal etwas für uns tun, nicht?

Männer ausziehen

Wo wird über Kleidung, die Frauen gerne an Männern sehen, oder über die erste erotisch gefärbte Erinnerung im Zusammenhang mit Kleidung diskutiert? Ich erinnere mich an ein Gespräch mit Kolleginnen während meiner Arbeit in einem Laden (wir waren alle um die Zwanzig). Es war die Zeit der Weihnachtsfeiern, und sie erzählten alle, wie sexy sie ihren Vater in seiner Kleidung für offizielle Anlässe fänden. Sie plauderten über den Duft eines frischen Hemdes, über Männerhände und -unterarme in diesem Hemd, das Anlegen und Abnehmen von Manschettenknöpfen, den Anblick eines leicht gebräunten Halses gegen den weißen Hemdkragen, den Geruch von Aftershave, das Lockern der Krawatte beim Heimkommen. Es waren ganz bestimmte Erinnerungen, die gewiß Auswirkungen auf ihr weiteres Geschlechtsleben haben könnten.

Die erotisch aufgeladenen Bilder in unserer Vorstellung stammen natürlich nicht nur vom Vater; sie werden auch von den Medien und von unserer ersten sexuellen Erfahrung geprägt. Wenn eine Frau ihr erstes sexuelles Erlebnis mit einem Mann in Motorradjacke oder Lederhose hatte, dann hat wahrscheinlich Leder für sie eine erotische Bedeutung. In Fernsehen und Film kommen häufig Männer in Uniform vor (man denke an Richard Gere in *Ein Offizier und Gentleman* oder *Soldier, Soldier* und *London's burning* auf ITV), und es ist bekannt, daß so etwas Frauen antörnt. Das tut auch ein gutaussehender Mann in einem Priestertalar, wie Linus Roache in dem Film *Priest* von Jimmy McGovern oder Richard Chamberlain in der TV-Bearbeitung der *Dornenvögel* (sprachen wir nicht gerade von gestärkten weißen Krägen um Männernacken?) Natürlich sind auch Zeitschriften für junge Frauen ein Forum, in dem Männerkleidung nach ihrem Sexappeal beurteilt werden. Britische Teenie-Zeitschriften wie *Mizz, Just 17* oder *more!* sind randvoll mit ansehnlichen jungen Männern mit bloßem Oberkörper in Unterhose oder engen Jeans. Junge Frauen werden häufig aufgefordert zu sagen, welche Art Unterwäsche oder Oberbekleidung sie an einem männlichen Körper am attraktivsten finden. Und siehe da, sie nennen meist Kleidungsstücke, die seine Genitalien betonen und/oder seine Umrisse vereinfachen. Das ist ein relativ neues Phänomen. Vielleicht hat es bis jetzt nie eine Mode gegeben, die einen Männerkörper ins rechte Licht rückt (obwohl sich männliche Popstars schon immer gerne spärlich gekleidet oder in engen Hosen auf der Bühne produziert haben). Vielleicht kommt es Frauen gar nicht in den Sinn (oder es ist ihnen zumindest bis jetzt nicht in den Sinn gekommen), Teile des männlichen Körpers so mit dem Blick abzutasten oder zu analysieren, wie das manche Männer tun. Männer sagen bekanntlich: »Ich steh auf Beine ... Brüste ... Hintern«, doch man wird kaum von einer Frau hören: »Für mich ist sein Pimmel das wichtigste« (obwohl in den Phantasiesammlungen von Nancy Friday einige Frauen zu Wort kommen, die sagen, sie »gingen gerne Schwänze schauen« – ja, Schwänze, nicht Schwäne! Viele Frauen sagen auch, sie liebten einen hübschen knackigen Hintern). Das alles kann Diskussionsthema sein, lassen wir sie deshalb diskutieren! Frauen müssen dazu ermutigt werden, selbst aktiv ihre Wünsche in bezug auf Männer zu definieren. Nur wenn wir wissen, was wir wollen, können wir es auch bekommen.

Außer Kontrolle

Um auf den Zopfmusterpulli-Brief zurückzukommen: Ein Thema auf das wir noch näher eingehen müssen, sind die Fesseln. Als ihr Freund sie das erste Mal plötzlich fesselt, ist sie schockiert, doch es geschieht alles sehr schnell, und sie hat sehr befriedigenden Sex. Comfort würde wohl sagen, der Grund sei der, daß sie die Hilflosigkeit und die zeitlich begrenzte Übertreibung der männlichen Macht genieße, aber ich weiß nicht recht ... Das Thema Macht und Unterwerfung in der Sexualität ist heikel, doch ich glaube nicht, daß das vorliegende Szenario ein Akt direkter sexueller Gewalt und Dominanz des Mannes ist oder daß die Frau die »vorübergehende Überbetonung« männlicher Macht oder ihre »Hilflosigkeit« auf irgendwie masochistische Weise auskostet. Sie schreibt auch, sie würden dieses Vorspiel nun regelmäßig betreiben und beide dadurch sehr rasch auf Touren kommen. Das klingt nicht nach einer dominierten, unterdrückten oder hilflosen Frau. Zugegeben, die Fesseln waren überraschend für sie, doch wenn sie das Spiel nicht genossen hätte, hätte sie es auch nicht fortgesetzt, oder? Weit davon entfernt, sich benutzt zu fühlen, empfindet sie Dankbarkeit. Sie sagt: »Dadurch, daß er das riskiert hat, sind wir beide vollkommen glücklich miteinander geworden.« An anderer Stelle schreibt sie: »Ich wünsche mir, daß die Zeit stillsteht, wenn wir zusammen sind.« Zwar bedeutet der Akt an sich, daß ihr Freund sie körperlich beherrscht, doch man könnte dem auch entgegenhalten, daß er zumindest das erste Mal, als er sie damit überraschte, ein enormes emotionelles Risiko auf sich nahm. Die Frau schreibt, ihre Freundschaft sei ebensogroß wie ihre Liebe. Durch die Offenbarung seiner Wünsche bezüglich Fesselung setzte er ihre Beziehung aufs Spiel. Sie hätte ihn abweisen können. Doch da ihre Beziehung nach wie vor besteht, beteiligt sie sich offenbar nicht ungern an der Sache. Sie fährt ebenso darauf ab wie er (vielleicht sogar noch stärker), scheint es. Die Macht ist geteilt. Wenn man Erwägungen über Dominanz und Macht im derzeitigen gesellschaftlichen Klima anstellt, darf man nicht außer acht lassen, daß sich Frauen heute mächtiger und einflußreicher fühlen. Und daß es für den Mächtigen lustvoll sein kann, die Kontrolle zu verlieren. Die Damen vom Fach weisen immer wieder darauf hin, daß es oft die einflußreichsten Männer der Gesellschaft sind, die für das Ausleben von Phantasien zahlen, in denen sie erniedrigt werden. Nancy Friday betont in ihrer jüngsten Zusammenstellung weiblicher Phantasien, *Women on Top*, daß heute mehr Frauen über sexuelle Unterwerfung und Erniedrigung phantasieren als in den sechziger und siebziger Jahren (als sie ihre erste Sammlung veröffentlichte) – während sie im Gegensatz dazu in der realen Welt mehr Einfluß gewonnen haben.

Frauen und ihre Fetische

Ein anderer Aspekt in dem Zopfmusterpulli-Brief, den wir uns näher ansehen sollten, ist die Rolle der Fesseln um Handgelenke und Knöchel als »Fetischobjekte«. Experten und Akademiker mögen zwar noch immer über die genaue Definition von »Fetisch« streiten, doch ich denke, ein Fetisch ist – einfach ausgedrückt – ein Gegenstand, ein Körperteil oder eine bestimmte Situation, die zum Brennpunkt sexueller Erregung wird. Ein Fetisch kann ein Schuh sein, eine Peitsche, ein Nahrungsmittel – eigentlich fast alles. Und eine Person, die einen Fetisch hat, verspürt das Bedürfnis, dieses spezielle Ding – mit oder ohne Partner – zu verwenden, um sexuell erregt und befriedigt zu werden.

Die Reaktionen auf Fetischismus sind im allgemeinen gemischt. Für manche ist es ganz einfach etwas, was Menschen tun, und solange sie es in ihrem Schlafzimmer oder ihrer privaten Folterkammer tun, haben sie nichts dagegen einzuwenden. Wie Lorraine Gamman und Merja Makinen in ihrem Buch *Female Fetishism: A New Look* schreiben, wurde Fetischismus von den »Experten« des neunzehnten Jahrhunderts als etwas Pathologisches und Perverses eingestuft; für viele Menschen ist er noch immer mit dem Stigma des Lasters und der Perversion behaftet. Fetischismus bedeutet, daß ein Mensch nicht im Besitz einer »normalen«, gesunden Sexualität ist (was immer das sein mag).

Die Sex-Experten vermitteln uns die Botschaft, daß ein Fetisch etwas ist, mit dem die Frauen nicht viel zu schaffen haben. Wie Alex Comfort in *The New Joy of Sex* schreibt, ist Fetischismus »bei Frauen weniger häufig zu beobachten als bei Männern ... allerdings können Frauen Dinge wie Sicherheit, Angst und die subtileren Nuancen einer festen Beziehung zu Fetischen machen«. Damit wir es auch richtig verstehen: Frauen, die die Fetischzeitschrift *Skin Two* kaufen und zu *Skin-Two*-Partys gehen, haben ein brennendes Verlangen danach, mit dem richtigen Mann eine feste Beziehung einzugehen? Frauen, die bei Ann-Summers-Partys oder -Läden Peitschen kaufen (einem Bericht in der Zeitschrift *Company* vom November 1995 zufolge wurden allein im vorhergehenden Monat an die 10 000 Stück abgesetzt), oder die sich ein PVC-Kleidungsstück aus der 1995 eingeführten, sadomasochistisch angehauchten »Erotica«-Serie besorgen, tun das deshalb, weil sie der Meinung sind, das passe zu ihrem schwarzlackierten Bücherregal? Ich glaube nicht.

Comfort »erklärt« weiter: »Viele Männer sprechen am besten auf eine Frau mit einer bestimmten Haarlänge oder großen Brüsten oder knabenhaftem Aussehen an ... sie ist für ihn begehrenswerter mit Strümpfen oder mit Schuhen oder mit Ohrringen ... Nutzen Sie diese anregenden Umstände möglichst umfassend aus.« Nun, Mr. Comfort, könnte es auch sein, daß es einige Frauen gibt, die es ihnen gerne mit einer Peitsche oder einem spitzen Stock besorgen möchten? Denn auch wir können durch Fetische erregt werden. Vielleicht hat noch nicht jede von uns herausbekommen, auf welches Objekt sie genau abfährt, doch wir experimentieren: eine Peitsche oder ein wenig Eiscreme hier, eine Kette oder ein popokurzer Lederminirock da. Wenn Ihnen das pervers erscheint: das sind bloß die pikanten Utensilien, die den Männern schon immer zur Verfügung gestanden haben. Nun sind wir an der Reihe, herauszufinden, was unsere sexuelle Erregung und unseren Genuß steigern könnte.

Die Frau mit den Zopfmusterpullis sagt, sie sei glücklich, daß ihr Freund sie mit Ketten um Handgelenke und Knöchel bekannt machte. Warum auch nicht? Comfort schreibt zwar in seiner Einleitung zu *The New Joy of Sex*, das sexuelle

Verhalten verändere sich wahrscheinlich im Laufe der Jahre äußerst wenig, doch ich erlaube mir, anderer Meinung zu sein. Die wirtschaftlich unabhängigeren Frauen von heute fühlen ganz deutlich, daß ein Glas billiger Sekt und Sprüche wie »Hol deinen Mantel, Süße, du hast gewonnen« wohl nicht mehr genügen, um sie in Fahrt zu bringen. Männern stand seit jeher das gesamte Inventar an luststeigernden »Spezialitäten« zur Verfügung – warum sollten wir es nicht auch einmal mit der Peitsche, einer kleinen Sadomasoparty oder etwas Ähnlichem versuchen? Wir wollen neuen und aufregenderen Sex. Wenn wir uns in unser Latex-Outfit werfen und eine aufregende Nacht – mit oder ohne Partner – erleben wollen, so sollte das unsere Sache sein. Ihr männlichen Sex-Experten und ihr Männer, die ihr Sex mit Frauen haben wollt, merkt euch: Es könnte sein, daß ihr eine abgrundtiefe Kluft zwischen dem entdeckt, was ihr sexy findet, und dem, was wir sexy finden. Wenn ihr nicht plötzlich allein dastehen wollt, experimentiert mit uns und helft uns dabei, eine größere Bandbreite an sexuellen Erlebnismöglichkeiten zu entwickeln!

7 MÄNNER LASSEN LUTSCHEN

Liebe Jay!
Mein Hauptproblem ist, daß ich immer die volle Aufmerksamkeit haben muß, wenn ich mit meinem Freund im Bett bin, und daß er im Gegenzug kaum etwas dafür bekommt. Er will immer, daß ich ihn mit dem Mund befriedige (was ich nicht besonders gern tue), ich weigere mich jedoch stets. Er wird für kurze Zeit böse, erfüllt aber dann doch meine Bedürfnisse. Bitte geben Sie mir einige Ratschläge, wie ich besser im Bett werden kann. Vielen Dank!

Liebe Jay!
Mein Partner, mit dem ich seit drei Monaten zusammen bin, bittet mich immer wieder, ihm »einen zu blasen«. Ich hasse das, aber ich habe das Gefühl, daß ich nicht nein sagen kann ... Haben Sie einen Tip für mich, wie ich das mehr genießen kann?

Was haben kaltes Bier und Oralsex gemeinsam? Es ist beides in Großbritannien nicht zu kriegen. Das ist ein Witz, der in Australien die Runde macht und der ein Schlaglicht auf die Tatsache wirft, daß die Briten den Ruf genießen, nicht gerade scharf auf Sex zu sein – geschweige denn auf Oralsex. Schließlich verhüllten unsere viktorianischen Vorfahren ja auch die Tischbeine, weil diese etwas Anstößiges an sich haben. So gesehen ist es verständlich, daß wir deutlich gehemmter sind als zum Beispiel Skandinavier, die anscheinend kein Problem damit haben, bei fröhlichen Sex- und Saunapartys nackt herumzuhüpfen. Wir sind jedoch nicht unbedingt ein Volk verklemmter Individuen, wie uns viele weismachen wollen, sondern eher eines, das etwas unsicher bezüglich Sex – insbesondere oralen Sex – ist.

Als ich den Entwurf für dieses Buch meinen Bekannten zeigte, hielten diese inne, sobald sie auf die Rohfassung dieses Kapitels stießen – und waren ganz und gar nicht von meiner These überzeugt, daß es nicht alle Frauen einem Mann gerne mit dem Mund machen. »Aber die meisten Frauen tun das heutzutage gerne«, sagten sie vorwurfsvoll, als wäre es meine Schuld, daß dem nicht so ist.

Sollten sie denn mehr Begeisterung für oralen Sex aufbringen? Ist die Freude an Fellatio ein Kennzeichen einer modernen, sexuell befreiten Frau, ein Zeugnis über sexuelle Grundkenntnisse und -fähigkeiten? Und wenn viele Frauen das nicht mögen, woher kommt das? Ist das ein typisch britisches Phänomen? Liegt es daran, daß die Frauen nicht wissen, wie man es macht? In zahllosen Sexhandbüchern und Frauenzeitschriften finden wir seitenweise ausführliche Anleitungen für eine korrekte Ausführung (die wichtigste Regel: Achte darauf, daß deine Zähne immer bedeckt sind, und stelle dir vor, sein Schwanz sei ein Lollipop), deshalb glaube ich nicht, daß sich die Abneigung der Frauen ausschließlich auf Versagensangst gründet (d. h., auf der Befürchtung, nicht zu wissen, wie man es anstellt). Aber ich habe dieses Problem nicht erfunden – meiner Erfahrung nach sind nicht alle Frauen scharf auf den »Blowjob«. Oder – um gerecht zu sein – manche machen es gerne, aber nur in einem gewissen Maß, das meist vor der Ejakulation voll ist. Haben Sie deshalb etwas Geduld, während ich herauszufinden versuche, warum sich viele Frauen so schwer für diese spezielle Variante des sexuellen Verhaltens erwärmen können.

Bevor ich fortfahre, sollte ich noch erwähnen, daß ich von jemandem gefragt wurde, warum ich überhaupt etwas über Fellatio schreibe, wenn das Buch *Sex, wie wir ihn wollen* heißen sollte, da das doch die Art von Sex ist, die *sie* (d. h. die Männer) wollen. Der Grund liegt wohl darin, daß dieses Thema in so vielen Briefen angesprochen wurde – und zwar fast immer deswegen, weil die Briefschreiberin fürchtete, ihre Abneigung gegen aktiven Oralsex sei die Ursache für ihre Orgasmusschwierigkeiten, weil sie glaubte, sie sei nicht »gut« im Bett oder sie könne Sex nicht so genießen, wie sie sollte.

Um nicht mißverstanden zu werden: Nicht alle Frauen sind gegen Fellatio. Aber wovon genau fühlen sich die Frauen abgestoßen, die nicht besonders erpicht auf die Sache sind? Warum fühlen sich so viele Frauen verpflichtet, es zu tun, um nur ja »gut im Bett« zu sein? Und – nähern wir uns des Pudels Kern – warum sind so viele Männer so scharf darauf?

Wer nun denkt, die letzte Frage erkläre sich von selbst, der nehme folgendes zur Kenntnis: 1996 bat ich eine kleine, zwanglose Diskussionsgruppe aus sechs zufällig ausgewählten Männern, alle etwas über Zwanzig, über Beziehungen und Sex zu sprechen (als Teil einer Studie für einen Verlag, bei der ich mitarbeitete). Dabei kam nun natürlich sehr rasch das zur Sprache, was die Männer so sehr lieben: einen geblasen zu bekommen. Zustimmende Laute von allen jungen Männern: »Ja, das ist es … darauf steh ich … der Hammer.« Warum? »Oft ist es gar nicht so großartig, besonders wenn ein Mädchen nicht vorsichtig mit den Zähnen ist.« Doch es geht um das *Bild. Welches Bild?* »Das Bild totaler Unterwerfung, extremer Verruchtheit, von etwas, das mir, und nur mir, gemacht wird. Es ist nur dann gut, wenn man es sehen kann. Wenn ein Mädchen langes Haar hat, das alles bedeckt, so daß man nicht sehen kann, was sie tut, taugt es gar nichts.« Allgemeine Zustimmung. Ein anderer sagt: »Wenn man nicht sieht, was da abgeht, dann könnte es auch ein Heavy-Metal-Sänger sein, der an deinem Schwanz lutscht.«

Als ich wieder einmal einen Brief von einer Frau erhielt, in dem sie klagte, sie hasse es, es ihm mit dem Mund zu machen, antwortete ich, ich wünschte, Männer würden mit einem Rücken und einem Hals aus Gummi geboren, so daß sie es sich selbst besorgen könnten. (Ich zweifle nicht daran, daß nicht wenige das tatsächlich versucht haben.) Dann aber kam mir dieses Gespräch in den Sinn, und ich schrieb weiter, daß das wohl auch nicht die Lösung sei – denn, wie der junge Mann in der Diskussionsgruppe sagte, es ist nicht so sehr der Akt an sich, der für die Männer so lustvoll ist, sondern es ist der *Anblick* des Aktes. Es ist ein optischer Stimulus, es ist »extreme Verruchtheit«, und um das voll auskosten zu können, muß man sehen, was vor sich geht. Ein Mann will in vorderster Reihe bei dieser Vorstellung sitzen. Woher beziehen wir das Bild eines Mannes, der von einer vor ihm auf Händen und Knien liegenden Frau fellationiert wird? Sofern man nicht Unmengen von Zeit auf feuchtfröhlichen Herrenpartys verbracht hat, wohl hauptsächlich aus pornographischen Erzeugnissen für Männer. Diesen Bildern haben Tausende von Telefonsexdiensten ihre Existenz zu verdanken (»Steck deinen dicken Schwanz in meinen Hals und spritz«, »ich trinke und schlucke alles, was du mir gibst«, »ich sauge dich aus und schlucke deinen Saft«, das sind nur drei der zahlreichen Angebote in einer *Penthouse*-Ausgabe vom Winter 95). Dies ist eine der gängigsten Darstellungen in Zeitschriften, Softpornos (obwohl es hier eher angedeutet als explizit dargestellt wird) und harten Pornofilmen (dem »Suck-and-fuck«-Genre, wie es so treffend genannt wird): ein Mann, der von einer Frau »bedient« wird. Die Frau kniet mit spermaverschmiertem Mund vor ihm, oder – was anscheinend noch erregender wirkt – sie

»schluckt«. Für viele Männer – und wohl auch für viele Frauen – hat dieses Bild eine enorm stimulierende Wirkung.
Nicht wenige Frauen fühlen sich sexuell stark, wenn sie es einem Mann mit dem Mund machen, weil sie wissen, wie sehr er das liebt (für viele Frauen – aber auch für Männer – ist es lustvoll, Lust zu bereiten). Es gibt auch Frauen, die auf ihre hervorragenden oralen Fertigkeiten stolz sind; und obwohl man diese kaum unter der Rubrik »sonstige Kenntnisse« im Lebenslauf angibt, kann die Beherrschung dieser Technik einer Frau das Bewußtsein verleihen, begehrenswert und sexuell »perfekt« zu sein. Ein paar Fakten und Zahlen gefällig? In der Umfrage *Women on Sex* von Susan Quilliam aus dem Jahr 1994 gaben etwas mehr als siebenundfünfzig Prozent der Frauen an, gerne aktiven Oralsex zu betreiben; in einer 1994 von der Zeitschrift *Me* durchgeführten Umfrage sagten fünfundsechzig Prozent der Teilnehmerinnen, sie liebten sowohl aktiven als auch passiven oralen Sex, und die Studie *Sexuelles Verhalten in Großbritannien* der Wellcome-Stiftung, ebenfalls aus dem Jahr 1994, ergab, daß zwei Drittel der Frauen Erfahrung mit aktivem oralen Geschlechtsverkehr hatten.
Was die Männer betrifft, so bekommen sie sicherlich nicht nur deshalb so gerne »einen geblasen«, weil das ein gängiges Bild in der Pornographie ist. Da steckt offenbar mehr dahinter. Bei vielen Männern spielte sich das erste sexuelle Erlebnis auf diese Weise ab, wodurch der Akt für sie bis heute eine starke erotische Bedeutung hat. Auch unterscheiden sich die dabei hervorgerufenen Empfindungen von denjenigen bei einer Penetration. Darüber hinaus werden nicht alle Männer von pornographischem Material erregt, wie ich schon an anderer Stelle sagte; manche fühlen sich abgestoßen oder zumindest unbehaglich. Doch in der Pornogra-

phie geht es immer und immer wieder um Fellatio – in Wort und Bild.

Ein anderes Medium, das dem Thema Oralsex viel Platz einräumt, sind natürlich die Sex-Anleitungsbücher. Hier herrscht der Grundtenor, daß oraler Sex die intimste Handlung zwischen zwei Menschen darstellt – was möglicherweise auch stimmt. Wie schon der junge Mann in der Diskussionsgruppe sagte: es ist etwas, was »mir, und nur mir« gemacht wird. Auf endlosen Seiten werden in diesen Büchern Anleitungen zur Verbesserung der Technik gegeben und die Frauen ermutigt, es zu tun. Dr. David Delvin schreibt in seinem Buch *How To Improve Your Sex Life:* »Da ich noch immer auf Frauen stoße, die ihren Mann für ›schmutzig‹ halten, wenn er sie um so etwas bittet, möchte ich sagen, daß dies eine völlig gesunde und normale Handlung ist, die schon viele Ehen enorm bereichert hat.« Dr. Delvin gibt uns dann jede Menge technischer Tips, wie zum Beispiel: »Sie können einfach am Fußboden zu Füßen Ihres Mannes knien, während er seinen Penis hinein- und herausbewegt.«

Nun, wenn die Menschen keine technischen Anleitungen wünschten, würden sie wohl ein derartiges Buch nicht kaufen. Es hat gewiß seine Berechtigung, diese Art technischer Informationen über Sexualität Frauen (und Männern) zugänglich zu machen, die mehr darüber wissen wollen – und nicht wenige wollen das. Doch nochmals möchte ich betonen, daß die Art der Präsentation dieser Informationen für Frauen abstoßend wirken kann. Delvin schreibt, oraler Geschlechtsverkehr sollte nicht als etwas »Schmutziges« betrachtet werden. Er erklärt, dieses Verhalten sei seit jeher mit dem Makel der sexuellen »Perversion« behaftet und in einigen amerikanischen Bundesstaaten noch immer gesetzlich verboten. Er hat in diesen Punkten absolut recht – doch im Kontext männlicher Pornographie ist die Darstellung von Fellatio eben genau auf der Voraussetzung aufgebaut, daß das »schmutzig« und »pervers« und eben deshalb so lustvoll sei. Das ist, gelinde gesagt, verwirrend.

Umgekehrt ist genau die Art der – zwar gutgemeinten – Aufforderung, sich einem »natürlichen und gesunden« Geschlechtsakt hinzugeben, sowie die Beschreibung der zu Füßen ihres Mannes knienden Frau, »während er seinen Penis hinein- und herausbewegt«, die Ursache dafür, daß sich so viele Frauen nicht wohl dabei fühlen.

Es ist nicht der Akt der Fellatio selbst. Keine sexuelle Handlung ist meiner Meinung nach gut oder schlecht, besser oder verwerflicher, sofern eine Frau und ein Mann aus freien Stücken bereit sind, dabei mitzuwirken. »Schlecht« wird ein Verhalten erst im gesellschaftlichen Kontext, der ihm eine gewisse Bedeutung zuschreibt, oder durch den auf die Frauen ausgeübten Druck, durch den sie das Gefühl bekommen, sie könnten oder dürften einem Mann bestimmte sexuelle Praktiken nicht verweigern. Genau das drückt die Schreiberin des zweiten Briefes aus, wenn sie meint, sie habe das Gefühl, nicht nein sagen zu können. Dieser Druck kommt von vielen Seiten – von den emotional in die Enge treibenden Sätzen »wenn du mich wirklich liebtest, würdest du ...« bis zu Büchern und Frauenzeitschriften, die uns einbleuen, wie sehr sich Männer das wünschen und wie wir die Technik beherrschen lernen. Laut Delvin hat dieser Akt »schon viele Ehen bereichert«. Durch diesen Akt wird man offenbar »gut im Bett«. Die Botschaft lautet: »Sei besser beim Oralsex, und wirst eine bessere Ehefrau/Geliebte.« Sie enthält fast eine versteckte Drohung: »Gib dem Mann zu Hause den Sex, den er will, oder er wird ihn sich anderswo suchen.« Viele Frauen sind allergisch auf diese Taktik, was wenig überrascht.

Ein anderer ungünstiger Aspekt der Fellatio ist die Tatsache, daß in unserem derzeitigen gesellschaftlichen Klima damit die Assoziation »Frau bedient Mann« erweckt wird. Das Bild der vor dem Mann knienden Frau ist die so treffende graphische Darstellung der Frau in einer sexuell untergeordneten Rolle.

Allerdings mag dieses Bild nicht immer der Art der Verwirklichung im tatsächlichen Leben entsprechen – der junge Mann in der Diskussionsgruppe zum Beispiel sagte, seine Lustgefühle hätten mit »totaler Unterwerfung« zu tun (wobei er es ist, der unterworfen wird, nicht umgekehrt!). Alle Männer dieser Gruppe sagten übereinstimmend, das aufregende daran sei, daß die Frau etwas mit dem Mann mache, ihn dazu bringe, die Beherrschung zu verlieren, sich selbst aber nicht hingebe. Die dominante männliche und die unterwürfige weibliche Rolle gehen ineinander über. Nicht von ungefähr fühlen sich manche Frauen stark, wenn sie ihn mit dem Mund befriedigen; sie sagen, es sei diejenige Form des Geschlechtsaktes, bei der sie die meiste Kontrolle haben. Einige Frauen jedoch haben trotzdem das Gefühl, daß der Mann beim körperlichen Akt der Fellatio die Oberhand behält.

In einer anderen Diskussionsgruppe aus sechs zufällig ausgewählten Frauen (für die obengenannte Studie) kam das Gespräch auf die Vorlieben der Männer. Am liebsten bekämen alle einen geblasen, meinten die Frauen einmütig. Im allgemeinen, sagten die Frauen der Gruppe, mache es ihnen nichts aus, ihren Partner oral zu stimulieren, solange er nicht in ihrem Mund ejakuliere. »Ich hasse das … man hat danach einen säuerlichen Geschmack im Mund … als einmal ein Mann in meinem Mund kam, dachte ich, mir wird schlecht …« Eine andere sagte: »Die Männer wollen im Mund der Frau kommen – deshalb erlaube ich es meinem

Freund manchmal und schluck es eben, um ihm eine Freude zu machen. Wenn man nicht daran denkt, was man da schluckt, ist es leichter.« Die Mehrzahl der jungen Frauen betonte auch, daß der Akt recht »aggressiv« sein könne (das waren ihre Worte, nicht meine): Manchmal würden sie den Kopf der Frau packen und den Penis zu tief in den Mund stoßen, so daß man Brechreiz bekommt. (An dieser Stelle möchte ich darauf hinweisen, daß in den Sex-Anleitungsbüchern oft ein praktischer Tip zu lesen ist, wie die Frau verhindern kann, daß der Mann seinen Penis zu tief hineinstößt oder in ihren Mund ejakuliert: Sie hält ihn die ganze Zeit an der Basis fest, so daß sie ihn nach ihrem Belieben steuern kann.)

Alles in allem hat es nicht den Anschein, daß diese jungen Frauen – die Gruppe bestand zwar nur aus sechs Personen – einen enormen Lustgewinn aus Fellatio beziehen, oder? Mit Ausnahme von einer waren jedoch alle bereit, es zu tun, weil ihre Partner es wünschten. Die Frau, die sich entschlossen dazu bekannte, es nicht tun zu wollen, hatte ihm das so erklärt: Sie sagte ihm, sie sei sicher, wenn sie einen Schwanz hätte, würde er ihn auch nicht in seinem Mund haben wollen. Er hatte kurz darüber nachgedacht und ihr dann recht gegeben. Nun, das ist ein origineller, praktikabler Tip für all die Frauen, die in ihrem trauten Heim Krach wegen Oralsex haben!

Zigtausend Zappeltierchen

Kommen wir auf die Briefe am Anfang des Kapitels zurück: Die Schreiberin des zweiten will wissen, wie sie das »Blasen« mehr genießen könne. Nun ist das ein wenig so, als ob sie fragte: »Was kann ich tun, damit ich gerne Austern esse?

Für mich schmecken sie wie Kuhaugen, aber ich möchte sie genießen.«

In den Sex-Anleitungsbüchern werden die Dinge aufgezählt, die eventuell unseren Genuß beeinträchtigen, und mögliche Abhilfen vorgeschlagen. Wir lesen, daß die männlichen Geschlechtsorgane nicht »schmutzig« sind, wenn es das sein sollte, was uns abstößt. Der Mann scheidet zwar seinen Urin durch den Penis aus, doch es befinden sich weit mehr Bakterien in seinem Mund als in seinem Genitalbereich – wobei wir keinerlei Bedenken haben, ihn auf den Mund zu küssen. Wir erfahren auch, daß wir uns nicht von dem natürlichen »Moschusduft«, wie dieser herbe Schiffsjungengeruch euphemistisch genannt wird, abschrecken lassen dürfen. Für den Fall, daß wir das doch tun, empfehlen die Bücher, seine Genitalien entweder mit einem Kondom unserer Lieblings-Geschmacksrichtung (dieser appetitanregenden Kombination aus Latex und Fruchtkaugummi) oder mit Nahrungsmitteln zu bedecken (ich persönlich habe meine lieber auf einem hübschen Teller). Zu dem nicht unwichtigen Problem mit dem Brechreiz weiß Dr. David Delvin, daß einige Pornodarsteller und Schwule ihren Würgereflex durch Training zu beherrschen gelernt haben und in der Lage sind, jeden Penis, gleich welcher Länge, tief in ihren Rachen einzuführen. Ein guter Trick, der bestimmt auf Ihrer nächsten Party großes Erstaunen hervorrufen wird! In seinem gemeinsam mit seiner Frau Christine Webber verfaßten Buch *The Big »O«* (Hodder & Stoughton, 1995) streicht er auch heraus, der Akt der Fellatio sei »tatsächlich recht schwierig«, und es erfordere »eine Menge Übung, um dabei gut zu sein«. In diesen Aufklärungsbüchern heißt es auch oft, die Samenflüssigkeit schmecke nach nichts Besonderem, und ein Mann produziere ohnehin nicht mehr als ungefähr einen halben Teelöffel pro Erguß.

Nun sind diese Informationen alle gut und schön – aber helfen sie einer Frau dabei, Fellatio mehr zu *genießen?* Die jungen Frauen in der Diskussionsgruppe sprachen nie davon, sich vom Geruch eines Mannes abgestoßen zu fühlen (obwohl sie gewiß nicht zögern würden, einem ungewaschenen Mann zu verstehen zu geben, sie würden sich ihm nicht nähern, solange er keine ordentliche Dusche genommen hätte), doch sie sagten, sie haßten es, wenn ein Mann in ihren Mund ejakuliere.

Ich weiß nicht, ob es der Gedanke daran oder die Erfahrung damit ist, was die Frauen abstößt. Vielleicht ist es auch eine Kombination aus beidem – doch Tatsache ist, daß sich viele Frauen davor scheuen. Zu diesem Ergebnis gelangt auch Susan Quilliam in ihrer Studie: Zwar geben siebenunddreißig Prozent der Frauen an, es mache ihnen nichts aus, wenn ihr Partner in ihrem Mund zum Höhepunkt komme, doch die übrigen sind alles anderes als scharf darauf: »Es schüttelt mich ... Es würde mir übel werden, und das würde alles verderben.« Nur eine einzige Frau in der Umfrage scheint tatsächlich Genuß daraus zu ziehen: »Wenn er kommt, bemühe ich mich, jeden Tropfen davon in meinen Mund zu bekommen.«

Eine der Frauen in der oben erwähnten Diskussionsgruppe sagte, es sei einfacher, wenn man nicht daran denke, was man schluckt. Damit liefert sie uns vielleicht einen wichtigen Hinweis. In zahlreichen Aufklärungsbüchern, Biologie- oder Wissenschaftssendungen im Fernsehen, Frauenzeitschriften o. ä. sind Bilder von Spermien zu sehen – diesen mikroskopisch kleinen, kaulquappenartigen Tierchen, die zu Abertausenden in der Samenflüssigkeit zu finden sind. Vielleicht haben Sie schon bemerkt, daß sie in den Darstellungen oft von einem Kreis umgeben sind, so daß man den Eindruck hat, sie durch ein Mikroskop zu betrachten – so wie man gewisse exotische Bakterien in einem Labor untersucht. Gemeinsam mit diesen Bildern bekommen wir meist Erläuterungen wie »die Spermien schwimmen flußaufwärts und talabwärts« oder Sätze ähnlichen Inhalts geliefert. Diese Bilder und Erklärungen haben höchstwahrscheinlich schon Millionen Frauen vom Oralsex abgehalten – sie stellen sich die kleinen, mit dem Schwanz zuckenden Kaulquappen vor, wie sie in ihrem Mund hin- und herflitzen. Der Gedanke, etwas Lebendiges, Zappelndes, etwas, das man unter dem Mikroskop betrachtet, im Mund zu haben, ist nicht besonders verlockend. Der Gedanke daran, das zu schlucken, noch weniger.

Natürlich sieht die Wirklichkeit anders aus, doch es ist schwierig, diese Eindrücke zu vergessen. Wie die junge Frau sagte – man denkt am besten nicht daran. Tut man es doch, kann das den »Genuß« beeinträchtigen.

Was kann die Briefschreiberin also tun, um mehr Spaß am Oralsex zu haben? Die Frage »soll ich oder soll ich nicht« (ihm gestatten, in meinen Mund zu ejakulieren) ist sicherlich ein strittiger Punkt. Wie wir gesehen haben, haben viele Frauen nichts dagegen einzuwenden, ihren Partner mit dem Mund zu stimulieren – solange es zu keinem Krampf der Kiefermuskulatur oder zu einem Samenerguß kommt. Einer der häufigsten Einwände dagegen ist jedoch, daß ihnen die physische Präsenz des männlichen Penis im Mund Brechreiz verursacht, was recht unangenehm ist. (Wo wird schließlich schon von einem verlangt, den Mund so lange so weit offenzuhalten, wobei einem noch dazu etwas hineingesteckt wird? Beim Zahnarzt vielleicht, aber das zählt ja auch nicht gerade zu den angenehmsten Erfahrungen.)

Manche Bücher und Frauenzeitschriften legen uns nahe, im vorhinein auf dem Verhandlungswege die Bedingungen zu klären und festzulegen, wie weit er gehen darf. Aber es

scheint mir ein ziemlich großer Aufwand zu sein, eine vertragliche Vereinbarung darüber zu treffen, was ein Mann sich erlauben darf und was nicht. Recht mühsam klingt auch das Ansinnen, die Fellatio-Technik rasch zwischen der Zubereitung von frischer Pasta und dem Aufhängen gewaschener Vorhänge zu üben oder die Beherrschung des Brechreflexes zu trainieren, während man gerade eine der Kassetten »Sprachen lernen ohne Mühe« hört. Fellatio ist offenbar eine derartig komplizierte Aktion, daß es klüger erscheint, diese Energien für etwas Lohnenderes zu verwenden (zum Beispiel für einen Geländelauf-Trainingskurs in Nordwales).
Doch vielleicht geht es gar nicht darum. Wir nehmen jede Mühe auf uns, wenn wir jemanden lieben (und vielleicht, wenn wir jemanden beeindrucken wollen). Susan Quilliam betont in ihrem Buch, daß Frauen bei einem Mann, in den sie verliebt sind, eher zu aktivem oralem Geschlechtsverkehr bereit sind. Ich denke, das ist ein wichtiger Punkt. Für viele Frauen ist es wahrscheinlich die intimste Form des Sex, aber wenn sie gerade auf ihren Partner böse sind oder ihn noch nicht sehr gut kennen, ist das wahrscheinlich das letzte, wonach ihnen der Sinn steht. (Andererseits sagen manche Frauen, oraler Sex sei die bequemste Variante des Geschlechtsverkehrs mit einem neuen Partner, denn sie erspart den Kummer mit der Empfängnisverhütung und ist auch eine Form von Safer Sex. Uneinigkeit herrscht allerdings noch darüber, wie sicher diese Alternative wirklich ist, obwohl die Gefahr, sich mit einer sexuell übertragbaren Krankheit anzustecken, als sehr gering gilt.) Eine der Frauen aus der Studie von Susan Quilliam betont auch, sie mache es nicht gern bei ihrem Ehemann, sehr wohl aber bei ihrem Geliebten: »Einen Menschen zu lieben heißt, mit jedem Teil des Körpers alles zu geben und zu tun.«
Die Partnerschaft der Schreiberin des zweiten Briefes be-

steht erst seit drei Monaten. Der Anfang einer Beziehung ist meist die Zeit, wo man ein wenig experimentiert. Doch sie sagt, sie »hasse« es, ihn mit dem Mund zu befriedigen. Wie also könnte sie mehr Freude daran finden? Letzten Endes ist es wohl so, daß sie das nicht will und nicht kann, und ich denke, daß sich niemand gezwungen fühlen sollte, etwas zu tun, was er/sie nicht tun will. Die »Experten« mögen nun ein besorgtes Gesicht machen und sagen, sie wolle keinen oralen Geschlechtsverkehr, weil sie sexuell gehemmt sei, doch meiner Meinung nach muß das nicht unbedingt zutreffen. Vielleicht hat sie es schon oft probiert und mag es einfach nicht. In dieser Situation kann sie nur irgendeine Alternative anbieten – was mir als das vernünftigste erscheint.

Ist Geben seliger als Nehmen?

Sexualität und Beziehungen beruhen stets auf Kompromissen. Wir tun Dinge für den/die Partnerin, weil wir ihm/ihr gefallen wollen – egal, ob es sich dabei um eine heterosexuelle oder um eine homosexuelle Beziehung handelt. Probleme entstehen dann, wenn ein Partner den Gefallen nicht erwidert. Und viele heterosexuelle Frauen reagieren recht empfindlich darauf, wenn es beim (oralen) Sex zu solchen Einseitigkeiten kommt, daß sie beim derzeitigen Stand der Dinge noch immer diejenigen sind, die dazu erzogen wurden, den Mann in anderen Bereichen zu »bedienen«. Von ihnen wurde erwartet, den Bruder zu hüten, den Vater zu versorgen, zu putzen, zu kochen, sich so zu benehmen, daß der Vater »nicht böse wird«. Ich behaupte nun nicht, daß sie diese Verhaltensweise auch in einer Partnerbeziehung beibehalten. Viele Frauen nehmen sich auch bewußt vor, das nicht zu tun. Vielleicht ist der Mann, zu dem wir eine Beziehung haben, ja entwicklungsfähig (wenn er es nicht wäre, hätten wir wahrscheinlich keine Beziehung zu ihm), doch nach wie vor müssen wir ihn daran erinnern, Milch zu kaufen, obwohl er in derselben Wohnung wohnt, gerne Milch trinkt und weiß, daß keine mehr da ist. Das klingt banal, doch es ist nicht der Tatbestand der Gedächtnisschwäche in Haushaltsbelangen, der uns so auf die Palme bringt. Es ist das uns anerzogene Gefühle, ständig etwas für Männer tun zu müssen (zu Hause, am Arbeitsplatz, im Schlafzimmer), das in uns den Wunsch weckt, ihn mit dem Kopf gegen die Wand zu stoßen. Häusliche Bagatellen können der Auslöser sein, daß sexuell nichts läuft; doch der exakte Grund ist der, daß wir meinen, der »Partner« übernehme nicht seinen Teil der Verantwortung (und daß wir uns darüber ärgern). Das ist die Situation, in der sich eine Frau denkt: Wenn er sich weiterhin so benimmt und dann obendrein noch will, daß ich seinen Schwanz lutsche, platze ich!

Themen wie »Gleichheit« und »wer tut was für wen« beim Sex bergen sicherlich viel Zündstoff, doch sie müssen ausdiskutiert werden, denn viele Menschen fühlen sich heutzutage in bezug auf ihre Geschlechterrolle unsicher. In der guten alten Zeit, als Männer und Frauen passive Geschöpfe waren, kannte jeder seinen Platz – der Mann oben, die Frau unten. Die Männer wollten ständig Sex, die Frauen nie. Dann aber kam der Feminismus und zerstörte das alles durch seinen Kampf für das Recht der Frau auf sexuelle Befriedigung. Einige Männer begrüßten das, andere begegneten der neuen Strömung mit Vorsicht, wenn nicht mit unverhüllter Feindseligkeit. Und noch heute haben Männer und Frauen damit (und auch miteinander) ihre liebe Not.

Die aufmerksamkeitsbedürftige Schreiberin des ersten Briefes scheint mir ein wenig konfus. Sie sagt, ihr Freund werde böse. Das Problem ist, *»daß ich immer die volle Aufmerksamkeit* *haben muß, wenn mein Freund und ich miteinander schlafen, und daß er im Gegenzug kaum etwas dafür bekommt. Er will immer, daß ich ihn mit dem Mund befriedige (was ich nicht besonders gern tue), ich weigere mich jedoch stets. Er wird für kurze Zeit böse, erfüllt aber dann doch meine Bedürfnisse.«* Sie fragt mich um Rat, wie sie »besser im Bett« werden kann. Nun weiß ich nicht, was sie mit der Bemerkung »er erfüllt meine Bedürfnisse« ausdrücken will (es ist eine recht interessante Art der Formulierung, da das ja meist die Sprache der Männer ist und den Anschein erweckt, ihr Partner besitze die Fingerfertigkeit eines ganzen Harems an Lustknaben). Es ist nicht ganz klar, ob sie Geschlechtsverkehr mit Penetration haben, ob er sie oral, mit der Hand oder auf andere Weise befriedigt. Geschlechtsverkehr würde bedeuten, daß auch einige seiner »Bedürfnisse« befriedigt werden und er doch »im Gegenzug etwas bekommt«. Will sie jedoch damit ausdrücken, daß sie ihm die ganze Arbeit überläßt und selbst wenig dazutut, liegt das Problem nicht darin, daß sie nicht »gut im Bett« ist, sondern daß sie sich nur mangelhaft beteiligt. Die Briefschreiberin »muß« nicht die gesamte Aufmerksamkeit haben, sie ist schließlich ein freier Mensch mit der Möglichkeit, Entscheidungen zu treffen. Denn wenn jemand, egal ob Mann oder Frau, es ständig ablehnt, etwas für den Partner zu tun, sollte dieser Mensch vielleicht am besten keinen Partner haben.

Wenn dieses Problem im Zusammen mit Oralsex auftaucht – er tut es für sie, aber sie nicht für ihn –, könnte man die altbewährte »Position 69« ausprobieren, bei der beide Partner auf ihre Rechnung kommen. In der Studie von Susan Quilliam gaben fast vierundsiebzig Prozent der Männer an, gerne aktiven Oralsex zu betreiben, während das nur bei achtundfünfzig Prozent der Frauen zutraf. Dem Esquire-Bericht *Men on Sex* zufolge hatten fünfundachtzig Prozent der Männer

Erfahrung damit, eine Frau oral zu befriedigen. Wenn das Problem darin liegt, daß sie gerne mit dem Mund stimuliert wird, es aber selbst nicht »besonders« gern beim Partner tut, muß sie sich darüber klarwerden, wie groß ihr Bedürfnis danach wirklich ist. Wenn er bereit ist, ihr Lust zu verschaffen, darf sie nicht überrascht sein, wenn er im Fall ihrer Weigerung, das gleiche für ihn zu tun, böse wird. Das ist das sexuelle Äquivalent zu: Wenn ich koche, dann spülst du das Geschirr. Wenn eine Person sich nicht an die Abmachung hält, ist das unfair.

Um auf die obengenannte Diskussionsgruppe zurückzukommen: Einer der jungen Männer klagte bitterlich über sein Leid mit seiner Freundin, für die er alles tue – Vorspiel, Oralsex, das volle Programm: »Ich verwöhnte sie zwei Stunden lang und verschaffte ihr vier oder fünf Orgasmen durch Cunnilingus. Es sah aus, als ob es eine unserer besten Nächte werden sollte.« Doch dann wendeten sich die Dinge zum schlechteren, als sie »plötzlich beschloß, genug zu haben« und das Verfahren vorzeitig einstellte, indem sie sich umdrehte und einschlief. Was tat der junge Mann da? »Ich weinte.« Nach zwei Stunden ist es verständlich, daß sie genug hatte (Frauen haben zwar die Fähigkeit zu multiplen Orgasmen, doch das heißt nicht, daß sie jedesmal darauf zurückgreifen oder daß sie nicht zwischendurch ein wenig Ruhe brauchen), doch es ist genauso verständlich, daß er nach alledem, was er getan hatte, eine kleine Belohnung erwartete.

Wenn eine Person nur nimmt und die andere nur gibt – sofern das nicht ein Arrangement ist, mit dem beide Teile glücklich sind –, dann muß das zu Problemen führen. Vor allem, wenn man bedenkt, daß bei Umfragen die Anzahl der Frauen, die gerne passiv Oralsex bekommen, stets größer ist als diejenige der Frauen, die nichts dagegen haben, es aktiv zu tun. In der Studie von Susan Quilliam gaben achtundfünfzig Prozent der befragten Frauen an, ihren Partner gerne mit dem Mund zu befriedigen, neunzig Prozent hingegen genossen es, auf diese Weise befriedigt zu werden. In der *Me*-Umfrage aus dem Jahr 1994 erklärten fast zwanzig Prozent der Frauen, sie spielten gerne den passiven Part, nicht aber den aktiven. »Geben ist seliger denn Nehmen«, heißt es doch, doch das scheint nicht für alle zu gelten.

Ich habe eingehend darüber nachgedacht, warum Oralsex eine so wichtige Rolle spielt, und ich kann (in gewisser Weise) dessen Reiz nachvollziehen. Ich habe auch darüber nachgedacht, warum viele Frauen das Gefühl haben, dazu gedrängt zu werden, und ich kann ihre Abneigung dagegen verstehen. Doch letzten Endes spielen beide Teile – Männer und Frauen – in der Sexualität eine gebende und nehmende Rolle. Sich aktiv einzubringen ist meiner Meinung nach der beste Weg dazu, »besser« im Bett zu werden. Und sollte Ihnen das Menü des Tages nicht munden, dann ändern Sie es und schlagen das vor, wonach *Ihnen* zumute ist, wenn sie etwas frischen Wind in Ihr Schlafzimmer bringen wollen. Ansonsten könnte Ihr Geschlechtsleben bei einer recht egoistischen, wenig demokratischen und entspannten Art von Sex steckenbleiben. Frauen sollten sich nicht dazu verpflichtet fühlen, etwas zu tun, was sie nicht wollen, sie sollten aber auch nicht die ganze Verantwortung dem Mann aufbürden. Wir müssen in dieser Hinsicht wohl auch ein wenig umdenken.

8 NEUE POSITIONEN

Liebe Jay Kay!
Bitte, könnten Sie mir helfen? Ich bin gerade in die Gegend von Manchester gezogen, und ich suche Namen und Adressen von Begleitagenturen in der Umgebung, die Männer vermitteln. Bitte, bitte, helfen Sie mir!

Liebe Jay!
Können Sie mir sagen, wo ich einen passenden Mann finde? Ich habe einen normalen, gesunden Geschlechtstrieb und masturbiere oft, um mich zu befriedigen, doch ich möchte wirklich jemanden kennenlernen und eine Familie gründen. Ich bin viel in Gesellschaft und treffe auch Männer (manchmal habe ich One-night-stands), doch sie scheinen nie der Typ für eine feste Partnerschaft zu sein. Ich bin jetzt dreißig Jahre alt und möchte Kinder bekommen, doch ich habe das Gefühl, ich treffe nie den Richtigen. Warum wollen Männer nur Sex und fürchten sich so vor einer Bindung?

Eine der großen Fragen unserer Zeit ist, wofür eine Frau heutzutage eigentlich einen Mann braucht – für das Bett, für den Lebensunterhalt, zur emotionalen Unterstützung, zum Montieren von Regalen? Wir verdienen unser eigenes Geld (und wenn nicht, gibt es ein Wohlfahrtssystem, das uns zumindest das Nötigste sichert), wir können ohne Sex leben, wenn wir das wollen, wir können uns sexuell befriedigen (durch Masturbation, mit Sexspielzeug, durch One-night-stands ohne Verpflichtungen oder mit einem Callboy), wir bekommen emotionale Unterstützung durch Freunde und eventuell Familie, wir können unsere Regale selbst montieren oder bezahlen jemanden dafür, wir können auch auf einen Sprung bei der Samenbank vorbeischauen, wenn wir uns ein Kind wünschen – da ist ein Mann im Haus schlicht überflüssig. Besonders wenn er keine Anstalten macht, seinen Beitrag zu leisten – sei es nun finanziell oder in Haushalts- oder Gefühlsdingen.

Das zeugt von einer enormen Veränderung in den gesellschaftlichen Beziehungen und in der Denkweise in den letzten fünfundzwanzig oder dreißig Jahren, denn die gröbste Beleidigung, die eine Frau einer anderen antun kann, besteht darin, dieser vorzuwerfen, sie könnte nicht ohne einen Mann auskommen und habe noch nie ohne eine Beziehung gelebt. Der damit verbundene unausgesprochene Vorwurf ist natürlich derjenige der Abhängigkeit und Bedürftigkeit.

Das Problem dabei ist nur, daß die Wünsche und Entscheidungen der Frauen nicht berücksichtigt werden. Natürlich könnte die betreffende Frau unabhängig von einem Mann *überleben*, doch vielleicht wird ihre Lebensqualität durch ihn verbessert – in finanzieller, emotionaler, sexueller und anderer Hinsicht. Die Mehrheit der Frauen entscheidet sich für eine Beziehung zu einem Mann, weil sie das will, nicht weil sie dazu gezwungen ist. Der Unterschied im Vergleich zu früher ist der, daß die Bandbreite der uns zur Verfügung stehenden Wahlmöglichkeiten größer ist. Je nach den Umständen, nach unserer Erziehung, unserer politischen Einstellung und unserer finanziellen Situation entscheiden wir uns dafür, mit oder ohne Mann zu leben, eine Beziehung zu einem Mann zu haben, aber nicht mit ihm zu leben, zu heiraten, mit einem Mann zusammenzuleben, aber mit einem anderen Sex zu haben, allein zu leben, lesbisch, bisexuell, heterosexuell oder abstinent zu sein. Es steht uns auch frei, eine bisexuelle, enthaltsame Frau zu sein, die sich mit zwei

Exliebhabern die Wohnung teilt. Zugegeben, einige dieser zur Verfügung stehenden Alternativen sind leichter zu leben als andere (wobei in unserer heutigen Gesellschaft die am meisten akzeptierte Lebensweise eine heterosexuelle Ehe mit viel Sex und einigen Kindern ist) – doch es gibt sie zumindest.

Es ist jedoch nicht immer leicht, konsequent nach seiner Entscheidung zu leben. Eine Frau, die lieber allein ist und sagt, keinen Mann in ihrem Leben zu wollen, wird leicht der Lüge bezichtigt. Eine Frau, die beschließt, Kinder ohne den Vater aufzuziehen, gilt als bedauernswert und egoistisch, weil sie das Kind um den männlichen Elternteil bringt. Sie ist offenbar auch für jede Art von Jugendkriminalität in ihrer Umgebung verantwortlich. Eine Frau, die ihre Energien in die berufliche Karriere und nicht in einen Mann oder eine Familie steckt, wird für hart und einsam gehalten, für eine Frau, die ihren Lebenszweck irgendwie verfehlt hat. Und wenn sie eine Karriere und auch eine Beziehung und Kinder hat, dann sind die Schwierigkeiten schon vorprogrammiert: Es ist unmöglich, daß eine einzelne Person einen Job, einen Mann und ein Baby unter einen Hut bringt und dazu noch dekorative Tischgestecke gestaltet.

Als die britischen Zeitschriftenherausgeberinnen Marcelle d'Argy Smith (von der britischen Ausgabe der Cosmopolitan) und Linda Kelsey (von She) im Jahr 1995 ihren Job aufgaben, erklärten die meisten Presseberichte, das sei wieder einmal ein Beweis dafür, daß eine Frau »nicht alles haben« könne. Wir haben es doch gewußt! Mit keiner Silbe wurde erwähnt, daß diese Frauen jahrelang eine Top-Position im Printmedienbereich innegehabt und hervorragende Arbeit geleistet hatten. Es wurde nicht darauf eingegangen, daß sie nun vielleicht eine Abwechslung oder eine andere Lebensweise anstrebten. Daß sich die Prioritäten ändern können.

Daß das einstige Ziel, mit unserem Gehalt unseren IQ zu übertrumpfen oder vierzig Untergebene zu befehligen, in den Hintergrund rücken kann. Daß man angesichts der prekären wirtschaftlichen Situation im Verlagsgeschäft möglicherweise darüber nachzudenken beginnt, warum man achtzehn Stunden pro Tag am Arbeitsplatz verbringt, wenn die Zeitschrift, für die man arbeitet, vielleicht bald dichtmacht? Menschen, Partner, Kinder, Freunde und Freizeit können allmählich *wichtiger* werden.

Wir sind unserem Ziel, nämlich gleiche Bezahlung und gleiche Möglichkeiten für Frauen, Dinge, die vor dreißig Jahren nicht mehr als ein Traum waren, schon ein gutes Stück nähergerückt. Das ist eine große Errungenschaft. Die Männer werden auch in Zukunft jede Gelegenheit ergreifen, Frauen aus dem Rennen zu werfen und dann zu erklären, wir wären nicht dafür geschaffen, einen Fulltime-Job außer Haus zu bewältigen. Doch daß diese beiden Herausgeberinnen ihren Arbeitsplatz verlassen, ist kein Beweis dafür, daß eine Frau »nicht alles haben kann«, höchstens dafür, daß sie nicht alles haben *wollen* – zumindest nicht für immer. Vielleicht können Männer ja etwas davon lernen?

Doch das Wesentliche dabei ist, daß Frauen eine Entscheidung treffen können, auch wenn sie dafür kritisiert werden. Mögen sie uns ruhig »bedauernswert«, »egoistisch«, »unrealistisch« oder »aggressiv« heißen – Tatsache ist, daß sich das Leben einer Frau in den vergangenen dreißig Jahren dramatisch verändert hat und daß sich im Lauf dieser Zeit eine Reihe neuer Möglichkeiten aufgetan haben. Wir können jede Nacht mit einem anderen Mann schlafen, mit demselben Mann einmal pro Nacht oder einmal pro Monat schlafen, allein leben oder (sofern wir es uns leisten können) lässig einige Geldscheine auf den Tisch werfen und für Sex zahlen, wenn wir das wollen.

Der gängige Tarif beträgt fünfzehn bis fünfzig £ pro Stunde (in Deutschland hundert bis zweihundertfünfzig Mark), je nachdem, was man will. Doch wie viele Frauen sich nun an Begleitagenturen wenden, ist recht schwierig zu ermitteln (doch der Anzahl der Werbeinserate in den Sexzeitschriften nach zu urteilen, scheint die Nachfrage recht heftig zu sein). Viele Menschen glauben es zwar nur ungern, doch es gibt tatsächlich Begleitagenturen, die Männer vermitteln und deren Dienste von Frauen in Anspruch genommen werden. Frauen, die bereit sind, über ihre diesbezüglichen Erfahrungen zu berichten, sind nicht leicht aufzutreiben, und wenn, dann tun sie das anonym (1994 erschien in der britischen Ausgabe von *Marie Claire* ein Artikel, in dem zehn Frauen über ihre Erfahrungen mit einem »gemieteten Mann« berichteten). Doch ein öffentlicher Auftritt ist eine andere Sache. Ich wurde einmal gebeten, bei einer Talkshow mit Frauen, die für Sex zahlen, mitzuarbeiten, doch man fand keine einzige Frau, die bereit gewesen wäre, aufzutreten und zuzugeben, daß sie das getan hatte. Um gerecht zu sein – ich kann mir auch nicht vorstellen, daß viele Männer offen eingestehen würden, für Sex zu zahlen (obwohl sich in der Esquire-Umfrage *Men on Sex* aus dem Jahr 1992 neun Prozent dazu bekannten). Für Frauen, die so oft danach beurteilt werden (und die sich auch selbst danach beurteilen), wie begehrt sie sind (nicht wie sehr sie selbst begehren), ist es nun doppelt schwer, zuzugeben, daß sie Sex nicht gratis bekommen.

Aber darum geht es nicht wirklich – die meisten Frauen bekommen Sex »gratis«, wenn sie nur genügend Bars abgrasen. Was sie dabei nicht bekommen, ist jedoch der Seelenfrieden, den eine geschäftliche Transaktion mit einem Callboy bietet – er gehört ihr für eine begrenzte Zeit (sie braucht nicht zu befürchten, daß er nun ständig bei ihr zu Hause herumhängt), und er wird dafür bezahlt, genau das zu tun, was von ihm verlangt wird. Sie muß ihn auch nicht ermahnen, ein Kondom zu verwenden, denn das gehört zum Service. In gewisser Hinsicht ist dieses Arrangement körperlich sicherer, als irgendwo einen Mann aufzugabeln, von dem man nichts weiß – denn zumindest im Fall eines Callboys wird das Geschäft meist über eine Agentur abgewickelt; da sind andere Leute, die wissen, daß er mit ihr zusammen ist, und im Rahmen der finanziellen Vereinbarung – sie bestellt, er liefert – gibt es sicherlich wenig Raum für potentielle Mißverständnisse und Beschuldigungen, die in Gewalt ausarten könnten.

Interessanterweise sind die Frauen, die sich an Begleitagenturen wenden, offenbar meist Karrierefrauen, die viel reisen, oder in einer Beziehung lebende Frauen, die zu Hause keinen Sex (oder nicht den Sex, den sie wollen) bekommen. Kurz, es sind Frauen, die die emotionalen Komplikationen einer Affäre oder einer Beziehung vermeiden wollen. Ist das nicht genau das, was viele Männer in einer ähnlichen Situation machen – sofern sie die nötigen finanziellen Mittel und die Gelegenheit dazu haben? Soviel zu der »biologischen Tatsache«, daß Frauen a) sexuell passiv sind und b) Liebe, nicht Sex suchen. Natürlich mag es auch Frauen geben, die für einen Abend oder eine Nacht zahlen, um die »Intimität« des gemeinsamen Aufwachens am Morgen zu erleben – sexuelle Befriedigung kann genauso von menschlichem Kontakt wie von einem Orgasmus abhängen. Und einige Frauen, die sich einen Callboy gemietet haben, erzählen davon, daß dieser junge Mann in ihnen das Gefühl weckte, etwas »Besonderes« zu sein – nicht zuletzt deshalb, weil diese Männer meist muskulös, gutaussehend und aufmerksam sind – Qualitäten, auf die viele Frauen offenbar bei ihrem langjährigen Partner verzichten müssen. Oft lieben sie ihre Partner noch immer, fühlen sich aber von ihnen vernachlässigt. Im allgemeinen wollen sie bei ihnen bleiben – wegen der Kinder, wegen des Heimes, das sie gemeinsam geschaffen haben, oder aus finanziellen Gründen; sie wünschen sich nur jemanden, der sich eine Stunde oder einen Abend lang um sie bemüht. Einige Frauen nehmen die Dienste von Begleitagenturen in Anspruch, um sexuelle Befriedigung zu finden, weil sie mit ihrem Ehemann keinen Sex mehr haben. Oder sie möchten Phantasien ausleben. Interessant ist, daß das dieselben Gründe sind, aus denen Männer zu Prostituierten gehen.

Die wirtschaftlichen Veränderungen und die daraus resultierende Aufweichung der herkömmlichen Geschlechterrollen werden sicherlich dazu führen, daß es in Zukunft mehr Frauen geben wird, die für Sex zahlen, und auch mehr Männer, die Sex verkaufen. In einer Gesellschaft, in der die Arbeitsplätze rar und mehr Frauen auf dem Markt sind, die Sex kaufen, wird das zu einer weiteren Verdienstmöglichkeit für Männer. Als ich für die britische Boulevardzeitung *Daily Star* einen kurzen Beitrag über Frauen schrieb, die für Sex zahlen, erhielt ich interessanterweise einen Brief von einem Mann in den Dreißigern, der hier eine Karrierechance für sich erblickte (sofern es sich nicht um einen guten, altmodischen Philanthropen handelte), und freundlicherweise »älteren Frauen« (er nannte 50+) seine einschlägigen Dienste anbot. Vollbeschäftigung im ganzen Land! Das örtliche Arbeitsamt hat wohl bisher noch keine derartige Stelle angeboten, und Frauen haben in der Telefonzelle um die Ecke noch kaum einladende Karten vorgefunden (»Wählen Sie Schwanz-1A« oder »David – Darling aller Damen«), obwohl so etwas in einigen Londoner Telefonzellen angeblich schon gesehen wurde. Doch es gibt die Möglichkeit für Frauen, Sex zu kaufen, und sie nützen sie auch. Und Männer haben die Möglichkeit, Sex zu verkaufen, und das tun sie ebenfalls. Sex für Frauen mag vielleicht nicht so marktschreierisch beworben werden wie Sex für Männer, doch es gibt Frauen, die das Angebot zumindest ausprobieren.

Sex solo: für Verzweifelte, Verkommene oder Verwegene?

Für diejenigen, die es sich nicht leisten können oder wollen, für Sex zu zahlen, gibt es natürlich auch die Möglichkeit, mit einer vertrauten und wohlfeilen Person Sex zu haben: mit sich selbst. Kein Lampenfieber beim ersten Mal, kein Druck, Dinge zu tun, die man nicht mag, keine Angst davor, zu verlangen, was man haben möchte, keine Befürchtungen, ob man auch »gut« sei. Man tut sich selbst etwas Gutes. Viele Feministinnen priesen in den sechziger und siebziger Jahren die Freuden der Masturbation deshalb, weil sie den Frauen die Gelegenheit verschafft, sich selbst mehr Vergnügen zu schenken und – recht wörtlich – Kontakt mit ihren Geschlechtsorganen aufzunehmen. Das Licht der Öffentlichkeit, das hierdurch auf die weiblichen Masturbationsgewohnheiten geworfen wurde, half auch dabei, sie zu legitimieren und Frauen die Bedenken zu nehmen, das sei ein verwerflicher Zeitvertreib, der Haarausfall verursache. Noch wichtiger war vielleicht, daß Masturbation eine Methode der sexuellen Befriedigung ist, bei der kein Mann benötigt wird. Sexuelle Autonomie und sexuelle Befriedigung der Frau waren nicht zu Unrecht ein wichtiges feministisches Anliegen, und Masturbation ist ein praktisches Mittel zur Befriedigung, das stets zur Hand ist.

So befreiend und erleuchtend all das gewesen sein mag – Masturbation ist nicht jeder Frau Sache. Die Frau zum Beispiel, die den zweiten Brief am Kapitelanfang schrieb, masturbiert, und doch wünscht sie sich einen Mann. Masturbation bietet sexuelle Entspannung für Frauen (und Männer), doch die meisten von uns sehnen sich nach Kontakt mit einem anderen Menschen. Ich bin mir sicher, daß für die meisten Menschen ein qualitativer Unterschied zwischen Sex mit sich selbst und Sex mit jemand anderem besteht. Es ist wie eine Mahlzeit allein im Vergleich zu einem Essen mit Freunden. Es sind unterschiedliche Erfahrungen.
In der Studie von Shere Hite aus dem Jahr 1976 beschreiben viele Frauen, daß sie durch Drücken der richtigen auto-erotischen Knöpfe leicht zum Orgasmus kommen, sich danach jedoch nicht unbedingt gut fühlen. Nein, sie fühlen sich »kläglich ... beschämt ... billig ... schmutzig ... egozentrisch«. Masturbation in den neunziger Jahren ist ein ganz anderes Thema. Zwanzig Jahre sexuelle Aufklärung später fühlen wir uns wahrscheinlich eher kläglich, wenn wir *nicht* masturbieren. Heutzutage werden uns in Sexinformationsbüchern und Aufklärungsvideos anschauliche Anleitungen geboten, die wir Schritt für Schritt befolgen können. So gesehen ist Masturbation heute weniger eine Möglichkeit für Frauen, sexuell autonom zu sein, sondern eher eine Gelegenheit, die Reaktion des eigenen Körpers verstehen zu lernen und diese Kenntnisse für aufregenderen Sex mit dem Partner zu nutzen. Wir werden aufgefordert, uns in Gegenwart unseres Partners zu berühren, um ihn zu erregen und ihm zu zeigen, was wir wollen. Wir werden aufgefordert, uns gegenseitig mit der Hand zu befriedigen. Das ist ein praktischer Zugang zum Thema »Wie erlerne ich besseren heterosexuellen Sex«, vergleichbar mit einem Kochbuch zum Ausschneiden und Sammeln – wie toll.

Durch all diese Informationen erfahren die Frauen zumindest, daß andere Frauen das auch tun, auch wenn es oft als Übung angesehen wird, um besser für einen Mann zu sein (es vor ihm zu tun, erinnert fatal an all die Bilder von Frauen in Softpornos, die Hand an sich legen, daß es nur so eine Augenweide für Männer ist). Doch zumindest wird Masturbation bei der Frau heutzutage toleriert, wenn schon nicht aktiv gefördert. Und wenn es Frauen dabei hilft, Sex mehr zu genießen, sei es mit sich selbst, sei es mit anderen Frauen oder mit Männern, um so besser. Wir sollten nicht vergessen, welch große Veränderungen das sind, die sich im Lauf der letzten zwanzig Jahre vollzogen haben. Das wurde mir erst klar, als ich 1994 Susan Quilliams *Women on Sex* für *For Women* bearbeitete. Eine Frau, die sich eine »reife Leserin« nannte, schrieb einen langen Brief an die Zeitschrift, in dem sie sich auf den Abschnitt über Masturbation bezog. In ihren Jugendjahren, erklärte sie, galt Masturbation als »schmutzig«, und »die furchtbaren Folgen, die angedroht wurden, waren zu schrecklich zum Niederschreiben«. Sie schrieb weiter, sie habe immer masturbiert, sich dabei aber schuldig gefühlt. Es sei etwas gewesen, was im Verborgenen getan werden mußte. Nachdem sie dieses Feature gelesen hatte, gestand sie ihrem Partner, sie bringe sich selbst oft zu ekstatischen Orgasmen, wenn er nicht in der Nähe sei. Das Ergebnis war, daß sie es nun voreinander taten, voneinander lernten und besseren Sex und eine offenere Partnerschaft hatten. (Ihr Haar fiel nicht aus!) Ein weiterer Verdienst dieses Masturbations-Glasnost sollte noch erwähnt werden: Wenn die Männer sehen, wie wir es genießen, uns selbst mit solcher Inbrunst und Heftigkeit zu berühren, könnten sie vielleicht auf den Gedanken kommen, sie müßten sich ein wenig mehr anstrengen, wenn sie ihre Hände im Spiel behalten wollen.

Doch heißt das nun, daß sich die Frau der postfeministischen Ära durch ein kleines Solo hier und da gut fühlt? Ich denke, die Antwort ist, daß sie sich nicht gut, sondern vielmehr besser fühlt. Manchmal ist noch immer ein Gefühl der Scham damit verbunden. Frauen, die so reagieren, betrachten Masturbation oft als egoistisch, wie Susan Quilliam in *Women on Sex* hervorhebt: »Frauen sind noch immer in dem Glauben ›lieben ist geben‹ gefangen.« Für viele Frauen ist Masturbation auch unnötig, wenn man in einer festen Beziehung lebt; und auch wenn das nicht der Fall ist, wird sie noch immer als die arme Cousine der Penetration angesehen. Ungeachtet aller Zahlen, die belegen, daß Frauen mehr Orgasmen durch Do-it-yourself-Sex haben, scheinen sie nicht zu glauben, daß Masturbation auf dem Lustkonto ebenso hoch zu Buche schlägt wie Geschlechtsverkehr. Vielleicht deshalb, weil sie die ganze Arbeit selbst tun müssen. Ja, wir können uns selbst zum Orgasmus bringen, und das recht gründlich. Doch dabei verhält es sich ähnlich wie mit der Reinigung unseres Vorzimmers: Wir behaupten, niemand putze es so sauber wie wir selbst. Das mag stimmen, doch es hält uns nicht davon ab, uns zu wünschen, uns vorzustellen oder es zu genießen, daß ein Mann das für uns tut. Masturbation erfüllt folgende, äußerst wichtige Kriterien: a) Sie verhilft Frauen zu gründlicheren Kenntnissen über sich selbst in sexueller Hinsicht, b) sie verhilft Frauen zu sexueller Befriedigung ohne einen Mann. Doch gemäß der *Me*-Umfrage aus dem Jahr 1994 tun es vierundzwanzig Prozent der Frauen nie und einunddreißig Prozent selten. Auf die Frage, was ihnen die größte Lust bereite, antworteten sieben Prozent mit Masturbation (doch wenn sie es nicht tun, wird ihnen das wohl kaum viel Lust bereiten); jeweils etwa fünfundzwanzig Prozent bevorzugten Penetration, Cunnilingus und manuelle Stimulation durch den Partner. Aber auch

im *Esquire*-Bericht aus dem Jahr 1992 *Men on Sex* wurde Masturbation von den Männern nicht als bevorzugte sexuelle Aktivität genannt – obwohl die meisten Männer angaben, es zu tun und sich nicht schuldig dabei zu fühlen.
Männer und Frauen scheinen einhellig der Meinung zu sein, daß Sex mit einer anderen Person etwas bietet, was Masturbation nicht liefern kann. Es ist falsch, Frauen wegen ihres Wunsches nach Sex mit Männern zu kritisieren, indem man ihnen vorhält, sie täten dabei stets das, was die Männer wünschen, und ihre authentische Sexualität (was immer die authentische Sexualität eines Menschen sein mag) sei stets derjenigen der Männer untergeordnet.
In unserer heutigen Zeit ist das glücklicherweise nicht immer so. Nie zuvor hatten Frauen Zugang zu einer derartig großen Menge an Informationen über Sex, und immer mehr Frauen sagen ihren Männern auch, was sie wollen, was sie nicht wollen und wann sie es wollen – und sie genießen das natürlich! Das eröffnet für Frauen neue und aufregende Dimensionen beim heterosexuellen Sex. Sie probieren Dinge nach ihrem Geschmack aus, was ihnen Lust auf mehr zu machen und ihr Verlangen nach Sex mit Männern zu steigern scheint. Daß ein Mann »gut« im Bett ist, ist für viele Frauen ein nicht zu vernachlässigendes Kriterium bei ihrer Partnerwahl. Und ist nicht ein Mann, der es versteht, einer Frau Lust zu bereiten (sei es, daß sie – im Fall eines Callboys – dafür bezahlt, sei es, daß sie mit einem Partner diese Erfahrung macht) ein ebenso authentischer Ausdruck weiblicher Sexualität als irgendein anderer? Schließlich ist es nicht besonders hilfreich, den Geschlechtsakt nach Kriterien wie besser oder schlechter, politisch korrekt oder nicht, zu beurteilen. Alle diese Begriffe sind dehnbar, und ihre Bedeutung verändert sich je nach dem gesellschaftlichen Klima um uns herum. Je mehr Informationen über Sex die Frauen zur Ver-

fügung haben, um so besser; und je wohler und sicherer sie sich bei einer sexuellen Handlung welcher Art auch immer fühlen, um so besser – doch das kann nur Wirklichkeit werden, wenn die Frauen einen direkteren Zugriff zu dem für sie und ihre Stimulation produzierten Material haben und wenn ein Umfeld geschaffen wird, das der sexuellen Lust der Frauen zuträglicher ist.

Kein Sex bitte, wir sind Frauen

Wir können uns natürlich auch dafür entscheiden, überhaupt keinen Sex zu haben. Das ist wahrscheinlich nicht leicht, da wir ständig mit sexuellen Inhalten konfrontiert werden: im Fernsehen, in Büchern, Zeitschriften, Filmen, Zeitungen und im Internet. Wir müssen uns sagen lassen, wie wir dabei besser werden können und was wir tun müssen, um gut auszusehen, wenn wir es tun. Ebensooft, wie Männer an Sex denken – das heißt, ungefähr alle acht Millisekunden, wenn wir den Aussagen der Experten Glauben schenken dürfen – scheint eine neue Sexumfrage veröffentlicht zu werden. Die Experten sagen uns auch, wie oft pro Woche die Leute Sex haben, und geben jedem das Gefühl, alle anderen täten es viel öfter als man selbst. Die Umfragen ergehen sich auch in Analysen über regionale Unterschiede, so daß wir zum Beispiel erfahren können, ob die Waliser sexuell weniger aktiv sind als die Menschen in Nordostengland oder sonstwo. Auf diese Weise dürfen wir je nach Fall auf die in unserer Provinz herrschende sexuelle Leistungsfähigkeit stolz sein bzw. müssen ob deren Mangelhaftigkeit verzweifeln.

In den Artikeln auf der Gesundheitsseite der Zeitschriften lesen wir, daß regelmäßiger Geschlechtsverkehr unser Leben verlängert, unsere Beziehungen verbessert, bei der

Streßbewältigung hilft, Augen und Haut glänzender sowie die Nase feuchter macht. Die Psycho-Experten verheißen uns eine stabile psychische Gesundheit, sofern wir regelmäßig Sex haben. Die Sex-Experten halten Predigten, nehmen die Beichte ab und erteilen Rat, sollte man in seinem sexuellen Glauben wankend werden. Paare, die eine Unmenge Sex haben, werden plötzlich der Anonymität entrissen und in den Stand einer Mikroberühmtheit erhoben. Die Bedeutung, die Sex und Beziehungen überall beigemessen wird, und der Aufstieg der Sexualität in den Rang einer »Wissenschaft« haben dazu geführt, daß unser Selbstverständnis als Menschen des ausgehenden zwanzigsten Jahrhunderts in großem Maß durch unsere sexuelle Identität geprägt ist. Sex: Wehe, man tut es, und wehe, man tut es nicht! Doch was geschieht wirklich, wenn man es nicht tut? Einleitend muß ich sagen, daß ich in meiner Zeit als Kummerkastentante nicht gerade mit Anfragen bezüglich der Möglichkeiten, ein enthaltsames Leben zu führen, überschüttet wurde. Die Leute fragten, ob ich gute Tips hätte (Ja, ich habe eine ganze Reihe von Tips, danke für Ihr Interesse!) und wie sie Sex spannender gestalten könnten. Sie fragten auch, ob es normal sei, achtundfünfzigmal pro Tag Sex zu wollen oder am Arbeitsplatz, im Auto, an der Tankstelle oder beim Ansehen eines Naturfilms (oder ähnlichem) im Fernsehen zu masturbieren. Aber Enthaltsamkeit? Frauen mögen spaßeshalber sagen, sie befänden sich im Zustand erzwungener Abstinenz, doch diese wird höchst selten ernsthaft als Option in Betracht gezogen. Das sollte sie aber! Meiner Meinung nach sollten die Frauen so viele sexuelle – oder eben nicht sexuelle – Identitäten zur Verfügung haben, wie es auf der Erde nur möglich ist.

In unserer Kultur werden wir mit Informationen über Sex und sexuellen Bildern übersättigt. Der einzelne kann sich enormem Druck ausgesetzt fühlen, Sex zu haben oder sich Sorgen zu machen, wenn er/sie keinen hat. Um es einmal klarzustellen: Die neueren Untersuchungen scheinen darauf hinzudeuten, daß nicht jeder so viel Sex hat, wie er angibt. Aus einer im Jahr 1994 vom British Wellcome Trust unter neunzehntausend Frauen und Männern zwischen sechzehn und neunundfünfzig Jahren durchgeführten Umfrage (die größte Umfrage zur Sexualität seit Masters und Johnson) entnehmen wir Zahlenangaben zwischen 4,8mal pro Tag (vielleicht bedeutet die Acht hinter dem Komma, daß sie angefangen hatten, aber nicht bis zum Ende gekommen waren) und überhaupt nicht. Und im *Esquire*-Bericht *Men on Sex* lesen wir, daß es Männer gibt, die sich für ein enthaltsames Leben entscheiden. (Allerdings hatten diese Männer streng religiöse Gründe. Ist das eine immer ein Ersatz für das andere? Vielleicht in dem Sinn, daß Sex in unserer zunehmend verweltlichten Gesellschaft als etwas betrachtet wird, das mit religiöser Inbrunst zu betreiben ist.)

Nun wird aber die große Göttin der Triebe wohl kaum Blitz und Donner auf jemanden herabschicken, der sich den Verlockungen des Fleisches widersetzt. Ganz im Gegenteil – Enthaltsamkeit scheint im Moment den Ruf von etwas ganz Besonderem, Exotischem zu genießen. In einer Zeit, in der sich alle anderen offenbar mächtig für England ins Zeug legen, gibt es auch Leute, die sich ganz legitim einfach hinlegen und an unser großes Land denken. Keine Versagensängste mehr, keine Befürchtungen wegen Dehnungsstreifen oder einem wabbeligen Bauch. Auch in den neunziger Jahren sitzt uns das HIV-Gespenst im Nacken; ungewiß ist, ob das der Grund dafür ist, daß schwule Berühmtheiten wie Stephen Fry ihr Zölibat mit stolzgeschwellter Brust publikmachen. Es scheint jedoch keine entsprechende weibliche Ikone der Enthaltsamkeit zu geben, die ein ebenso

großes Getöse um ihre Lebensweise macht. Allerdings erschien vor einigen Jahren ein von einer Gesundheitsjournalistin geschriebenes Buch, in dem sie über ihre Abstinenz und das Angenehme daran schrieb.
Enthaltsamkeit ist eine legitime Option, die jedem offensteht. Viele fühlen sich dadurch von all dem Krampf mit der Sexualität befreit und haben so die Möglichkeit, zu jemandem eine nicht durch Sex verkomplizierte Beziehung zu haben oder ein völlig unabhängiges Leben ohne Beziehung, ohne Sex zu führen. In unserer Gesellschaft kann es recht schwer sein, konsequent enthaltsam zu leben, weil es die Norm ist, Teil eines »Paares« zu sein, weil unsere Identität so sehr davon abhängt, ob wir sexuell begehrenswert sind oder nicht, und nicht zuletzt, weil man im allgemeinen als jemand angesehen wird, der keinen Partner findet, und nicht als jemand, der keinen will. Oft gilt man in dem Fall auch als unflexibler Mensch, der nicht in der Lage ist, sich mit jemandem zu arrangieren und die für eine Beziehung zwischen zwei Menschen erforderlichen Kompromisse einzugehen. Das ist auch dann so, wenn man anderweitig glückliche und funktionierende Beziehungen (nur eben keine sexuellen) hat. Wenn man als bewußt enthaltsam lebende Frau irgendwo irgend etwas Unpassendes tut, wird sich gewiß jemand umdrehen und sagen: »Wenn sie den richtigen Mann zum Heiraten fände oder regelmäßig gebumst würde, wäre sie glücklicher / wäre es einfacher, mit ihr zu arbeiten / hätte sie weniger Pickel und Falten.« Es wird einer Frau in vielerlei Hinsicht schwergemacht, ein Leben ohne Sex zu führen.

Dann gibt es auch die enthaltsame Frau, die erklärt, sie wolle das so lange bleiben, bis ihr der Märchenprinz über den Weg läuft. In diesem Fall wird ihre Entscheidung wohl Probleme heraufbeschwören. Sich nicht mit der zweiten Wahl zu begnügen, ist bewundernswert, doch ist es auch durchführbar?

In diesem Sinne beantwortete ich die Frage, wo man einen »passenden Mann« finde. Sie masturbiert, um sich zu befriedigen, hat auch manchmal einen One-night-stand, doch ansonsten ist sie Single und enthaltsam – bis sie den Richtigen findet. Ich zitiere diesen Brief nicht nur deshalb, weil er ganz deutlich die Tatsache illustriert, daß Frauen aus einer Reihe von verschiedenen Lebensweisen wählen können, sondern auch aus dem Grund, weil er ein ganz typisches Phänomen der neunziger Jahre beschreibt, von dem viele Frauen über Dreißig betroffen sind. Wir haben es hier mit dem eigenartigen Fall des Verschwindens des »passenden Mannes« zu tun; es gibt offenbar nur bindungsscheue Männer und Frauen, deren biologische Uhr auf fünf vor zwölf steht und unaufhaltsam abläuft, während wir hier die Zeit verplaudern. Das ist etwas, was ich immer wieder von Frauen höre und was auch der Aufmerksamkeit von *Mail on Sunday* nicht entgangen ist, in der am 9. Juli 1995 unter der Rubrik »Nacht & Tag« ein Bericht mit dem Titel »Ich bin 26, Single, wählerisch – und verzweifelt« erschien.

Es ist ein interessantes Phänomen, doch ich verstehe dabei nicht ganz, was diese Frauen eigentlich genau wollen.

Mitte der neunziger Jahre gibt es in Großbritannien eine Million mehr alleinstehende Männer als Frauen – man könnte also glauben, für diese Frau müsse doch irgendwo einer aufzutreiben sein. Doch diese Frau bestreitet das – ähnlich wie viele andere Frauen. Warum ist das so? Sie geht aus (»ich bin viel in Gesellschaft«, schreibt sie), sie trifft Männer und schläft gelegentlich mit einem von ihnen. Sie ist dreißig, wünscht sich Kinder, doch sie findet nicht den passenden Mann dafür. Sie fragt, warum die Männer nur Sex wollen und sich vor einer Bindung fürchten.

Nun weiß ich erstens nicht, ob wirklich alle Männer immer nur Sex wollen (nebenbei gesagt, scheint sie durchaus Gewinn aus ihren gelegentlichen One-night-stands zu ziehen, sonst würde sie wohl keine haben). Zweitens glaube ich nicht, daß sich alle Männer vor einer Bindung fürchten. Viele von ihnen geraten beim Gedanken ans Alleinsein in Angst und Panik. In den Zukunftsplänen von immer mehr Männern tauchen die Begriffe Karriere, Frau und Kinder auf – während sie entdecken müssen, daß man ihnen den bequemen Teppich ihres Lebensplanes unter den Füßen wegzieht, daß die Arbeitsplätze immer knapper werden und daß immer weniger Frauen von einer Familie und einer Hochzeit im weißen Kleid träumen. Wenn man einer 1993 vom britischen Sozialministerium veröffentlichten Statistik Glauben schenkt, aus der hervorgeht, daß in fast fünfundsiebzig Prozent der Fälle die Scheidung von der Frau eingereicht wird, dann steht es mit der Ehe nicht gerade zum besten.

Nichtsdestotrotz wünschen sich viele Männer Heirat und Ehefrau – sie wollen eine Bindung. In unserer Zeit der politischen und wirtschaftlichen Instabilität suchen die Menschen in ihrer Beziehung intensiver nach größerer Stabilität. Die Rolle der Frau in unserer Gesellschaft veränderte sich rascher und in mancherlei Hinsicht dynamischer als die der Männer. Die Geschwindigkeit dieser Veränderung und die Auswirkungen auf das Verhalten waren ziemlich dramatisch und führten dazu, daß die Männer nun nicht genau wissen, wie sie sich verhalten sollen oder was von ihnen erwartet wird (im letzten Jahrzehnt war in Großbritannien ein deutlicher Anstieg der Selbstmordrate bei jungen Männern zu verzeichnen – ein Beweis dafür, daß die Männer Anpassungsschwierigkeiten haben).

Die Frauen werden anspruchsvoller und sind immer weniger bereit, sich mit dem Erstbesten zufriedenzugeben. Das brauchen sie auch nicht. Wir haben Zugang zu Empfängnisverhütung und Abtreibung, wir verdienen Geld. Wir brauchen uns daher nicht festlegen, wenn wir nicht wollen, können anspruchsvoll sein und unseren Partner sorgfältig aussuchen. Wir können ihn auch wieder sitzenlassen, wenn sein Verhalten zu wünschen übrig läßt. Doch diese Ansprüche machen uns wohl kaum zu der idealen »Heiratskandidatin« im herkömmlichen Sinn.

Wie Fiona Walker, die Verfasserin des Artikels »Ich bin 26, Single, wählerisch – und verzweifelt« erklärte, bekam sie »zweimal von Männern den Laufpaß, die vorgaben, sie sei zu intelligent für sie«. Besonders verletzend sei für sie dabei gewesen, daß diese Männer selbst nicht gerade Halbidioten waren. Eben aus diesem Grund hatte sie sich anfangs zu ihnen hingezogen gefühlt; doch wenn sie behaupteten, sie sei überschlau, bedeutete das nun, daß sie eine Partnerin wünschten, die sich intellektuell behaupten kann, oder ein Playboy-Häschen, das gute Kuchen bäckt?

Walker legt die Vor- und Nachteile des Single-Daseins dar, doch sie sagt: »O Mann, wie sehr wünsche ich mir einen Kerl!« Sie versucht, durch eine Anzeige jemanden kennenzulernen, und trifft einen »großgewachsenen, gutaussehenden, intelligenten, humorvollen Mann, alles Eigenschaften, die ich liebe« – doch er ist nicht ihr Fall. Walker begründet ihren Mißerfolg auf dem Heiratsmarkt – und auch den anderer Frauen – folgendermaßen: »Ich glaube, wir suchen etwas, was es gar nicht gibt.« Erraten!

Unglücklicherweise bevorzugen allzu viele Männer zum Ausgehen noch immer ein kleines Nymphchen mit einem hübschen Körper anstatt eine Frau mit Köpfchen. Viele Männer sind meiner Meinung nach noch immer in der Vorstellung gefangen, eine Frau sei etwas zu Beschützendes und zu Versorgendes. Erstaunlich finde ich jedoch, daß auch Frauen in die Falle dieses altbewährten Verhaltensmusters tappen und sich nichts sehnlicher wünschen, als mit einem netten Mann eine Familie zu gründen. Fiona Walker beschließt ihren Beitrag mit folgenden Worten: »Ich gebe mir noch fünf Jahre, bis mein biologischer Wecker zu klingeln beginnt; dann steig ich von meinem hohen Roß herunter und suche aus meinem Adreßbuch einige Telefonnummern: die der Zeugen Jehovas, der Selbsthilfegruppe für Kokssüchtige usw.« Sie scherzt zwar, doch hier haben wir es wieder: der dreißigste Geburtstag kommt – gesucht wird: Mann zwecks Familiengründung. Was ich hier nicht ganz verstehe, ist folgendes: Warum sehnen sich diese intelligenten, fähigen und erfolgreichen Frauen noch immer nach diesem traditionellen Kram?

Es scheint ihnen im Moment gutzugehen. Warum nur löst das Näherrücken des Dreißigers unweigerlich einen Alarm aus, wenn es den Traumprinzen ohnehin nicht gibt? Natürlich wird es für eine Frau über Dreißig statistisch gesehen schwieriger, schwanger zu werden, und das gesundheitliche Risiko ist bei einer Schwangerschaft über Dreißig geringfügig höher, doch eine Frau kann noch Kinder bekommen – mit oder ohne Mann –, und nicht wenige Frauen tun es auch. Ich weiß, das ist mühsam, und es wäre schöner, wenn man die Sorge für das Kind mit jemandem teilen könnte, doch die Männer stehen nicht gerade in dem Ruf, das gerne zu tun.

Meine Meinung ist, daß nicht nur die Männer, sondern auch

die Frauen ihre Verhaltensmuster überdenken müssen. Die Klage der Frauen scheint zu lauten, die Männer seien entweder »zu nett«, bindungsscheu oder Neandertaler. Nun sind die Neandertaler von vornherein auszuscheiden, doch was meinen die Frauen mit »zu nett«? Daß er sich weigert, sexuell die Initiative zu ergreifen, daß er sie um ihre Meinung fragt, anstatt ihr die seine aufzuzwingen, daß er sich nicht mit einem Pamela-Anderson-Kalender vergnügt? In Zeiten sozialen Umbruchs verliert man leicht seine Illusionen und greift lieber auf alte Verhaltensweisen zurück, als neue auszuprobieren. Es ist leicht, zu verstehen, warum die Frauen in unserer Kultur den Eindruck haben, ihr sexuelles Verfallsdatum sei der dreißigste Geburtstag und sie müßten bis dahin »eine Familie gegründet haben«. Doch es ist verwirrend für einen Mann, mit einer Frau konfrontiert zu werden, die bisher selbständig war, nun plötzlich Familie und Kinder haben und anscheinend von ihm abhängig sein will – praktisch und/oder finanziell. Und sie will das noch dazu sofort – was wohl jedem ein wenig unheimlich ist.
Natürlich kann man unabhängig sein und trotzdem seine verbindliche Beziehung haben – viele Frauen managen das geschickt. Doch Sie dürfen nicht plötzlich erwarten, am Morgen Ihres dreißigsten Geburtstags den Mann ihrer Träume in der Mappe für Eingänge zu finden, wenn Sie die vergangenen neunundzwanzig Jahre damit zugebracht haben, darüber zu klagen, die Männer würden sich nicht Ihren Wünschen entsprechend verhalten. Klagen Sie, seien Sie unbedingt anspruchsvoll – doch seien Sie nicht erstaunt, wenn Ihnen der Idealmann und die Kinder nicht in den Schoß fallen, nur weil Sie glauben, jetzt dafür bereit zu sein! Mein Rat lautet: Klappern Sie die Universitätsbars ab, oder werden Sie ein Groupie von männlichen Teenie-Bands! Denn mein Gefühl sagt mir, daß über kurz oder lang folgen-

des passieren wird: Da die Frauen das Kinderkriegen auf später verschieben, ihre Unabhängigkeit zu bewahren trachten und einen Mann mit einem sexy Körper, einem guten Spermatogramm sowie ohne Hausstauballergie wollen, werden sie nach Männern suchen, die jünger sind als sie (vielleicht um eine ganze Generation). Das ist schließlich nur sinnvoll. Diese Männer gehören der postfeministischen Generation an; ihnen ist der Gedanke an einen Rollentausch und die Übernahme höherqualifizierter häuslicher Aufgaben als Vater und Hausmann nicht so suspekt: jugendlich aussehende, sexuell ausdauernde, geistig noch formbare Männer, die ein Abendessen für sechs Personen aus zwei Karotten und einer Dose Buchstabensuppe zaubern! Warum, glauben sie, haben sich die Männer stets eine jüngere Frau gesucht? Okay, so einfach ist es wohl nicht. Die Gesellschaft ist nicht nett zu Frauen, die »nur Hausfrau« sind, und sie ist noch weniger nachsichtig gegenüber »Hausmännern«. Das kann dazu führen, daß ihn seine Aufgaben im Haushalt nicht mehr »ausfüllen« und er sich schließlich davonmacht, um »sich zu finden«. (Manch »ältere Frau« saß plötzlich allein mit einem Baby oder sogar mit Teenagern da, weil sich ihr jüngerer Partner empfohlen hatte und ausgezogen war, um eine ihm lohnender scheinende Lebensweise zu entdecken). Doch zumindest im Bett scheint die Konstellation jüngerer Mann/ältere Frau derzeit recht beliebt zu sein. In einer Umfrage von *For Women* im April 1996 erklären zweiundvierzig Prozent der Leserinnen, ihrer Meinung nach sei Sex besser zwischen einer älteren Frau und einem jüngeren Mann. Andere sind nicht ganz dieser Ansicht und klagen, jüngere Männer seien oft zu schnell und zu leicht befriedigt – doch viele loben den Enthusiasmus des jungen Rammlers (ja, sie haben richtig gelesen).

Und nun, am Ende der neunziger Jahre, dreht sich das

Glücksrad mit seinen zahllosen Wahlmöglichkeiten immer noch: Monogamie mit reichlich Sex, Sex mit den Personen, die wir am meisten lieben: mit uns selbst und mit jüngeren Männern, bezahlter Sex ohne Bedingungen, Gratissex ohne Bedingungen, Sex zur Fortpflanzung, Sex zum Vergnügen, Safer Sex, Sex innerhalb einer Beziehung, Sex außerhalb einer Beziehung, überhaupt kein Sex. Doch die Tatsache, mehr Wahlmöglichkeiten zu haben, macht es nicht unbedingt einfacher, den Jackpot zu knacken, de facto wird es dadurch eher komplizierter. Doch auf der Habenseite können wir verbuchen, daß die Chancen nicht schlecht stehen, mit einer der Alternativen einen Volltreffer zu erzielen.

9 WAS IST EROTISCH?

Liebe Jay!
Was ist mit For Women *passiert? Es sind überhaupt keine Schwänze mehr darin zu sehen! Ich muß gestehen, ich kaufte das Heft nur einmal, als es herauskam, und hatte sehr viel Spaß daran. Als ich es nun vor kurzem wieder einmal kaufte, mußte ich zu meinem Entsetzen feststellen, daß Sie die Männer verhüllen. Können Sie mir bitte sagen, warum? Diese Zeitschrift wurde von vielen heiß ersehnt, warum also mummen Sie die Männer so ein?*

Liebe Jay!
Ich genieße es, zusammen mit meinem Mann Pornofilme anzusehen, und ich bin fasziniert von den unterschiedlichen Samenmengen, die die Männer ausstoßen. Ist es möglich, daß ein Mann seine Samenmenge durch Injektionen vergrößern läßt? … Und warum spritzt der Samen bei manchen Männern heraus, während er bei anderen nur tröpfelt?

Als *For Women* 1992 mit Getöse das Licht der Welt erblickte, war dies das erste britische Sexmagazin, das sich an heterosexuelle Frauen wandte. Jonathan Richards, der leitende Herausgeber der Northern-&-Shell-Gruppe (die Verleger von Männerzeitschriften wie *Penthouse* und *Forum*), der die Idee zu diesem Projekt hatte, sagte, seine Vision sei gewesen, die »Tyrannei der Männerzeitschriften auf dem obersten Regalbrett beim Zeitschriftenhändler« zu brechen. Und wirklich war es das erste Mal, daß Männer Heftklammern durch ihre Hoden hatten. Die Zeitschrift füllte eine Marktlücke – allerdings auf unbefriedigende Weise, wie einige meinten. Doch es herrschte das richtige Klima, um an den selbstbewußten und an Sex interessierten Frauen der Neunziger zu verdienen, die etwas Geld in der Tasche hatten, und wie Richards sich erinnerte, »den Chippendales und anderen sexy Männertanzgruppen anscheinend freundlich gesonnen« waren. Das Magazin machte Furore mit seinem freizügigen Material, das sich ausschließlich an heterosexuelle Frauen richtete. Es war eine Premiere, und das erzielte Medienecho war verständlicherweise ziemlich gewaltig. Richards erinnert sich an eine Geschichte im britischen Boulevardblatt *Sun* kurze Zeit nach dem ersten Erscheinen, in der von einem Mann die Rede war, der seine Hochzeit absagte, als er seine Zukünftige mit einem Exemplar von *For Women* erwischte – wenn das ihre Lieblingslektüre sei, meinte er, sei sie nicht die Richtige für ihn.

For Women als Ehezerstörerin und Befreierin der Frauen – es war jedenfalls recht explosives Material. Interessant dabei ist jedoch, daß von Frauen eigentlich nicht erwartet wird, daß sie Spaß am Betrachten gutaussehender, nackter Männer haben. Wir tun so etwas nicht! Angeblich.

Der führende Sexualforscher Alfred Kinsey – ja, der mit dem berühmten Kinsey-Report – erklärte in den fünfziger Jahren, Frauen seien biologisch weniger auf optische Reize »konditionierbar« als Männer, und viele Menschen scheinen diese Erkenntnis seither mit der Muttermilch eingesogen zu haben. Doch das ist so, als würde man behaupten, Männer ließen sich weniger zum Backen von Kuchen konditionieren. Männer können Kuchen Backen, wenn sie dazu erzogen werden, alle Zutaten haben und im Besitz einer Backform sind. Analog dazu können Frauen Freude am Betrachten von Männern haben. Unterschiede bestehen nur im Material, das Frauen zu sehen bekommen, und in der Atmosphäre, in der dieses Material hergestellt und konsumiert wird. Wie viele Feministinnen betonen, hat Betrachten etwas mit Macht zu tun, wobei sich die Männer von jeher eine nicht zu knappe Portion derselben zugedacht haben. Wenn also die Frauen in der Vergangenheit nicht gerade enthusiastisch Männerkörper angesehen haben, hat das meiner Meinung nach eher kulturelle als biologische Ursachen. Hätten die Männer, die bei Northern & Shell auf dem Geldsack sitzen, an die Theorie von der »biologisch weniger konditionierbaren Frau« geglaubt, dann hätten sie wohl keinen Groschen für *For Women* lockergemacht. Und wenn Frauen wirklich keinen Spaß am Schauen hätten, wie ist es dann zu erklären, daß die erste Ausgabe viermal nachgedruckt werden mußte und vierhunderttausend Exemplare verkauft wurden (und das zu einem Rekordpreis von fast drei Pfund, während die meisten anderen Frauenzeitschriften damals um etwa ein Drittel billiger waren)?

1992 scheint überhaupt ein Jahr gewesen zu sein, in dem die Männer ganz scharf darauf waren, uns zu zeigen, was sie haben. *Ludus* (von Galaxy Publications, ein Verlag, der herkömmliche Softporno-Hefte wie *Fiesta* und *Knave* für Männer produziert), und *Bite* (aus dem Haus Ann Summers) waren zwei weitere Zeitschriften mit der Zielgruppe heterosexuelle Frauen, die ungefähr gleichzeitig mit *For Women* auf den Markt kamen. Eine der Schlagzeilen auf der Titelseite der ersten Ausgabe von *Ludus* lautete: »Männer – nun sind wir dran mit dem Gucken!« Im Blattinneren erklärte Pauline Brown, die Herausgeberin von *Ludus*, wie und warum sie versucht hatte, die Idee für ein Sexmagazin für Frauen in die Tat umzusetzen:

Während für junge Männer das Betrachten von Pornographie etwas Selbstverständliches, Zulässiges war, ja sogar ein natürli-

cher Bestandteil des Erwachsenwerdens, ... nahmen es die jungen Frauen als gegeben hin, daß sie so etwas nicht sehen sollten, und nicht nur das – wir waren auch der Meinung, daß wir solche Wünsche gar nicht haben sollten. Was für ein Schock, als ich entdeckte, daß ich so etwas sehen wollte, es aber nichts für mich zu sehen gab!

Brown beschreibt dann einen Wandel im gesellschaftlichen Klima anfangs der neunziger Jahre, das nun für die Produktion von freizügigem Material für Frauen und die Diskussion darüber, was Frauen gerne sehen und lesen, günstiger war. Der Markt war bereit dafür, in Angriff genommen zu werden. Brown spürte, daß Frauen einen »phantasievollen Umgang mit Männern und ihrem Körper wünschen, und nicht Seite um Seite bloß stereotype ›Mannsbilder‹ – was auch durch achtmonatige ausgedehnte Recherchen bestätigt wurde. Wir wollen das Angebot sondieren, prüfen, was uns gefällt und was nicht, und uns nicht mit dem begnügen, was irgendeine anonyme Firma als für uns geeignet erachtet hat.«
Sicherlich – doch wie? Vor allem, da erwachsene Frauen, wie Brown betont, anscheinend nicht zurechnungsfähig genug für den Anblick eines erigierten männlichen Penis in voller Farbenpracht (oder auch in Schwarzweiß) sind? Sie erklärt: »Im Gegensatz zu den Penissen sind die Vorschriften hart.« Die Vorschriften sind auch absurd – und entbehren jeglicher logischer Erklärungsmöglichkeit. Der offensichtliche Grund ist der, daß das Konterfei eines erigierten männlichen Glieds »unzüchtig« ist (womit es gegen das Gesetz über die Veröffentlichung unzüchtiger Schriften aus dem Jahr 1959 verstößt) und nicht als »jugendfrei« erachtet wird. Eine Erektion wird es wohl kaum bis zum obersten Regalbrett der wichtigsten britischen Zeitschriftenketten W. H. Smith und John

Menzies schaffen, die etwa siebzig Prozent des britischen Zeitschriftenmarktes kontrollieren. Welche verzerrte Sicht der Dinge entsteht in den Köpfen der Kids, wenn ihnen die Frauen auf den Seiten der Männermagazine (der Softporno- und der sogenannten Qualitätsprodukte – offenbar ist keines von ihnen »unzüchtig«) wie auf dem gynäkologischen Untersuchungsstuhl präsentiert werden, während man kaum irgendwo eine Abbildung eines nackten Mannes findet? Ich wünschte, ein Mann erklärte mir, welche Logik (eine Eigenschaft, die Männer offenbar von Natur aus kistenweise besitzen, Frauen jedoch schmerzlich vermissen müssen) hinter einer Vorschrift steckt, die die Darstellung eines Mannes mit schlaffem Glied zuläßt, mit erigiertem hingegen verbietet.

Was, in aller Welt, glauben sie, daß Frauen angesichts einer solchen Darstellung tun würden? (Halten wir fest, daß sich eine Frau wahrscheinlich als informierte Konsumentin zum Kauf entschlossen hat, sollte eine Zeitschrift mit einer derartigen Abbildung tatsächlich existieren.) In Ohnmacht fallen und einen hysterischen Anfall bekommen? In einer Umfrage der nunmehr dahingeschiedenen Wochenzeitschrift *Me* (März 1994) gaben siebzig Prozent der Leserinnen an, Frauen sollten die Möglichkeit haben, Erektionen in Erotika für Frauen zu sehen. Der Markt für Frauen-Wochenzeitschriften gilt als der konservativste Bereich der Presse für Frauen. Fragen wir Jonathan Richards, was Frauen seiner Meinung nach wohl sehen möchten, wenn die »Erektionsbeschränkungsvorschriften« aufgehoben würden: »Sie wollen alles sehen.« Er räumt allerdings ein, derartige Gesetzesänderungspläne ständen wahrscheinlich nicht gerade auf der ersten Seite einer Regierungserklärung, von welcher Seite auch immer diese kommt.

Doch wir sollten das Beste aus Veränderungen machen, wo

solche stattgefunden haben: Für kurze Zeit gab es drei Zeitschriften für heterosexuelle Frauen, die sich dem Thema Sex und Streben nach Lust widmeten. Und diese Zeitschriften enthielten tatsächlich Fotografien von männlichen Gliedern – obwohl es diese nicht einmal auf Halbmast brachten. Sie trafen wohl auch nicht den Geschmack aller unserer Zeitgenossinnen: »Vollgestopft mit Schließmuskelkrampf verursachenden, peinlich berührenden Bildern von eingeölten, halbnackten Muskelprotzen, die nichts am Leib haben außer einem Paar genagelter Stiefel oder einem Chiffonschal, war es vielleicht das richtige für lärmend-fröhliche, Chippendale-freundliche Gemüter, doch die Mehrzahl der Frauen ließ es kalt«, schrieb die Journalistin Susannah Frankel in der Londoner Kulturzeitschrift *Time Out* (Ausgabe vom 6.–13. Dezember 1995) über *For Women*. Ob sie nun recht hat oder nicht, sie bringt genau auf den Punkt, wie schwierig es ist, Männer in einer für Frauen sexuell anregenden Weise abzubilden, und warum die Reaktionen von uns Mädchen oft recht müde sind, wenn Männer die Hosen runterlassen.

Seien wir ehrlich: Bilder von nackten, mit Babyöl eingeriebenen Männern mit schlaffen Pimmeln, auf einem Strohballen oder einem Felsen sitzend, reißen nicht unbedingt alle Frauen vom Hocker. Ob sie die »Mehrheit« der Frauen kaltlassen, weiß ich nicht, doch eines ist sicher: Als die Schwänze der Männer in *For Women* 1995 eine Zeitlang bedeckt wurden (um mehr Werbeeinnahmen zu erzielen), fuhren die Verkaufszahlen in den Keller und es trafen kistenweise Briefe von erzürnten Leserinnen ein, in denen das Wiedererscheinen des Penis gefordert wurde. (Die Beschwerde zu Beginn des Kapitels tauchte als zorniges P. S. im Anschluß an das eigentliche Problem der Leserin auf, wie das auch bei einigen anderen Briefen der Fall war.) Und zu der Frage, ob die Frauen, die derartige Abbildungen zu genießen schienen bzw. scheinen, ausschließlich Chippendales-Anhängerinnen sind, meint Jonathan Richards, charakteristisch für das Leserprofil dieser Zeitschrift seien nicht so starre Dinge wie Alter oder Schichtzugehörigkeit, sondern »Empfänglichkeit«. Er spreche Frauen an, die an Sex interessiert sind – und das könne beinahe jede sein.

Die typische *For-Women*-Leserin mag zwar eher bei einer Chippendales- als bei einer Tschechow-Aufführung anzutreffen sein, doch das gilt nicht für alle. Wir dürfen die Tatsache nicht aus den Augen verlieren, daß es herzlich wenig Auswahl gibt. Viele Frauen bemühten sich verzweifelt, Gefallen an *For Women* (und *Ludus* und *Bite*) zu finden, doch es gelang ihnen nicht. Viele wollten mehr, wollten etwas anderes, ohne zu wissen, was. Hier liegt das Problem: Wie kann es eine einzige erotische Zeitschrift allen heterosexuellen Frauen recht machen? Das ist unmöglich.

Wie dem auch sei, es ist *For Women*, das nach wie vor von den Frauen gekauft wird. Die Zeitschrift mußte ihr Format ändern, um zu überleben: seit 1996 enthält sie nur einen minimalen Anteil an Artikeln (und bedauerlicherweise keine Kummerseite), jedoch viel mehr Bilder von nackten Männern. In sehr kurzer Zeit hat sich das Klima außerordentlich verändert; nun sind auch in gängigen Frauenmagazinen solch freizügige Artikel zu finden, daß es schwierig herauszuarbeiten ist, worin das Einzigartige bei *For Women* liegt, abgesehen von den Bildern. Wir erleben derzeit eine Art Informationsrevolution – man denke nur an die ständig wachsende Anzahl an Satelliten-Fernsehprogrammen und das Internet (eine 1995 durchgeführte Studie der University of Central Lancastershire ergab, daß sich jeder zehnte Sekundarschüler schon einmal harte Pornographie auf den Bildschirm geholt hatte. Wie viele Mädchen das ebenfalls getan hatten, wird nicht erwähnt, allerdings gelten die Jungen als diejenigen, die mehr Zugang zu den neuen Technologien haben). Es gibt ein immer größeres Angebot an Softporno-Satellitenprogrammen (wie sehr sie sich bemühen, auch Frauen anzusprechen, mag dahingestellt sein, doch manche sind auf heterosexuelle Paare ausgerichtet), so daß der Reiz des unbeweglichen Aktes angesichts des beweglichen verblassen muß. Daß Pornographie auf dem Computerbildschirm so leicht erhältlich ist, haben auch die einschlägigen Männermagazine schmerzlich zu spüren bekommen (bei Northern & Shell sanken die Verkaufszahlen der Softporno-Zeitschriften in den letzten Jahren um etwa 1,5 Millionen Stück).

Welche Auswirkungen diese technologischen Neuerungen auf den Frauenzeitschriftenmarkt haben werden, bleibt abzuwarten – Frauen haben eine dauerhaftere und engere Beziehung zu Zeitschriften als Männer; ihnen stand nie ein gutgefülltes Regalbrett voller Hefte zur Verfügung, derer sie überdrüssig werden konnten, und sie scheinen dem Internet nicht soviel Begeisterung entgegenzubringen (vielleicht würden sie es, wenn sie mehr Zugang dazu hätten und wenn es mehr auf sie zugeschnittene Information bieten würde).

Warum also mußten *Ludus* und *Bite* innerhalb eines Jahres nach dem Erscheinen zusperren? Es gibt viele denkbare Gründe. Vielleicht hat das Klima der Angst rund um den Anstieg von HIV-Infektionen und AIDS etwas damit zu tun, obwohl man meinen könnte, daß in diesen Zeitschriften Safer Sex verkauft wird – Phantasien auf Papier – und daß deswegen die ideale Zeit für so etwas vorbei sein müßte. Auch die Zeitschriftenindustrie selbst befand sich in einer Krise, und da es genug Frauenzeitschriften gab, die um die Leseranteile kämpften, fanden sich schnell andere Presseerzeugnisse, die im Handumdrehen aus eindeutigem Material à la

For Women Kapital schlugen. Ich will damit nicht sagen, das sei ein zynisches Manöver seitens der Zeitschriftenherausgeber gewesen, ein konspirativer Schachzug, um nichtsahnende Frauen zum Zeitschriftenstand zu locken – nein, ihre Produkte wie *For Women* entsprachen dem Trend der Zeit. Frauen entscheiden sich als bewußte Konsumentinnen für den Kauf einer bestimmten Sache, und sie wünschten eindeutig mehr Informationen über Sex. Doch als auch die gängigen Zeitschriften dieses Thema behandelten, waren die Frauen nicht mehr sicher, was es ihnen für Vorteile bringt, ein Sexheft zu kaufen, in dem auch nicht mehr stand als in einem üblichen Frauenmagazin (Schönheit, Mode, eine erotische Geschichte, eine Problemseite, Umfragen und Artikel über Sex), nur mit ein paar nackten Kerlen als Zugabe. Bei zahlreichen Sexzeitschriften für Frauen war bald Sperrstunde, nur *For Women* hält noch immer tapfer die Stellung. Es ist eine Schande, daß die Männer darin nicht ebenso standfest abgebildet werden dürfen.

Zeigt her eure Schwänzchen …

Es ist interessant, rückblickend festzustellen, was die Zielgruppe von *Ludus* war. Diese Zeitschrift sprach einen eher anspruchsvolleren Typ der wilden Lady an. Es ging dabei nicht bloß um ein vordergründiges Schwänzeauspacken, sondern es wurde »hochstehende« Kultur zum Anfassen geboten (eher *Playboy* als *Fiesta*, wenn man so will). Das Magazin enthielt »künstlerische« Aufnahmen der bekannten Fotografin Grace Lau (Lau arbeitete viel für das Fetischmagazin *Skin Two*) mit einem sehr gutaussehenden männlichen Model (ein hübscher, harter Körper, doch kein Bodybuilder-Typ), in Frischhaltefolie gewickelt, mit einer Schnur gefesselt bzw. in weichen, den Körper nachzeichnenden Musselin gehüllt. Es waren großartige Bilder, kein Abklatsch des gutgeölten Muskelmannlooks. Allerdings schienen diese Fotos den G-Punkt der Frauen nicht ausreichend zu kitzeln. Doch ich weiß auch nicht, wie man das erreichen könnte – außer man zeigt Männer in explizit sexuellen Szenarien: Männer, die erregt aussehen, die offensichtlich zu Sex bereit sind, die mit einem herausfordernden »sieh mal, was ich für dich habe« in die Kamera blicken, Männer mit Erektion (bekleidet oder unbekleidet), ejakulierende Männer.

Das sind Dinge, die sexuelle Erregung bei einem Mann signalisieren. Und von denen die Schreiberin des zweiten Briefes eindeutig erregt und fasziniert ist. Wenn man nicht Erregung, Erektionen, Ejakulationen zeigt – was soll man dann zeigen? Einen ziemlich skurril aussehenden, unbekleideten Mann mit Schultern, aufgeblasen zu Kleiderkastenbreite, und einem Pimmel, der im Vergleich dazu aussieht wie etwas, das unter der Bezeichnung Nouvelle Cuisine serviert wird? Sicherlich gibt es einige Frauen, die davon angetörnt werden. Und innerhalb des erlaubten Rahmens ist kaum etwas anderes verfügbar. Außerdem wird von uns ja auch erwartet, daß wir über Bildern von Soufflés, und nicht von Männern, in Verzückung geraten. Auf allen Seiten stoßen wir auf Einschränkungen – historisch, kulturell und wirtschaftlich begründete –, wodurch es für uns so schwierig ist, unsere eigene erotische Bildersprache zu entwickeln.

Trotz dieser Hindernisse wird das Interesse bei nicht wenigen Angehörigen des weiblichen Bevölkerungsteils größer und größer. In der *For-Women*-Ausgabe vom Oktober 1994 erschien ein gemeinsamer Leserbrief von drei Frauen, in dem sie eines der doppelseitigen Fotos eines Models namens Cameron priesen: »Das von unten aufgenommene Foto, wie er zwischen den Felsen kauert, war besonders verführerisch – es zeigte nicht nur auf offenherzige und direkte Weise seine üppigen Genitalien …, sondern gestattete uns auch einen aufschlußreichen und stimulierenden Blick auf seinen Arsch! In dem Schatten zwischen seinen geöffneten Backen ist sogar deutlich der gedehnte äußere Rand des Dammes erkennbar, der ein oder zwei Millimeter weiter in den Anus münden würde. Das Foto ist erstklassig … wir können nicht genug davon bekommen – bitte mehr von der Sorte.« Im Januar 1996 beglückwünschte eine Frau das Magazin zu einem Model namens Mark: »Er war absolut umwerfend. Nur – wir bekamen zwar seinen tollen Arsch und seinen prächtigen Brustkorb zu sehen, sonst aber nichts. Bitte, bitte, können wir ihn noch einmal kriegen, splitternackt und unverhüllt zur genauen Betrachtung?« Und in einem an mich gerichteten Brief beschrieb eine Frau, wie sie das erste Mal einen Penis zu Gesicht bekam: Sie beobachtete einen Mann zufällig dabei, wie er in einen Teich urinierte, und erklärte dann: »Wenn ich die Fotos mancher Männer in Ihrer Zeitschrift ansehe, stelle ich mir nicht nur vor, wie ihr Penis aussieht, wenn er steif ist, sondern auch, wie er beim Pinkeln aussieht. Das Foto Ihres Models Daryl in den wohlgefüllten Shorts hat mich wirklich angemacht …«

In einem Klima, in dem Männer in den verschiedenen Medien allmählich sexualisiert werden und in dem Frauen mehr Macht als Konsumentinnen und auch Produzentinnen dieser Medien gewinnen, tut sich auch langsam etwas im Bereich optisch stimulierender Erotika für Frauen. Doch wie ich bereits in Kapitel 6 beschrieb, gibt es die sattsam bekannten »Codes« oder optischen Auslöser in den Softporno-Produkten für Männer: Frauen in sexy Wäsche, die ihre Genitalien umgibt, die klassische Pose der Frau mit leicht geöffnetem Mund, feuchten, schimmernden Lippen, teilweise sichtbaren Zähnen und gerade in die Kamera blickenden

Augen, die ausdrücken, daß sie sexuell verfügbar ist, auf Satin, Seide, einem Leopardenfell, einem Stuhl oder einem Sofa drapierte Frauen, Frauen mit geöffneten Beinen, Frauen, die sich berühren. Es existiert eine effektvolle Körpersprache, die den Eindruck erweckt, eine Frau wünsche Sex mit einem Mann.

Nun vergleiche man das mit manchen Fotoserien in *For Women:* Die Männer sehen meist weg – gelegentlich blicken sie auch in die Kamera, doch sie wirken verlegen. Ihre Körpersprache ist nicht unterwürfig, sie beherrschen die Situation: sie werden als Feuerwehrmann dargestellt, in einer Reparaturwerkstätte oder vor einem futuristischen Hintergrund à la Mad Max. Die Szenerie und die Requisiten sind hart und handfest – Metall, Stein. Ihr Penis, wenn er überhaupt gezeigt wird, darf jedoch nicht steif oder einsatzbereit sein. Diese Männer werden kaum oder nie im Bett gezeigt. Sie sind meist aktiv, aber nicht sexuell, sondern in dem Sinn, daß sie irgendein männliches Requisit wie einen Schlauch, einen Schraubenschlüssel oder einen Bohrer in der Hand halten. Die Phallussymbolik ist plump und ziemlich lächerlich. Manche Männer sind anabolikagefüllte, aufgeplusterte Geschöpfe (mit dazupassenden Schrumpfgenitalien) und sehen ein wenig wie Comic-Superhelden aus (doch schließlich könnte man auch sagen, daß die Frauen in den Softpornoheften für Männer mit ihren melonenartigen Brüsten und Mikrotaillen ebenfalls Comic-Figuren sind). Einige tragen Socken und schwere Stiefel. Andere stellen zusammengepreßte oder auseinandergespreizte Hinterbacken zur Schau. Es ist schwer, zu erkennen, ob diese Bilder für schwule Männer oder heterosexuelle Frauen bestimmt sind, denn wir wissen wenig über die diesbezüglichen Unterschiede und Gemeinsamkeiten Bescheid. Das ist ein Gebiet, das näher untersucht werden muß.

Auch der Anblick eines geöffneten Hosenschlitzes kann aufreizend und sexy sein. Eine erotische Bildersprache für Frauen sollte meiner Meinung nach mit dem Entblößen und Verhüllen von Teilen des männlichen Körpers arbeiten, wie dies *For Women* tut. Einige Frauen wollen das wahrscheinlich nicht hören, doch ich denke, wir können auch von Softpornos für Männer lernen – das ist schließlich etwas, mit dem viele Frauen aufgewachsen sind und das sie noch immer genießen. Da in Softpornoprodukten für Männer bereits eine wirkungsvolle Bildersprache existiert, die Frauen als Sexualobjekte darstellt, könnten wir zumindest einen Blick darauf werfen und uns von ihr bei der Ausarbeitung einer sexuellen Darstellungsweise von Männern inspirieren lassen: Eine enge Hose und (wenigstens) die Andeutung einer Erektion darunter, ein geöffneter Hosenschlitz, ein erregt aussehender Mann, ein Mann, der aussieht, als würde er härter an seinem Sexappeal als an der Erhöhung seines Bankkontos arbeiten, ein gutgebauter Mann mit gefesselten Handgelenken. Eine Bildergeschichte, in der ein Mann von einer Frau beobachtet wird. Oder eine Bildergeschichte mit zwei Männern. Gut wäre auch eine Szenerie oder ein Hintergrund, der den Schauplätzen ähnelt, in denen die Leute in Wirklichkeit leben oder arbeiten – so daß wir uns vorstellen können, dort Männer zu beobachten und Sex mit ihnen zu haben: im Büro, im Flugzeug, im Zug … die Schauplätze weiblicher Phantasien.
Ich weiß, es ist (nicht nur im rechtlichen Sinn) schwierig, Männer direkt in die Kamera blickend und sexuell erregt darzustellen. Manche Frauen finden solche Bilder bedrohlich. Sie werden durch männliche Genitalien an ein sexuell aggressives Verhalten erinnert (Exhibitionismus, sexueller Mißbrauch). Doch eine offenere und freizügigere Behandlung der männlichen Geschlechtsorgane würde die Männer

vielleicht davon abhalten, sie als Waffen zu benutzen. (Frauen laufen nicht herum und präsentieren ihre Muschi – denn auch wenn eine Frau vielleicht Lust dazu hätte, weiß sie, daß sie niemals jemanden damit schockieren oder ängstigen würde, wie das ein Mann tut, der seine Geschlechtsorgane zur Schau stellt.)

Viele Frauen haben auch Schwierigkeiten, einen männlichen Körper überhaupt als Sexualobjekt zu sehen. Das ist wenig überraschend – schließlich ist das in unserer Kultur für uns alle etwas Neues. Die Männer haben vom Augenblick ihrer Geburt an eine Fülle optischer Stimuli zur Verfügung, nicht die Frauen. Eine Frau muß sich von Kindesbeinen an von nahezu jedem Mann, mit dem sie in Kontakt kommt, erzählen lassen, von welcher Frau im Fernsehen, in Zeitschriften, auf der Straße er angetan ist – und warum.

Natürlich wollen nicht alle Frauen erotische Darstellungen in Zeitschriften sehen (genausowenig wie alle Männer – obwohl aus dem *Esquire*-Bericht *Men on Sex* hervorgeht, daß einundachtzig Prozent der Männer schon einmal ein Softporno-Heft und mehr als fünfzig Prozent ein Heft mit harter Pornographie gelesen hatten). Der Unterschied ist, daß Männer seit jeher die Wahlmöglichkeiten hatten – ganze Wagenladungen voll Wahlmöglichkeiten, um der Wahrheit die Ehre zu geben. Doch wir haben noch immer nicht genügend Informationen darüber, was für Frauen sexy ist, was sie abstößt, was sie erregt. Wir müssen zuhören, was Frauen über ihre Phantasien oder erotischen Vorstellungen erzählen, und versuchen, diese an unsere Bedürfnisse anzupassen. Und, so schwierig das auch scheinen mag, es muß einmal damit begonnen werden, diese Bilder in Filmen, in Popvideos, im Fernsehen und in Zeitschriften umzusetzen – und es darf nicht bei einem bloßen Anfang bleiben. Die Menschen müssen vermehrt solchen Bildern ausgesetzt werden, damit diese für die nächste Generation zu einer »normalen« Darstellung weiblicher heterosexueller Wünsche werden – genauso wie eine Frau in Strapsen und Reizwäsche, die eine sexuelle Handlung an einem Mann ausführt, als »normale«, ja sogar »klassische« Darstellung männlicher heterosexueller Wünsche gilt. Da es sowohl von Männern als auch von Frauen als normal erachtet wird, daß Frauen ständig mit Blicken taxiert werden, müssen wir die Männer eben genauso unter die Lupe nehmen. Nur dann wird es akzeptiert werden, daß Frauen begehren und aktiv ihre Wünsche definieren. Und wenn Frauen nun allmählich immer mehr Einfluß bekommen, wird das schließlich auch irgendwann Wirklichkeit werden.

Ich will damit nicht sagen, daß es plötzlich mehr Gleichberechtigung, besseren Sex oder mehr glückliche und harmonische Beziehungen geben wird, wenn zur Abwechslung einmal die Männer zum Objekt werden. Doch manche Frauen wünschen sich auf ihre Bedürfnisse zugeschnittene Erotika, deshalb müssen wir fragen, wie diese aussehen sollen. Viele setzen dabei auf den Effekt der »Objektifizierung«. Das bedeutet, daß durch das Abbilden von Männern samt Penis in Zeitschriften (oder soll ich sagen »in einer Zeitschrift«) die männlichen Körperteile zum Objekt gemacht und der Mann zum Beispiel zu einem körperlosen Schwanz reduziert wird (so wie eben herkömmlicherweise Frauen zum Objekt gemacht und auf ihre Titten, ihre Beine, ihre Muschi reduziert werden – wobei das bei jedem beliebigen Körperteil funktioniert!). Doch ist diese Objektifizierung wirklich dieses hochwirksame und teuflische Mittel, als das es hingestellt wird? Veranlaßt uns ein Foto eines nackten Mannes wirklich dazu, ihn als »Schwanz« zu sehen, oder betrachten wir ihn nicht vielmehr doch noch immer als ehrenwertes Mitglied unserer Gesellschaft, das die Fähigkeit besitzt, Regale zu montieren? (Die Antwort schreiben Sie bitte auf eine Postkarte!) Doch Spaß beiseite: Es spielt hier sicherlich eine Rolle, welche Stellung Männer bzw. Frauen – kulturell und historisch gesehen – in unserer Gesellschaft innehaben und auf wessen Seite die Macht in dieser Gesellschaft ist. Wir wissen, daß üblicherweise Männer (und ihr Körper) größeren Respekt genießen als Frauen (und deren Körper) – das ist auch der Grund, warum eine sexualisierte Präsentation von Männern in Tanzgruppen wie den Dreamboys oder die Pin-up-Boys in *For Women* oft recht lächerlich wirken. Natürlich ist nichts gewonnen, wenn man Männer »abwertet« oder ihnen eine Kostprobe von dem gibt, was Frauen durchmachen mußten. Doch wenn es Erotika für Frauen geben soll, wie sonst sollten sie aussehen?

Ein entzückendes Paar

Als Ruth Corbett im Frühling 1994 Herausgeberin von *For Women* wurde, war sie sich dessen bewußt, daß die Fotos von schlaffen Schwänzen auf harten Felsen wahrscheinlich nicht alle Frauen vom Hocker reißen. Sie versuchte, mit Paaraufnahmen einen Ausgleich herzustellen: halbnackte Pärchen, die sich am Strand oder in der Küche balgen und den Eindruck erwecken, als seien sie gerade sexuell aktiv. Corbett erklärt, bei Paarfotos gebe es mehr Interaktion, man habe zwei ineinander verschlungene Körper, und auch wenn sie sich nur küßten, könne man sich vorstellen, was wohl als nächstes passieren würde. Angesichts der derzeitigen gesetzlichen Beschränkungen für bildliche Darstellungen ist das für viele Frauen weit reizvoller. Auch die Frauen werden hier als aktive sexuelle Wesen dargestellt, nicht als passive, wie in zahlreichen männlichen Softpornoerzeugnissen.

Im Sommer 1994 entdeckte ich auch ein neues Magazin in einem winzigkleinen Zeitschriftenladen, der sich in einem Nebengäßchen der Londoner Oxford Street versteckte. Es trug den Titel *Desire* (herausgegeben von Red Sky Publishing) und war ein Sexmagazin für heterosexuelle Paare. Ich hatte es nie zuvor gesehen, denn die großen Haie im Zeitungsvertriebsbusineß hatten beschlossen, es nicht zu führen. Ich kaufte es mit der Absicht, es gut zu finden.

Der Leitartikel befleißigte sich einer recht seltsamen, libertinistischen Haltung, die sich an das sogenannte goldene Zeitalter des Sex in den sechziger und siebziger Jahren anlehnte. Es wurde erklärt, das vorliegende Heft sei ein Gegengift gegen die »zugeknöpften, puritanischen und langweiligen Neunziger ..., das herrschende scheinheilige Klima repressiver moralischer Selbstgerechtigkeit, die Rückkehr zu viktorianischen Werten und die dogmatische political correctness«. Nun habe ich durchaus etwas für eine aktive weibliche Sexualität übrig, doch dieser Aufruf zur Rückbesinnung auf die sexuelle Freiheit der sechziger Jahre stieß mich ab, denn immer wenn ich bisher so etwas gehört hatte, kam das von Männern, die über sexuellen Puritanismus dozierten und sich darüber verbreiteten, wie sehr die Frauen es genießen würden, wenn sie sich nur gehenließen – wobei das »es« fast immer von ihnen definiert wurde. Ja natürlich, sagen sie, natürlich würden sie es genießen, wenn die sexuell aktive Frau die Initiative ergreift, doch nur, wenn sie tut, was die Männer wollen. Das ist meiner Meinung nach nicht die weibliche Sexualität der neunziger Jahre.

Ich blätterte um und erblickte vier Fotos von Frauen in »Fetisch-Outfit« bzw. in Unterwäsche sowie ein seltsames Bild eines komischen, nackten Kauzes, der auf einer Parkbank saß und seinem Schwänzchen frische Luft gönnte. Dann gab es einen Artikel über die sexuellen Freuden in Hamburg –

Lokale, zu denen Frauen keinen Zutritt haben, außer sie arbeiten dort, Hunderte netter Nutten auf der Straße, Hostessenbars, Live-Shows, Peep-Shows und Videokabinen (»In jeder Kabine gibt es Papiertücher für unachtsame Wichser«). Doch Hamburg kann sich auch einiger richtig heißer Tänzer, Stripper und käuflicher Jungen rühmen. Somit wird sich gewiß auch der weibliche Teil des Paares mordsmäßig amüsieren. Als nächstes kamen einige Fotos – ein sexy Bild einer Frau (natürlich vorschriftsmäßig in Strapsen), rittlings auf einem Mann sitzend – sein Hemd ist aufgeknöpft und sein Outfit insgesamt ziemlich verknittert; sie macht gerade ein Foto von ihm. Es gab auch noch eine durchaus ansprechende Aufnahme eines bäuchlings auf einem Bett liegenden Mannes, das unvermeidliche Bild »zwei Frauen in Unterwäsche« sowie ein recht eigenartiges – zweifellos für die Damen bestimmtes – Foto mit zwei nackten Männern, jeweils in der Pose des *Denkers* von Rodin, die allerdings so weit voneinander entfernt sitzen, wie es die Fotografie nur zuläßt. Außerdem gab es einen Bericht von Linzi Drew zum Thema, was es bedeutet, Mitwirkende in Pornofilmen zu sein, nebst zahlreichen Fotos von ihr und anderen nackten oder mit Unterwäsche bekleideten Frauen, die sich um bekleidete Männer schlangen. Oh, und ein Bild einer Frau in Kammerzofenaufmachung, auf den Knien vor einem Mann liegend und ihn oral bedienend. Das nächste war eine Reportage über Sex und Autos – ein Repertoirestück in Softporno-Zeitschriften für Männer –, komplett mit Bildern von in und um das Fahrzeug drapierten Frauen oder deren Körperteilen (aus einem Autofenster herausragende Frauenbeine, eine barbrüstige Frau in einem Auto, eine Frau in Unterhose und hochhackigen Schuhen, auf einem Auto stehend). Gähn. Es folgten einige Fotos im Stil der siebziger Jahre mit einem Mann in Matrosenuniform und einer Frau

in schwarzer Unterwäsche, Strümpfen und Strapsen – sie mit heraushängenden Brüsten und gespreizten Beinen. Auf dem nächsten Foto schickt sie sich an, ihm das zu verabreichen, was man gemeinhin als »Blow-job« bezeichnet. Er ist mit aufgeknöpfter Jacke abgebildet. Auf dem abschließenden Foto sind beide nackt, doch alles, was von ihm zu sehen ist, sind sein Hals und seine Schultern unter ihr. Wow!
Wie ich schon sagte, ich wollte es gut finden. Und einen Bericht über Frauen, die für Sex bezahlen, fand ich tatsächlich gut. Es gefiel mir auch das Cover. Ich denke auch, das Magazin ist seit dieser ersten Ausgabe besser geworden. Ich weiß, mit welchen Einschränkungen die Herausgeber zu kämpfen haben – es ist schwierig, sexy und modern aussehende Bilder von Archiven zu bekommen. Und noch schwieriger ist es, Bilder von attraktiven nackten Männern aufzutreiben. Wenn man eine solche Zeitschrift gestaltet, ist im Geist ständig eine Art hauseigene Zensurbehörde präsent – man weiß, was man zeigen kann und was nicht. Doch für mich waren es nicht nur die Bilder in *Desire,* die nicht überzeugten, sondern der Text (bzw. die Kombination aus beidem). Offen gesagt, ich hasse dieses Freizügigkeitsgelaber – der Leitartikel klingt so, als käme er von jemandem, der in den sechziger Jahren fleißig swingte. Ich glaube nämlich noch immer nicht ganz, daß die sechziger Jahre wirklich das goldene Zeitalter der Befreiung (auf sexuellem Gebiet oder anderweitig) für die Frauen waren. (Vielleicht hätte man dazu diese Zeit erleben müssen.) Natürlich halte ich es für eine gute Idee, daß ein Mann und eine Frau gemeinsam ein erotisches Magazin lesen – das nimmt ihm die Aura des Verbotenen, die eine große Rolle im männlichen heterosexuellen Lustempfinden zu spielen scheint und die so viele Frau abstößt. Aber es gibt bereits viele Männer und Frauen, die zusammen Männer-Softpornohefte lesen. Angeblich

sind vierzig Prozent der Leser von *Desire* weiblichen Geschlechts (doch das gilt auch für *Forum*), und wenn ihnen das gefällt, dann ist ja alles in Butter! Doch letzten Endes ist *Desire* für mich nicht anders als all diese Sexanleitungsbücher, die uns erklären, wie wir hemmungslose Lust empfinden können – wobei damit meist die Lust des heterosexuellen Mannes gemeint ist. Frauen brauchen mehr erotische Magazine, die ihren Bedürfnissen entsprechen – nicht solche, die auf »Paare« ausgerichtet sind und in denen sichtlich ein (von den swinging Sixties geprägter) Mann bestimmt, was sexy ist.

Heiße Ware auf Zelluloid

Ungeachtet der wohlbegründeten Kritik an Pornofilmen und der vielfach angeprangerten Ausbeutung von Frauen in diesen Filmen, sagten sechzig Prozent der *Me*-Leserinnen, sie fänden so etwas antörnend. Interessant, nicht? Für viele Frauen sind derartige Zelluloidprodukte erregender als zum Beispiel die von Sex-Experten empfohlene, sinnliche Kerze (zum Anzünden natürlich) oder ein gemeinsames Schaumbad. Die Schreiberin des »Ejakulationsbriefes« gibt an, gerne mit ihrem Mann Pornofilme anzusehen.

Viele Frauen werden von Sex auf dem Bildschirm (Hard- oder Softcore) angetörnt, doch viele bringen dem auch zwiespältige Gefühle entgegen. Einerseits genießen sie es, die dargestellten Geschlechtsakte zu beobachten, andererseits jedoch fühlen sie sich nicht wohl mit der Art, in der die Frauen präsentiert werden. Einige haben Schuldgefühle, weil »traditionelle« männliche Pornographie sie erregt, andere hingegen nicht. Einige wiederum wollen nicht, daß ein Mann zusammen mit ihnen die Videos ansieht – sie wissen, daß die Handlung in erster Linie darauf abzielt, *ihn* zu erregen. Sie wissen, daß er in einer Kultur aufgewachsen ist, in der das als normal gilt und in der Frauen dazu da sind, Männer zu stimulieren.

Die Filmemacherin und frühere Pornodarstellerin Candida Royalle nutzte nun ihr Wissen darum, daß Frauen Sex auf dem Bildschirm genießen, vielleicht jedoch etwas anderes wünschen, und ging daran, Softpornos für Frauen zu drehen. In ihren Filmen wie *Three Daughters* oder der Kurzfilmserie *Femme* geht Royalle ganz anders vor: Sie richtet die Kamera direkt auf das Gesicht der Männer, wenn sie erregt sind, sie zeigt, daß Frauen Phantasien haben (es gibt einen hübschen Kurzfilm in der Reihe *Femme* mit dem Titel »Gallery«, in dem eine Frau gezeigt wird, die zwei Männer in einer Kunstgalerie beäugt und sich vorstellt, von beiden zugleich sexuell verwöhnt zu werden); sie zeigt Frauen, die Männer antörnen und sie dann, um mehr bettelnd, stehenlassen; sie läßt die Kameras auf Männern verweilen, während sie sich ausziehen; sie zeigt weibliche Hände, die den männlichen Körper erkunden – Rücken, Hinterbacken, Hände auf einer Lederhose. Die Bildersprache trifft den richtigen Nerv, doch die Kamera wird sozusagen noch im »Vorspielmodus« eingesetzt. Unglücklicherweise ist der Wert der Produktionen, wie das sooft bei Softpornos der Fall ist, gleich Null, und die Handlung, nun ja, bringt uns nicht gerade vor Aufregung zum Sabbern. Doch vielleicht sollten wir das auch nicht erwarten. Die Filme von Candida Royalle sind Massenunterhaltungsprodukte für Frauen. Frauen borgen sie aus, um sexuelle Handlungen zu sehen, nicht oscarreife Leistungen.

Royalles Beweggrund für die Herstellung ihrer Filme ist, daß Frauen eine sinnlichere Art von Sex auf dem Bildschirm sehen wollen. Wieder wird hier nicht jede Frau zustimmen, doch wir sollten die Wahl haben. Die Schreiberin des »Ejakulationsbriefes« wird durch die rasche, pumpende Bewegung bei der Ejakulation erregt – sie ist nicht an Filmen über erotische Massage oder Makramétechnik interessiert. (Übrigens schrieb ich ihr auch, die Tatsache, daß in Pornofilmen das Ejakulat bei manchen Männern herauströpfelt, bei anderen hingegen herausspritzt, sei wahrscheinlich auf einen alten Geheimtrick zurückzuführen: Ein Zucker-Eiweiß-Gemisch wird aus einer Spritze gespritzt. Auf diesen Trick wird in der Branche oft zurückgegriffen, um diese verblüffenden »satten Schüsse« vorzutäuschen.) Meiner Meinung nach ist man auf dem Holzweg, wenn man annimmt, Frauen wünschten *immer* etwas ganz anderes als Männer, wenn es um erotisches Material geht – etwas Samtweiches, Sinnliches und Sanftes. Das ist nicht unbedingt der Fall. Eindeutig abgestoßen fühlen sich Frauen jedoch von sexueller Gewalt oder bedrohlichem Verhalten jeglicher Art (auch wenn sie davon phantasieren – in unserem derzeitigen Umfeld ist jeder Versuch, diese Phantasien optisch zu reproduzieren, ungemein problematisch), doch ich weiß nicht, ob wir stets auf Satinlaken und Streicheleinheiten scharf sind.

Nicht wenige Frauen werden durch Pornofilme für Männer genauso erregt wie diese – obwohl sie sich von manchen Aspekten angewidert fühlen: Die Konzentration auf den weiblichen Körper (oder auf Teile von diesem), vor allem auf einen künstlichen, nach dem männlichen Geschmack zurechtgemachten Körper (hier mit ein wenig Silikon aufgefüllt, dort ein wenig Fett abgesaugt ...), ihre unverzüglich einsetzenden Lustäußerungen (und die Annahme, daß alle Frauen die Penetration genießen und augenblicklich erregt sind), ihre offensichtliche Freude daran, ihn (auf den Knien mittels »Blow-job«) zu befriedigen und sich für ihn sexy anzuziehen. Die schnelle Action und die Einstellungen auf den Penis kann man durchaus beibehalten, doch es könnte nicht schaden, die Geschwindigkeit der Handlung durch einige langsame Zwischenspiele zu variieren. Frauen gehen es gerne manchmal langsam an. Was sie vielleicht noch sehen möchten, sind hübsche Männer (und nicht diese mit Anabolika aufgepumpten Exemplare), die ihren Körper streicheln, Männer, die sich für uns ausziehen oder anziehen, so wie es uns gefällt, Männer, die eine Show mit einem anderen Mann abziehen (wobei die Frau zum Schluß die Sache in die Hand nimmt), Männer, denen man es ansieht, daß sie Freude daran haben, Frauen Lust zu bereiten – Männer, denen man es ansieht, daß sie Frauen lieben.

Die Pornoindustrie hat in unseren postfeministischen Zeiten versucht, der Tatsache Rechnung zu tragen, daß Frauen unabhängig und auch sexuell initiativ sind. Die postfeministische Pornodarstellerin wird zur »Karrierefrau« der achtziger Jahre im Nadelstreifkostüm – doch sie kniet immer noch vor einem Mann und bedient ihn mit dem Mund (vielleicht trägt sie diesmal ihre Strapse unter dem Busineßkostüm). O bitte – wäre es nicht möglich, die Unabhängigkeit und aktive Sexualität einer Frau der neunziger Jahre mit ein wenig mehr Phantasie darzustellen? Wenn das alles ist, dann kennen wir es bereits. Es ist langweilig.

Lust am Lesen

Wenn Sie auf ein wenig sexy, frauengerechte Unterhaltung aus sind, dann ist es nicht die schlechteste Idee, sich mit einem netten Taschenbuch in die Sofaecke zurückzuziehen. Frauen sind schließlich fleißige Leserinnen. Bei der Produktion von visuellem erotischem Material konnten die Frauen erst in jüngster Zeit Einfluß gewinnen (und das auch nur in recht geringem Maß), und vielen Frauen ist dieser

Bereich auch vom Wesen her unsympathisch, doch Lesen und Schreiben über Sex ist etwas, bei dem seit jeher viele Frauen ihre Hände im Spiel hatten. Vor diesem historischen Hintergrund ist es leichter zu verstehen, warum das geschriebene Wort ein sexuelles Stimulans ist, mit dem sich die Frauen eher wohl fühlen, und warum manch erotischer Roman aus einer von weiblicher Hand gehaltenen Feder geflossen ist. Der Erfolg der jüngsten Welle von Frauen-Erotika war daher auch enorm, was wenig überrascht.
Als eine von Black Lace herausgegebene, an Frauen gerichtete Serie erotischer Romane Anfang der neunziger Jahre in die Buchhandlungen kam, gingen in den ersten sechs Monaten eine halbe Million Exemplare über den Ladentisch. Auch Produkte anderer Verlagshäuser (X Libris, Nexus, Delta und Liaison) – manche von Frauen nur für Frauen geschrieben, andere für heterosexuelle Paare konzipiert (und sowohl von Männern als auch von Frauen geschrieben) – verkaufen sich wie warme Semmeln. Warum sind diese Bücher so erfolgreich? Teilweise ist das sicherlich darauf zurückzuführen, daß Frauen relativ wenig Bedenken haben, einen Buchladen zu betreten, einen erotischen Roman zu kaufen und ihn in der Öffentlichkeit zu lesen. Im Rahmen von Studien für Zeitschriften sagten mir viele junge Frauen, es sei ihnen peinlich, ein Sexmagazin zu kaufen, und sie würden eher eines kaufen, wenn es nicht so sehr nach Sexmagazin aussähe. Sogar in unserer angeblich liberalen Gesellschaft kann man sich als Frau dabei unbehaglich fühlen, wenn man beim Lesen von eindeutig sexueller Literatur beobachtet wird. Man sitzt im Bus oder im Zug, öffnet die Zeitschrift und findet Titel wie »Besserer Sex mit sich selbst« oder dergleichen, Bilder von Sex-Utensilien oder halbnackten Frauen auf jeder Seite, und schon spürt man irgendeinen blöd grinsenden Kerl hinter sich, der über unsere

Schulter hinweg mitliest. Wir wollen es lesen, aber ohne ihn, und wir wollen vor allem nicht, daß er uns für eine »solche« Frau hält. Doch wenn man nach dem Ergattern eines Sitzplatzes im Bus das Buch aus der Reihe »Erotische Geschichten für Erwachsene« aus der Tasche zieht, dessen Einband an einen beliebigen romantischen Liebesroman glauben läßt, riskiert man keine Belästigungen. Da gibt es keine großen, raschelnden Seiten, keine reißerischen Überschriften und keine farbenprächtigen Illustrationen, die für Mitleser interessant sind.

In unserer Kultur (ich weiß nicht, ob sie in dieser Hinsicht typisch britisch ist, doch ich fürchte nicht) fühlen sich Frauen oft ungeheuer verlegen, wenn sie im Besitz eines Sexheftes oder auch nur einer Frauenzeitschrift mit einem freizügigen Artikel über Sex sind. In der *For-Women*-Ausgabe vom Januar 1996 wurde ein Brief einer Leserin abgedruckt, in dem sie schrieb, ihr Freund habe die Zeitschrift in die Hand genommen, als sie einmal ein Exemplar nicht weggeräumt hatte, und sie als »widerlich« bezeichnet. Und ihre Mutter hatte ihr empfohlen, das Heft zu verstecken, damit ihr Partner es nicht sehe und »sehr böse« werde – obwohl sie am Ende schreibt, ihrem recht verständigen jüngeren Bruder gefalle die Zeitschrift.

Was das über die männliche Haltung gegenüber Frauen und erotischem Material aussagt, steht auf einem anderen Blatt, doch wenn man diese Reaktion zu erwarten hat, ist es verständlich, warum es einfacher ist, statt dessen ein Buch zu kaufen. Das ist eine in jeder Hinsicht praktikablere und intimere Lösung. In diesem Zusammenhang wird auch klar, warum vierzig Prozent der Leser des Männer-Softpornomagazins *Forum* Frauen sind: *Forum* ist kleinformatig (ungefähr von der Größe eines Taschenbuches) und enthält wenig Bilder (und keine gespreizten Beine, außer in den Anzeigen, auf die die Redaktion nicht viel Einfluß hat).

Natürlich ist im Bereich der erotischen Frauenliteratur nicht nur die Größe ausschlaggebend. Das Medium des Romans ist eine völlig andere Sinneserfahrung als das Betrachten von Zeitschriftenbildern oder eines Softporno-Videos. Nicht zuletzt ist hier mehr Raum für Vorstellung und Phantasieszenarien. Im Genre des erotischen Romans für Frauen und Paare gibt es haufenweise matriarchalische Gesellschaften, männliche Sklaven, die einem Mädchen jeden noch so absonderlichen Wunsch von den Augen ablesen, energische Karrierefrauen, Haremszenen, alte Kulturen und interessanterweise jede Menge Szenen, in denen es um Essen und Trinken geht. Die Handlung gleitet mühelos von der Vergangenheit in die Gegenwart, von der Phantasie in die Realität. Männer mit herausfordernd standfestem Penis und Frauen, die wissen, wo es langgeht, treiben die Handlung voran. Die Lydia in *Lydia in the Harem* (Philippa Masters, Nexus) muß »seine Reithose ganz öffnen, um seinen anschwellenden Schwanz herausziehen zu können«. In *Wicked Work* (Pamela Kyle, Black Lace) geht es bei einer Togaparty hoch her: »Er läßt seine Toga vom Leib gleiten, um seine mächtige Erektion zu zeigen ... das Organ des Mannes ist riesig.« In *Dares* (Roxanne Morgan, X Libris) öffnet die Heldin Nada »sachte den Reißverschluß seiner Hose. Der Stoff war über seiner prallen Erektion straff gespannt.« Ein erotischer Roman kann Bereiche in uns berühren, die eine Zeitschrift oder ein Video nicht erreicht.

Natürlich gibt es auch Phantasieszenarien auf Fotografien und in Videos. Doch was kann man schon zeigen? Einen Mann mit schlaffem Penis, der den Liebessklaven mimen soll. Das sieht nicht gut aus. Auf den Seiten des Buches kann sein Penis so hoch aufragen wie das Matterhorn, die sozialen Beziehungen können umgekehrt werden, wie das auch oft geschieht, wobei die Frauen alle sexuellen Trümpfe in der Hand haben. Es kann mit Worten eine Szene geschaffen werden, in der eine Frau auf einem Motorrad an einer Tankstelle zwei Soldaten aufliest und sagt: »Ich will einen Mann mit einem großen harten Schwanz in seiner Hose. Groß genug, um mich zu befriedigen«, und es kann mit Liebe zum Detail beschrieben werden, wie die zwei Männer auf der Motorhaube eines Autos Analverkehr mit ihr haben. (Dares, X Libris). Das in Bild- oder Videoform darzustellen, ist heikel, doch in einem Roman ist es möglich – man kann in den Kopf einer Romanheldin schlüpfen und entdecken, was sie dazu treibt, sich auf eine bestimmte Weise zu verhalten. Ebenso kann man die Psychologie der Karrierefrau oder der Hausfrau in der Vorstadt ergründen, die sich in den meisten Bereichen ihres Lebens unter Kontrolle halten muß, aber in ihrem Geschlechtsleben diese Fesseln sprengen will. Man versteht, warum sie auf Vergewaltigungsphantasien oder Unterwerfungsszenarien abfährt. Wenn man derartige Situationen fotografisch oder filmisch dargestellt sähe, würde man sie höchstwahrscheinlich für den Archetyp einer Männerphantasie halten. Doch wenn man solche erotische Szenen in einem Buch liest, erhält man mehr Hintergrundinformation, mehr Verständnis für Beweggründe einer Figur. Das wichtigste dabei ist jedoch, daß man die intime Welt des Romans betritt, eine Welt, in der Frauen das Recht auf aktive Sexualität haben – auf ihre Art.

Viele Leute rümpfen angesichts erotischer Frauenromane die Nase. Sie (Frauen und Männer) sagen, das sei Schund und nicht Marcel Proust. Als ob wir das nicht selbst wüßten! Wenn wir Literatur lesen wollen, dann besorgen wir uns welche, doch wenn wir einmal das Bedürfnis nach leichtverdaulicher Bettlektüre verspüren, dann kaufen wir einen Roman von Black Lace oder X Libris. Sie sind wahrscheinlich nicht gerade Nobelpreisanwärter, doch was soll's? Es gibt auch einige großartige, von Frauen geschriebene Sexszenen in der anspruchsvolleren Literatur. Doch das entscheidende ist, daß dies einer der wenigen Bereiche ist, in denen Frauen ohne Schwierigkeiten gewaltloses, auf ihre Bedürfnisse zugeschnittenes, erotisches Material finden. Es kümmert mich auch nicht besonders, daß etwa siebzig Prozent der Black-Lace-Leser Männer sind, wie aus einem Zeitungsartikel (*The Independent*, 13. Juni 1995) hervorgeht (es wird allerdings nicht erklärt, ob das bedeutet, daß die Männer diese Bücher lesen, nachdem eine Frau sie gekauft hat, ob sie diese zusammen mit einer Frau lesen oder ob sie sie für sich selbst gekauft haben), denn diese Bücher stehen den Frauen zumindest offen – sowohl was das Lesen als auch das Schreiben betrifft. Ich glaube auch nicht, daß es ein großer Unterschied ist, ob diese Bücher von einer Frau oder einem Mann geschrieben wurden (nur für die Schreiber von Black Lace scheint offenbar zu gelten: »Bitte nur Damen«). Die Arbeit eines Schriftstellers besteht darin, Romanfiguren zu erfinden und eine Handlung als Aufhänger für die erotischen Szenen zu konstruieren. Eine Frau zu sein, ist noch kein Garant dafür, diese Arbeit gut zu machen.

Was macht müde Mädchen munter?

Was bringen uns eigentlich all diese »Erotika« für Frauen? Für einige Frauen sind sie weder erotisch noch erregend. Doch das ist ein historisches und kulturelles Problem, ein Problem, mit dem wir uns auseinandersetzen müssen. Es ist neu, daß überhaupt Erotika für Frauen produziert wird – das sollten wir nicht vergessen. Es reicht nicht, probehalber einmal ein Sexheft herauszugeben und zu sagen, »sie mochten es nicht«, und das war's dann. Wichtig ist, daß weiterhin stimulierendes und sexy Material für Frauen hergestellt wird. Wir müssen den Frauen die Möglichkeit und die Macht geben, zu definieren und/oder zu produzieren, was sie sexy finden. Das ist nicht leicht, weil wir uns nicht immer ganz im klaren sind, was das bedeutet – doch wir müssen weiterhin versuchen, es herauszufinden. Es wird sicherlich keine leichte Geburt werden, und man darf auch nicht erwarten, daß alle Frauen gleich auf die erste Zeitschrift, den ersten Film oder Roman abfahren. Die Frauen unterscheiden sich hinsichtlich ihrer Generation, ihres gesellschaftlichen Hintergrundes, ihres Bildungsniveaus, ihrer Kultur, ihrer persönlichen Vergangenheit. Da ist es unmöglich, daß man mit einer Art erotischem Einheitsmaterial die Sinne aller Frauen kitzelt. Wir brauchen Vielfalt.

In meiner Eigenschaft als ehemalige Kummerkastentante bekam ich Einblick in die Probleme, die die Frauen mit der Sexualität haben – am häufigsten sind das Orgasmusschwierigkeiten. Aufgrund dieser Erfahrungen behaupte ich, daß Frauen wohl weit leichter erregt würden und zum Orgasmus kämen, wenn sie mit der Erwartung, durch Männer erregt zu werden, aus dem Mutterleib schlüpften. Denn in unserer Kultur beanspruchen nach wie vor die Männer den größten Teil der Macht, sie sind es, die bei der Schaffung einer stimulierenden Bildersprache das Sagen haben, die sexualwissenschaftliche Informationen verbreiten, wonach Männer einen unkontrollierbaren Geschlechtstrieb haben und biologisch so programmiert sind, daß sie beim Anblick von Strümpfen und Strapsen zu geilen Monstern mutieren, und die seit dem Windelalter an hören, wie ihre Väter, Brüder, Onkel usw. unaufhörlich die äußere Erscheinung von Frauen kommentieren und darüber dozieren, was sie gerne mit ihnen täten. Das scheint ihrer Erregungs- und Orgasmusfähigkeit nicht abträglich zu sein, oder?

Und welchen Rat haben die Informationsbücher und Sex-Experten für Frauen, die lustlos sind oder nicht zum Orgasmus kommen? Sie empfehlen ihnen, an etwas zu denken, das sie anmacht, zu phantasieren, sich sexy Szenarien auszudenken. Wenn Frauen selbst definieren könnten, was für sie sexy ist, und wenn die Frauen mehr Beispiele für erotische Bilder und Literatur – mehr Material für ihre Phantasien – hätten, dann würden sie wahrscheinlich auch seltener an Lustlosigkeit und Orgasmusproblemen leiden. Doch wann wird es soweit sein?

Es ist außerordentlich schwierig, ein kollektives Bewußtsein zu ändern, in dem eingeätzt ist, daß Frauen nicht dazu geboren sind, Sex zu genießen, Männer aber sehr wohl. Es ist außerordentlich schwierig, die Auffassung der Menschen zu ändern, wonach die Geschlechterrollen von der Evolution in Form eines genetischen Programms festgelegt sind (besonders wenn pro Saison ein Buch eines – männlichen – Wissenschaftlers herauskommt, in dem diese These weiterverbreitet wird). Es ist schwierig, wenn Sexratgeber predigen, man könne lernen, zum Orgasmus zu kommen, wenn man seinen Körper trainiere, »richtig« zu reagieren. Doch richtig reagieren die Frauen dann, wenn sie sich die Möglichkeit verschaffen, Lust zu empfinden und selbst zu definieren, was für sie lustvoll ist. Das geschieht zwar bereits, aber es verläuft langsam. Doch wir Frauen lieben ja eher eine langsame Entwicklung – und, wer weiß? Vielleicht werden wir auch einmal für reif genug gehalten, Männer mit Erektion zu sehen. Wir dürfen nur nicht lockerlassen!

10 ABGANG MIT APPLAUS

Nichts – außer vielleicht das Quälen von Kälbern und Hunden – ruft in Großbritannien so viel moralische Entrüstung auf den Plan wie Sex. Noch mehr erhitzt das Thema die Gemüter, wenn es dabei um Frauen geht. Daher überraschte es mich nicht, als ich im August 1995 gebeten wurde, in einer Rundfunksendung die Beschuldigung zu entkräften, es gebe in Zeitschriften zuviel Sex-Information für Frauen. Ich wurde mit einer Journalistin konfrontiert, die sagte, Sexmagazine wie *For Women* hätten gängige Frauenzeitschriften dazu angestiftet, mehr und mehr freizügiges Material zu publizieren, und es ginge schon viel zu weit. Wer einen Beweis dafür wolle, der müsse sich nur den Fall Rosemary West ansehen, argumentierte sie.

Ich will dieses Argument aufgreifen, denn diese Meinung wird von vielen Menschen geäußert. Ich denke, wir müssen es in allen Einzelheiten betrachten, wenn wir über die zukünftige Form und Richtung der sexuellen Information für Frauen diskutieren, denn deren Art und wie wir darauf reagieren, sind entscheidend für die Entwicklung einer größeren Toleranz gegenüber der weiblichen Sexualität.

In jeder Periode der Geschichte gibt es Zeiten, in denen eine etwas entspanntere Haltung zur Sexualität zu herrschen scheint. Dann aber schlägt die Stimmung im Land praktisch über Nacht um, da ein neues moralisches Schreckgespenst auftaucht. In den achtziger Jahren war das der Fall mit HIV und AIDS, dann mit Rave und Ecstasy (1988 war der sogenannte Summer of Love). Das jüngste Beispiel ist der Fall

Rosemary West, die im November 1995 wegen Mordes an zehn Frauen (darunter eine ihrer eigenen Töchter und ihre Stieftochter) verurteilt wurde. Ihr Mann Fred, der ebenfalls deswegen im Gefängnis saß, hatte sich erhängt.
Es war eine schreckliche Serie von Verbrechen, die die britische Öffentlichkeit zugleich erregte und schockierte. Was die Aufmerksamkeit der Nation fesselte, war die gruselige Kombination aus Mord und Sex. Die Boulevardpresse schrieb, im Haus der Wests in Gloucestershire herrsche eine »Kultur der Verderbtheit«. Als der Fall aufgedeckt wurde, kamen Details sexueller »Perversion« einschließlich Fesselung, Prostitution, lesbischer Beziehungen, Dreierbeziehungen, Mißhandlung und Sex mit Leichen ans Tageslicht. Die noch lebenden Kinder von Rosemary und ihrem Mann enthüllten in Fernsehen und Presse, auf welch grausame Art sie von ihren Eltern seelisch und körperlich mißbraucht worden waren. Die Wests schienen, wie sich Nachbarn und Untermieter erinnerten, vollkommen sexbesessen zu sein.
Das sind gewiß erschütternde Ereignisse. Doch wo ist der Zusammenhang zwischen Tips in Frauenzeitschriften zur Verbesserung des Geschlechtslebens und der Partnerschaft und Serienmorden, Kindesmißhandlung und sexueller Obsession? Die Verbrechen der Wests waren scheußlich, doch Rosemary wurde nicht mit Sexzeitschriften für Frauen anstatt mit Babybrei aufgezogen (sie ist über Vierzig und wuchs zu einer Zeit auf, in der solches Material nicht erhältlich war). Pornographisches Material für Männer war zwar erwiesenermaßen im Westschen Haushalt vorhanden, doch es besteht auch keine eindeutige Beziehung zwischen männlicher Pornographie und Gewalt. Rosemary und Fred West waren Leute mit niedrigem Bildungsniveau und wenig Geld. Ihre Opfer wurden von einer Gesellschaft fallengelassen, in der junge Frauen und Kinder anscheinend unbe-

merkt verschwinden können, in der Verbrechen unbeachtet bleiben, obwohl alles darauf hindeutet, daß sie begangen wurden, und das über viele Jahre. Die Lehrer der West-Kinder, die unmittelbaren Nachbarn, die Sozialdienste, die Polizei – alle tragen womöglich einen Teil der Schuld. Aber Frauenzeitschriften? Nein. Eine Zeitschrift schafft keine Frau, die einen Hang zu Morden hat, die grausam zu Kindern ist und die sexbesessenes Verhalten an den Tag legt. Genausowenig schaffen Zeitschriften ein Land voll Frauen, denen jede Moral abhanden gekommen ist.

Zeitschriftenherausgeber sind natürlich für die von ihnen veröffentlichten Artikel verantwortlich zu machen. Zeitschriften haben durchaus die Macht, Haltungen oder Meinungen zu verstärken oder zu ändern. Deshalb haben die Herausgeber moralische Positionen zu beziehen und Verantwortung zu übernehmen; andernfalls würde man sich auf den sehr steilen Abhang einer allzu freizügigen Denkweise unter dem Motto »alles ist möglich« begeben, und wohin würde das führen?

Solche Stellungnahmen sind natürlich nicht ungefährlich, denn das, was in unserer Gesellschaft als »pervers« oder »verderbt« gilt, kann sich relativ schnell ändern. Wie ich an früherer Stelle in diesem Buch schrieb, wurden Frauen, die Sex genossen, vor nicht allzulanger Zeit als abnormal betrachtet (heutzutage gilt man dagegen als abnormal, wenn man Sex *nicht* genießt). Und Homosexualität war bis vor kurzem die schlimmste aller Abartigkeiten – heute wird sie zumindest etwas eher toleriert. Auch Oralsex und Fetischismus galten als pathologische Tendenzen, während sie heute akzeptiert sind bzw. von der einschlägigen Literatur manchmal sogar aktiv gefördert und den Menschen als Möglichkeit zu Lustgewinn und Abenteuer anempfohlen werden. Was einst als »pervers« galt, wird mit überraschender Leichtigkeit Teil unseres alltäglichen sexuellen Vokabulars. Doch wo müssen wir die Grenze ziehen?

Unter den Äußerungen moralischer Entrüstung rund um den Fall Rosemary West und den empörten Berichten in der Boulevardpresse, die ihre Verbrechen mit der übergroßen Menge an Sexliteratur für Frauen in Verbindung brachten, gab es auch einen Schrei der Empörung über ein Magazin mit dem Titel *TV Hits*. Die Zielgruppe dieses Magazins ist die Altersgruppe der dreizehn- bis sechzehnjährigen (doch wie jede Zeitschrift kann dieses Heft natürlich auch von älteren oder jüngeren gelesen werden); es enthält Berichte über Pop-, TV- und Filmstars, Schönheitstips und dergleichen. Die Kontroverse rund um das Magazin konzentrierte sich auf die Problemseite und auf einen Brief eines sechzehnjährigen Mädchens, das fragte, was Oralsex sei. Die Kummerkastentante gab eine ziemlich anschauliche und detaillierte Antwort. Das empörte den Vater einer jungen *TV-Hits*-Leserin (noch kaum im Teenageralter), der schrieb, das habe seine Tochter ganz durcheinandergebracht.

Nun würde ich sagen, wenn man jungen Leuten die Informationen über Sex gibt, die sie verlangen, wird diesem der Nimbus des Mystischen genommen, und ein junges Mädchen wird, langfristig gesehen, weniger »durcheinander« sein, wenn es mit dem notwendigen Wissen gewappnet ist. Es ist auch besser, wenn die jungen Leute in Kenntnis korrekter Tatsachen sind, als wenn sie irgendwo Unsinn aufschnappen. Doch diese Kontroverse warf auch ein Schlaglicht darauf, wie Erwachsene auf Themen wie Sex und Sexualität reagieren und wie diese Reaktionen möglicherweise zu den Komplexen und Unsicherheiten junger Menschen beitragen.

Nehmen wir den Vater der »durcheinandergebrachten« *TV-Hits*-Leserin. Macht er nicht unnötig viel Wirbel, zieht die

Aufmerksamkeit auf das Thema und erzeugt in seiner Tochter das Gefühl, Oralsex sei etwas Schlechtes oder Beunruhigendes? Ich schreibe das, weil es mir auffällt, daß viele Eltern durch ihre verständlichen Bestrebungen, ihre Kinder vor dem Thema Sex abzuschirmen, nur erreichen, daß ihre Kinder um so mehr darüber nachdenken oder verworrene Ansichten darüber entwickeln. Ich erinnere mich recht deutlich daran, wie ich im Alter von etwa zehn Jahren eine Schulfreundin besuchte (es war ein gut katholisches Haus mit Marienstatuen aus Plastik in Weihwasser aus Lourdes und dergleichen) und wir in ihr Zimmer hinaufgingen, um mit ihren Plüschtieren zu spielen – nicht mehr und nicht weniger. Wir waren rundum zufrieden. Doch als wir auf der Treppe waren, schrie ihre Mutter auf: »Ihr nehmt doch keine Jungen mit nach oben?« In Abständen von ungefähr zwanzig Minuten kam dann ihr Vater, um nachzuprüfen, ob wir etwa Jungen eingeschmuggelt hätten, und um uns eine kurze Predigt über die »fleischlichen Sünden« zu halten. Wir waren nicht im geringsten an Jungen, sondern bloß an unseren Plüschtieren interessiert, doch so wurde uns der Gedanke nahegelegt, daß man Jungen und Mädchen nicht unbeobachtet in einem Zimmer lassen durfte. Es lenkte unsere Aufmerksamkeit auf Jungen und damit auch auf Sex. Es wurde der Grundstein für die unausgesprochene Annahme gelegt, Sex mit Jungen sei schmutzig und schlecht. Ähnlich wie die schwarzen Schleier, die Frauen während der katholischen Messe trugen, um ihr potentiell ablenkendes und »in Versuchung führendes« Haar zu bedecken, in den Hirnen vieler Männer Phantasien über Frauen in schwarzer Spitze sprießen ließen, haben wir es in der Hand, sexuelles Interesse zu erzeugen, indem wir versuchen, Menschen davon abzulenken.

Ich behaupte nicht, daß dieses junge Mädchen automatisch besser für die Gesellschaft gerüstet ist, wenn sie bereits in jungen Jahren über Oralsex Bescheid weiß. Ich glaube nicht, daß ich in diesem Alter über solche Dinge informiert war, und auch die meisten Leute, die ich kenne, waren es nicht. Doch die Zeiten ändern sich. Heutzutage sind die Kids viel »sexbewußter« in dem Sinn, daß sie sich wie Erwachsene kleiden und zurechtmachen, über Themen wie sexueller Mißbrauch usw. Bescheid wissen. Die Heranwachsenden von heute sind mit einer Welt konfrontiert, die anders und vielleicht »erwachsener« ist als die, die ich während meiner Jugend kannte. Es ist recht beängstigend, zu sehen, wie sie in diese offensichtlich »unkindliche« Rolle drängen, doch der Schein kann trügen: Nur weil sich junge Leute »sexy« kleiden (junge Mädchen in Minirock und ultracoolem T-Shirt mit der Aufschrift »Ich bin geil« oder »hübsche Titten«) und einen größeren einschlägigen Wortschatz haben, dürfen wir nicht gleich annehmen, daß sie in jungen Jahren mit Sex experimentieren (das Durchschnittsalter beim ersten Geschlechtsverkehr ist siebzehn Jahre) oder daß sie sexuell perverse Erwachsene werden. Kinder geben sich gerne wie Erwachsene; da können die Kleider, die sie tragen, und die Worte, die sie verwenden, den Anschein erwecken, sie seien weltgewandt und sexuell erfahren. Doch unter diesem anscheinend mit allen Wassern gewaschenen, unverfrorenen Äußeren findet man die unschuldigen, emotional unausgereiften Sorgen, Ängste und Unsicherheiten über Beziehungen und Sex, die es immer gegeben hat und immer geben wird – dessen bin ich mir sicher.

Die Journalistin, mit der ich im Radio über Frauenmagazine diskutierte, betonte unaufhörlich, daß diese Magazine bei Zeitschriftenhändlern und in Supermärkten auflägen, wo Kinder sie sehen könnten. Was genau können sie sehen? Nehmen wir die Titel, die im Oktober 1996 auf dem Cover diverser Hochglanzmagazine zu lesen waren: *Company* (eine

Zeitschrift, die gemeinsam mit dem Teeniemagazin *more!* unablässig ob ihres verschwenderischen Angebotes an Sexartikeln angeprangert wird) titelte: »Intensiver Sex, totales Vertrauen, leidenschaftliche Liebe – wie Sie die Beziehung bekommen, von der Sie schon immer geträumt haben.« *Cosmopolitan* verhieß uns »Heißerer Sex denn je«, und *Marie Claire* lockte mit dem Titel »Verbotener Sex – Caught in the act« (eine Fotoreportage über einen Sexclub, in dem nicht die angebotenen Vergnügungen, sondern die abstoßenden Zustände beschrieben wurden). Im Inneren der Zeitschriften (das sind Qualitätszeitschriften mit einem intelligenten, gebildeten Leserkreis) gibt es Informationen über monogame Beziehungen und über Möglichkeiten, zu größerer Intimität mit einem Partner zu gelangen; wir finden Anregungen für Sex ohne Penetration, Tips, wie man Männer zu angenehmeren Zeitgenossen macht, wie man etwas mit Männern ausdiskutiert, wie man etwas mit Freundinnen ausdiskutiert, wie man die Art von Sex bekommt, die Frauen wollen. In einigen Heften gibt es Kochrezepte, in allen Mode – doch in keinem findet sich etwas, was den Tatbestand der sexuellen »Verderbtheit« erfüllen würde. Ich habe keinerlei Problem mit diesen Reportagen oder der Tatsache, daß Jugendliche sie lesen können. Für mich wäre es eher ein Problem, wenn es diese Informationen für Frauen nicht gäbe und wenn die Kids nur die Cover und Inhalte von Männer-Pornoheften am Zeitungsstand zu sehen bekämen.

Perverse, Päderasten und Pädophile

In einem *Daily-Mail*-Artikel mit dem Titel »Warum das viele Geschwätz über Sex unseren Teenagern schadet« (28. November 1995) beschrieb die Journalistin Mary Kenny, welche Gefahren es mit sich bringt, wenn jungen Menschen zu viele und zu anschauliche Informationen über Sex geboten werden. Dabei benutzte sie die Antwort auf die Oralsex-Frage in *TV Hits* als Eröffnungszug. Sie argumentierte, es würde Pädophile erregen, wenn jungen Menschen konkrete sexuelle Anleitungen gegeben würden. Derartiges Material würde Perverse zu sexuellen Phantasien anregen, und es dauere schließlich nicht lange, bis Phantasien ausgelebt würden. Pädophile sind Leute (fast ausschließlich Männer), die sich durch Kinder erregt fühlen, was man gar nicht genug verurteilen kann. Sie werden durch machtlose Mitglieder unserer Gesellschaft erregt, die sich gegen Erwachsene nicht zur Wehr setzen können. Leute, die Sex mit Kindern haben möchten oder haben, werden fast einmütig geächtet. *TV Hits* fördert aber keine derartigen Verbrecher und ist auch nicht die bevorzugte Lektüre des durchschnittlichen Pädophilen.

Jede Art von Literatur oder Kulturprodukt ist potentiell mißbrauchbar. Ob man sie nun gutheißt oder nicht, Informationen über sexuelle Themen in Teenie- oder Frauenzeitschriften erzeugen weder »Perverse«, noch liefern sie Futter für ihre Phantasien. Begieriges Lesen von Teeniemagazinen könnte möglicherweise ihre Phantasie anregen – aber Leute, die so abnormal sind, daß sie Sex mit Kindern wünschen, hat es schon gegeben, bevor es *TV Hits* oder Sexinformationen in Zeitschriften gab.

Doch Kenny schreibt weiter, Sex in Teeniemagazinen führe nicht nur zu einer allgemeinen Pädophilenschwemme, sondern verleite auch Menschen in jungen Jahren zu abnormalen Sexualpraktiken. Und der Beweis dafür? Sigmund Freud und das »wachsende Angebot an Sadomasochismus und Gewalt durch Prostituierte, von denen manche angeben, 17 oder 18 Jahre alt zu sein«. Sie verweist auf die Freudsche

These, daß die Zivilisation auf der Unterdrückung von gewissen sexuellen Instinkten basiere und es mehr Perversionen (wie zum Beispiel Päderastie) gäbe, wenn die Gesellschaft die Verbote aufheben würde. Doch mit welcher Perversion bringt sie die Zeitschrift in Verbindung? Sie tut so, als ob *TV Hits*, ein Teeniemagazin mit Klatsch über Popstars und Hautpflegetips, Sex mit Kindern anpriese. Was ist der Zusammenhang zwischen Pädophilen, Perversen, Päderasten und einer Antwort auf die Frage einer jungen Leserin bezüglich Oralsex?
Doch dieses von Kenny angeprangerte »wachsende Angebot junger Prostituierter« verdanken wir eher unserer Regierung, die die Unterstützungen für junge Leute drastisch gekürzt und drei Millionen Arbeitslose geschaffen hat, als einer recht kurzen Diskussion über Oralsex in einer Zeitschrift. Die Dynamik, die bei Sadomaso-Sex im Spiel ist, entsteht durch die bewußte Übernahme einer unterwürfigen bzw. dominanten Rolle, und nicht durch willkürliche Akte der Gewalt. Wenn man Prostituierte fragt, welche Sexualpraktik ihnen am liebsten sei, antworten viele, am angenehmsten sei ihnen Sadomasochismus, da sie dabei im allgemeinen nichts weiter zu tun haben, als sich in ihr Leder-Outfit zu werfen und Männern ein paar harsche Sätze zuzurufen, denen es pflichtschuldigst in ihrer Unterhose kommt. Wenn ich die Wahl hätte und Geld für Sex bekäme, würde auch ich mit einem alten Knacker lieber diese »abnorme« Art von Sex betreiben, als mir von ihm seinen Schwanz hineinstecken zu lassen. Tatsache ist, daß manche Leute dafür *bezahlen*, zum Lustgewinn eine Position sexueller Unterwerfung einnehmen zu dürfen, und es gibt auch viele Leute (auch *Mail*-Leser), die Sadomaso-Sex in einer Liebesbeziehung genießen. Das sind schließlich keine peitschenschwingenden Prostituierten im Teenageralter (oder

andere Jugendliche), die sich auf ahnungslose Passanten auf der Straße stürzen und ihnen sexuelle Gewalt antun.
Kenny beschwört mit Wehmut die keuschen fünfziger Jahre herauf, als Doris Day sang: »Baby, it's cold outside«, und beklagt die heutige »rüde, brutale, dunkle, ausbeutende« Form der Sexualität. Sicherlich haben wir heute mehr Mut dazu, uns auf die harten und brutalen Aspekte der Sexualität einzulassen, doch wir haben auch ein feineres Gespür für die guten – für besseren, liebevollen Sex, emotionale Intimität, sexuellen Genuß (auch für Frauen), Sinnlichkeit, Sex als Spiel. Die Sexreportagen in Zeitschriften wie *more!* sind voll mit Wortspielen und anzüglichen Zweideutigkeiten. Der Text ist geistreich, spritzig, zeitgemäß und sachbezogen: »Männer sind wirklich Scheißer, wenn es darum geht, mit Schwierigkeiten fertigzuwerden«, erklärt der Kummerkastenonkel von *more!* in der Ausgabe vom Januar 1996. Das Magazin regt Frauen dazu an, sexuell selbstbewußt zu sein und Sex und Männer nicht allzu ernst zu nehmen. Es ist keck und sexy – und fordert die Frauen auf, ihr Leben selbst in die Hand zu nehmen, indem sie sich den Job und die Art von Geschlechtsleben aussuchen, die ihnen Spaß machen. Es sind die Erwachsenen, die diese Lektüre als ungeeignet für junge Frauen bezeichnen. Wenn das »ausbeutend« ist, dann ist kaum zu begreifen, wer hier ausgebeutet wird – besonders wenn mehr als 350 000 junge Frauen alle vierzehn Tage diese Zeitschrift kaufen.
Natürlich haben sich die Regeln seit den fünfziger Jahren geändert, doch es hat sich auch die Technik verändert. Mehr Menschen haben Zugang zu Informationen über Bücher, Zeitschriften, Fernsehen und Computer. Das Umfeld hat sich ebenfalls gewandelt – von einem Klima harmlos-unschuldiger Asexualität à la Doris Day und sexueller Unwissenheit der fünfziger Jahre, das zu illegalen oder versuchten

Abtreibungen, überstürzten Hochzeiten und gesellschaftlicher Ächtung wegen der Geburt eines unehelichen Kindes führte, zu einem Klima, in dem Frauen aktiv Interesse und Verantwortung für ihre Sexualität zeigen können. Die neunziger Jahre bringen Veränderungen, die uns weiterführen, nicht solche, die wir beklagen müssen. Und zu behaupten, es sei schlecht, daß die Sexualität ihres geheimnisvollen Schleiers beraubt worden sei, bedeutet, sich dem Fortschritt und der Veränderung zu widersetzen. Jungen Menschen mehr Information über Sexualität, Liebe, Erotik und bessere Beziehungen, Empfängnisverhütung und Gesundheit zu geben und ihnen ein Spektrum von sexuellen Identitäten zu bieten (Alternativen zur Verfügung zu haben, bedeutet noch lange nicht, daß man diese auch wirklich wählt), bedeutet, ihnen das Wissen und die Möglichkeiten zu vermitteln, auf sexuellem Gebiet bewußtere Entscheidungen zu treffen. Und wenn, wie Kenny meint, in den Medien Sex auf eine »rüde« Art abgehandelt wird, weil auch Themen wie Gewalt in der Ehe, sexuelle Gewalt, emotionaler Mißbrauch von Frauen und die Gefahren sexuell übertragbarer Krankheiten aufgegriffen werden, dann führt das den jungen Frauen wahrscheinlich nur um so deutlicher vor Augen, was »guter« Sex (in gemeinsamem Einverständnis) und »schlechter« (erzwungener) Sex ist. Das mag eine »rüde« und »brutale« Art der Information sein, doch sie ist zumindest zweckmäßig und läßt die jungen Menschen nicht im Zustand seliger Unwissenheit.

Generation Sex

Abschließend beschuldigt Kenny die sechziger Jahre, den Trend zu »ungeschminkten sexuellen Äußerungen« ins Leben gerufen zu haben, der zu den ach so dekadenten Neunzigern geführt hat, »denn zwei der unmißverständlichen Anzeichen für Dekadenz«, läßt sie wissen, »sind finstere Sexbesessenheit und die Verdorbenheit der Jugend«. Das ist nichts Neues. Jede Generation scheint der Meinung zu sein, die jeweilige Jugend sei die lasterhafteste und sexbesessenste aller Zeiten. Die von der Freizügigkeit der sechziger Jahre geprägten Eltern werden (zusammen mit Frauenzeitschriften) beschuldigt, eine sexuell frühreife junge Generation auszubrüten und »finstere Sexbesessenheit« an den Tag zu legen. Doch nur weil viele Eltern tatsächlich viel herumgekommen sind, bei Free Love Jamborees geswingt haben und fleißig zu Alan Stivel und Bob Dylan gelaufen sind, ist ihnen ja nicht jeder Sinn für Moral abhanden gekommen. Doch darf man sich nicht zu der Annahme verleiten lassen, Eltern der Swinging-Sixties-Generation seien besser gerüstet, mit ihren Kindern über Sex zu sprechen. Auch wenn sie zu Hause nackt herumlaufen und über Orgasmus diskutieren, um ein Klima größerer sexueller Offenheit zu schaffen, dürfen wir nicht glauben, daß ihre Kinder in dieser Umgebung komplexfrei aufwachsen.

Wie die vielen Briefe an die Kummerkastentanten in Teeniemagazinen, besonders diejenigen von jungen Mädchen im Teenageralter, zu belegen scheinen, bekommt die Mehrzahl der Jugendlichen von ihren Eltern nicht die gewünschten Informationen. Doch vielleicht trifft die Eltern gar keine Schuld. Kinder haben Schwierigkeiten, ihre Eltern als sexuelle Wesen zu sehen. Genauso schwierig ist es wohl für Eltern, damit fertigzuwerden, daß ihr Nachwuchs sexuelle Bedürfnisse entwickelt, wo doch noch vor kurzem das Hauptvergnügen im Leben der Kinder Teddybären und Schokolade waren. Es ist eine sehr lobenswerte Idee, zu sagen: »Nun setz dich her und erzähl Mami und Papi von deinen wilden Gelüsten für Männer in Leder.« Doch in der Praxis ist das weder für die eine noch die andere Seite durchführbar, oder? Und seien wir ehrlich: Für die meisten von uns gibt es einige Dinge, über die man mit seinen Alten einfach nicht diskutiert – so verständnisvoll sie auch sein mögen und wie gut die Beziehung zu ihnen auch ist.

Freunde können ebenfalls einen mehr oder weniger zweckdienlichen Beitrag zu unserem Kenntnisstand leisten. Da ist zum Beispiel die Freundin, die uns erklärt, Cunnilingus sei eine irische Luftlinie oder man könne nicht schwanger werden, wenn man »es« im Stehen mache. Wir lachen wahrscheinlich und nicken, wobei wir weder den Witz verstehen noch den »Tip« anzweifeln. Das ist die Folge des Gruppenzwangs: Wir fragen lieber nicht zu viel, damit es nicht so klingt, als ob wir keine Ahnung davon hätten, wovon die Rede ist. Meist haben wir das auch nicht. Doch wo bekommen die Jugendlichen die richtigen Informationen? In der Schule? Vielleicht. Die Unterrichtsverordnung schreibt für die Sekundarstufe Sexualkundeunterricht vor, doch wann und in welcher Form das stattfinden soll, das bleibt dem Gutdünken des einzelnen Lehrers überlassen. Die jüngste Welle elterlicher Entrüstung rund um den Sexualkundeunterricht und eine liberale Diskussion über Sexualität und Gefühle in der Schule veranlaßte die Regierung in England (ja, genau die Regierung, die in den achtziger Jahren eine intensive Safer-Sex-Kampagne unter dem Motto »Stirb nicht aus Unwissenheit« führte), Lehrern, die Schüler unter sechzehn Jahren Ratschläge zur Empfängnisverhütung erteilten, mit einer Anklage zu drohen. Verständlicherweise müssen die Lehrer achtgeben, was sie sagen, damit nicht die Mutter des kleinen Timmy gelaufen kommt und sich beschwert, ihr Junge werde zu sexuellen Ausschweifungen angestiftet. Das Endergebnis ist, daß die Kids nun zwar ein Aufklärungsbuch

in die Hand gedrückt bekommen, doch wahrscheinlich genausoviel, wenn nicht mehr, von einem Mädchen lernen, das sie hinter den Fahrradschuppen zieht.
Und so kommen wir zurück zu den Zeitschriften, einem Medium, in dem Jugendliche und Frauen sachliche, praktische, allgemein verständliche Ratschläge und Informationen finden. Wer diese Artikel nicht lesen will, wird sie zweifellos überblättern oder die Zeitschrift erst gar nicht kaufen. Frauen, ob jung oder alt, haben als Konsumenten die Macht, nein zu sagen. Zeitschriften führen unablässig Studien durch, in denen die Leser gefragt werden, was sie mögen und was nicht (und auch wenn sie nicht gefragt werden, rufen sie garantiert in der Redaktion an und sagen, ob sie empört sind oder zufrieden. Ich weiß das, glauben Sie mir!).
Manche werden nun sagen, ich würde bloß meine eigenen Interessen verteidigen – und um ehrlich zu sein, ich schreibe tatsächlich für Zeitschriften, und ich schreibe über Sex. Meiner Meinung nach spielen Zeitschriften eine wichtige Rolle bei der Unterhaltung und Information; sie spielen auch eine Rolle im Leben der meisten Frauen. Und meiner Meinung nach sind sie auch einer der wenigen Bereiche, in denen Frauen als intelligente, sexuelle Wesen akzeptiert werden. Das ist der Grund, weshalb ich vor allem für Zeitschriften schreiben wollte. Doch ich möchte auch betonen, daß Frauenmagazine, ebensowenig wie jedes andere qualitativ hochstehende oder populäre Kulturmedium (damit meine ich auch die Boulevardpresse), nicht die Macht haben, Berge zu versetzen, die Welt zu verändern oder sexuell abweichendes und amoralisches Verhalten hervorzurufen. Sie greifen vielleicht aktuelle Trends auf, verstärken die gängigen Ansichten, veranlassen Leser, ihre Meinungen und Gefühle zu überdenken oder zu revidieren, doch sie erzeu-

gen weder Perverse, Kinderschänder noch ein Land voll zügelloser Frauen.
Trotzdem versuchte in England der konservative Parlamentsabgeordnete Peter Love (welch passender Name!) im Februar 1996 ein Gesetz durchzubringen, das Zeitschriften zwingen sollte, ein Mindestalter auf die Titelseite zu drucken. Das Gesetz wurde nicht verabschiedet, doch es ist ein weiteres Indiz für die herrschende moralische Panik – und macht Zeitschriften zum Sündenbock, als ob die Mädchen von heute auf morgen ihre Schultaschen zum Fenster hinauswerfen und zu Sexsklaven würden, wenn man ihnen Informationen über Sex gibt. Jugendliche werden nicht von sexuellen Handlungen abgehalten, indem man ihnen diesbezügliche Informationen vorenthält (ganz im Gegenteil: viele junge Frauen sagen, die Informationen aus Zeitschriften geben ihnen die Sicherheit, zu etwas, bei dem sie sich nicht wohl fühlen, nein zu sagen). Und wer soll entscheiden, welche sexuellen Informationen für eine bestimmte Altersgruppe geeignet sind? Durch eine Altersbeschränkung auf dem Cover würde eine Zeitschrift erst recht die Neugier der jüngeren Leser wecken, da es ihn bzw. sie darauf aufmerksam macht, daß es darin etwas gibt, das als nicht geeignet für ihn/sie betrachtet wird.
Die Quelle unserer sexuellen Kenntnisse und Erfahrungen sind die verschiedensten gesellschaftlichen, kulturellen und historischen Einrichtungen und Faktoren: Erziehung, Familie, Freunde, Wirtschaft, Gesetzgebung, politische Bewegungen (wie z. B. der Feminismus), Ratschläge von Sex-Experten, Moralvorstellungen, Religion, Medien. Daß in unserem Land so große Aufregung rund um sexuelles Material für Frauen und Jugendliche herrscht, ist ein Beweis dafür, daß kulturelle und historische Umstände nicht unwesentlich zur Entstehung der diesbezüglichen Probleme beigetragen

haben, indem sie unsere wirtschaftliche und geschlechtliche Rolle (Frauen = passiv, Männer = aktiv) zementierten.
Wir haben schon viel erreicht, und wir sollten das Beste aus den weltanschaulichen, wirtschaftlichen und technischen Veränderungen machen, die dazu beigetragen haben, daß sich Frauen mit sich selbst und ihrer sexuellen Identität wohler fühlen. Daß die Problemseiten in den Frauenzeitschriften bei Leserumfragen sehr gut ankommen, deutet darauf hin, daß Frauen noch immer Probleme haben (es könnte aber auch bedeuten, daß sie ganz einfach gerne über anderer Leute Probleme lesen – wer tut das schließlich nicht?). Daß die meisten dieser Probleme mit Männern und Sex zu tun haben, legt die Vermutung nahe, daß auch die Männer Schwierigkeiten haben – doch in unserer, sich im Umbruch befindlichen Gesellschaft wird auch dem Rechnung getragen (kürzlich erschienen sogar ein paar kurze Artikel über Männer, die den Orgasmus vortäuschen – wer hätte das gedacht!). Auch auf ihre emotionalen Anliegen wird eingegangen, wie man in Männermagazinen wie *Maxim* lesen kann. Ich hoffe nur, es kommt zu keinem kulturellen Rückschritt zu einer traditionelleren, asexuellen oder dienenden Rolle der Frau, da dies eine offensichtlich reibungslosere, männerfreundlichere und konservative Option ist.
Niemand kann voraussagen, wie sich zukünftige Generationen verhalten werden, noch welche Veränderungen wir beim Übergang ins einundzwanzigste Jahrhundert erleben werden. Ich habe dargelegt, daß wir das Geschlechtsleben der Frauen noch gründlicher studieren müssen, um in erster Linie die Tatsache zu legitimieren, daß heterosexuelle Frauen ihre eigene Sexualität haben (die nicht unbedingt derjenigen heterosexueller Männer entspricht). Ich habe gesagt, daß Frauen mehr Einfluß bei der Produktion von Informationen über Sex sowie von freizügigem Material und Erotika

für Frauen haben sollten. Ich habe auch gesagt, daß wir mehr weibliche (auf jeden Fall mehr feministische) Sex-Experten brauchen, die auf eine frauenfreundlichere Art Ratschläge geben. Wir sind auf diesem Gebiet nicht mehr gänzlich jungfräulich, doch es liegt noch ein ganzes Stück Weg vor uns. Im vergangenen Vierteljahrhundert wurden die herkömmlichen Geschlechterrollen aufgebrochen, und die Frauen haben allen Grund, zu glauben, daß diese Veränderungen positiv sein werden und daß eine ganze Reihe von Frauen – ungeachtet von Alter, Schichtzugehörigkeit, Bildungsniveau, Farbe und sexueller Orientierung – wirtschaftlich, kulturell und sexuell zufriedener sein werden.
Da bleibt mir nichts mehr zu tun, als mit Applaus abzugehen und Ihnen zu wünschen, daß Sie den Sex bekommen, den Sie wollen.